WALTER STERCHI

STEUER-BREVIER KMU 2001/2002

ERFOLGREICHE STEUERPLANUNG FÜR KLEINE UND MITTLERE UNTERNEHMEN

+SIU

SCHWEIZERISCHES INSTITUT FÜR UNTERNEHMERSCHULUNG IM GEWERBE

Alle Rechte vorbehalten

© 2001 by Cosmos Verlag AG, 3074 Muri/Bern
Gestaltung: Atelier G. Noltkämper, 3098 Köniz
Satz: Satz-Team AG, 3602 Thun
Druck: Schlaefli & Maurer AG, 3800 Interlaken
Einband: Schumacher AG, 3185 Schmitten

ISBN 3-85621-127-6

www.cosmosverlag.ch

Inhaltsübersicht

1. **Vorwort von Beat Aellig, Direktor des SIU** 19

2. **Warum ein Steuerbrevier für KMU?** 21

3. **Hinweise für den Benutzer** 23
   Damit der Leser sich rasch zurechtfindet

4. **Das steuerliche Umfeld gestern, heute und morgen** 27
   Eine kritische steuerliche Standortbestimmung
   aus der Sicht der KMU

5. **Geltende Steuern von Bund, Kantonen und Gemeinden** 43
   Ein Überblick über die wichtigsten direkten und indirekten Steuern
   für KMU und deren Inhaber sowie Kader – kurz und bündig

   Direkte Steuern 48
   5.1 Direkte Bundessteuer (Kurzfassung) 49
   5.2 Direkte Steuern von Bund, Kantonen und Gemeinden 53
   5.3 Kirchensteuern 104
   5.4 Kapitalgewinne 106
   5.5 Grundstückgewinne 111
   5.6 Liquidationsgewinne 118

   Indirekte Steuern 124
   5.7 Mehrwertsteuer 124
   5.8 Stempelabgaben des Bundes 146
   5.9 Handänderungssteuer 149
   5.10 Liegenschaftssteuer 150
   5.11 Erbschafts- und Schenkungssteuern 151

   Quellensteuern 155
   5.12 Verrechnungssteuer 155
   5.13 Quellensteuer auf Arbeitseinkommen 159

   Ersatzabgaben 159
   5.14 Wehrpflichtersatz 159

6. **Steuerplanung – Steuern planen heisst Steuern sparen** 161
   6.1 Steuerplanungsmassnahmen vor der Gründung resp. Übernahme
       eines Unternehmens 162

6.2	Steuerplanungsmassnahmen bei der Gründung resp. Übernahme eines Unternehmens 164	
6.3	Steuerplanung während der Geschäftstätigkeit 167	
6.4	Steueroptimale Ausgestaltung der Jahresrechnung 172	
6.5	Steuerplanung rechtzeitig vor der Regelung der Geschäftsnachfolge 180	
6.6	Steuerplanung anlässlich der Geschäftsübergabe resp. -aufgabe 182	
6.7	Steuerplanung nach erfolgter Geschäftsübergabe resp. -aufgabe 184	
6.8	Abzugsmöglichkeiten in der persönlichen Steuererklärung 185	
6.9	Steuereinsparungsmöglichkeiten für Kader von KMU 189	

7. Rechtsformwahl für KMU unter steuerlichen und anderen Aspekten 193

8. Investitionen unter steuerlichen und anderen Aspekten beurteilen und tätigen – Investitionsprioritäten setzen 209
- 8.0 Prioritäten setzen beim Investieren 209
- 8.1 Betriebliche Investitionen 210
- 8.2 Investitionen im Bereich der Altersvorsorge 212
- 8.3 Investitionen im Wohn- und Privatbereich 217
- 8.4 Risikofreie Kapitalanlagen 220
- 8.5 Investitionen im Risikobereich 221

9. Ein zukunftsweisendes Steuerkonzept für die Schweiz 229
Ein kühner Blick ins Steuerjahr 2007

10. Zwanzig steuerliche Thesen aus KMU-Sicht 233
Die KMU als Rückgrat der schweizerischen Wirtschaft melden ihre Wünsche an

11. Verzeichnis der Abkürzungen 239

12. Literaturverzeichnis 241

13. Stichwortverzeichnis 243

14. Dank des Autors 255

Inhaltsverzeichnis

1.	**Vorwort** von Beat Aellig, Direktor des SIU	19
2.	**Warum ein Steuerbrevier für KMU?**	21
3.	**Hinweise für den Benutzer**	23
4.	**Das steuerliche Umfeld gestern, heute und morgen**	27
4.1	Die Schweiz, einstmals ein Steuerparadies	27
4.2	Missverhältnis direkte/indirekte Steuern	27
4.3	EU-konforme Mehrwertsteuer, Taxe occulte inbegriffen	28
4.4	Erfolgreiche Reform der Unternehmensbesteuerung	30
4.5	Steuerharmonisierung mit Ecken und Kanten	31
4.5.1	Direkte Steuern der Kantone (und Gemeinden)	31
4.5.2	Besteuerung natürlicher Personen	31
4.5.3	Besteuerung juristischer Personen	33
4.5.4	Fazit zum Steuerharmonisierungsgesetz	33
4.6	Von Steuerlücken zum Stabilisierungspaket	34
4.6.1	Begrenzung der Abzugsfähigkeit von Schuldzinsen	34
4.6.2	Altersguillotine für Kapitalversicherungen mit Einmaleinlage	34
4.6.3	Begrenzung des Einkaufs von Versicherungsjahren in der beruflichen Vorsorge	34
4.6.4	Besteuerung der Leibrenten zu 40 Prozent	34
4.6.5	Auf die Einführung einer privaten Kapitalgewinnsteuer wird weiterhin verzichtet	35
4.7	Steuerentlastungspaket 2001 – dem Aufschwung sei Dank!	35
4.7.1	Reform der Ehepaar- und Familienbesteuerung	35
4.7.2	Eigenmietwertbesteuerung/Systemwechsel	35
4.7.3	Entlastungen bei der Umsatzabgabe (Börsenstempel)	36
4.7.4	Weitere Massnahmen	36
4.8	Von der Verordnung zum Mehrwertsteuergesetz	37
4.9	Erbschaftssteuern abschaffen oder verstaatlichen?	39
4.10	Das neue Rechnungslegungs- und Revisionsrecht (RRG) hat mehr mit Steuern zu tun als man denkt!	39
4.11	Die geltende Finanzordnung ist befristet bis 2006	40
4.12	Das neue Finanzleitbild 2007 besticht – aber nur auf den ersten Blick!	40

5.		**Geltende Steuern von Bund, Kantonen und Gemeinden** 43
A		Schweizerischer Steuerföderalismus 43
B		Wesen der Steuern 43
C		Unterscheidung in direkte und indirekte Steuern 44
D		Steuersubjekt und Steuerobjekt 45
E		Natürliche und juristische Personen 45
F		Veranlagungsverfahren 46
G		Begründung einer Steuerpflicht 46
H		Übersicht über die in der Schweiz erhobenen Steuern 47
I		Direkte Steuern 48

5.1	Direkte Bundessteuer (Kurzfassung) 49
5.1.1	Einleitung 49
5.1.2	Besteuerung natürlicher Personen 50
5.1.2.1	Steuerdomizil 50
5.1.2.2	Umfang der Steuerpflicht 50
5.1.2.3	Beginn und Ende der Steuerpflicht 50
5.1.2.4	Steuerbare Einkünfte 50
5.1.2.5	Abzüge 51
5.1.2.6	Steuerbemessung 51
5.1.2.7	Steuermass 51
5.1.2.8	Ausgleich der Folgen der kalten Progression 51
5.1.3	Besteuerung juristischer Personen 51
5.1.3.1	Begriff der juristischen Personen 51
5.1.3.2	Steuerdomizil und Umfang der Steuerpflicht 52
5.1.3.3	Beginn und Ende der Steuerpflicht 52
5.1.3.4	Gewinnsteuer 52
5.1.3.5	Steuermass 52
5.1.3.6	Steuerbemessung 52
5.1.3.7	Verzicht auf Kapitalsteuer 53
5.1.4	Quellensteuer für natürliche und juristische Personen 53

5.2	Direkte Steuern von Bund, Kantonen und Gemeinden 53
5.2.1	Einkommenssteuer natürlicher Personen 53
5.2.1.1	Einleitung 53
5.2.1.2	Art und Umfang der Steuerpflicht 55
5.2.1.3	Steuerbares Einkommen 55
5.2.1.3.1	Erwerbseinkommen 55
5.2.1.3.2	Ersatzeinkommen 55
5.2.1.3.2.1	Periodische Versicherungsleistungen 55
5.2.1.3.2.2	Einmalige Versicherungsleistungen 56
5.2.1.3.2.2.1	Kapitalleistungen aus rückkaufsfähigen Lebensversicherungen 56

5.2.1.3.2.2.2	Kapitalleistungen aus Einrichtungen der beruflichen Vorsorge (2. Säule)	56
5.2.1.3.2.2.3	Kapitalleistungen aus gebundener Selbstvorsorge (Säule 3a)	56
5.2.1.3.3	Einkommen aus beweglichem Vermögen	56
5.2.1.3.4	Einkommen aus unbeweglichem Vermögen	56
5.2.1.3.5	Kapitalgewinne (Zuwachsgewinneinkommen)	57
5.2.1.3.5.1	Gewinne auf beweglichem Privatvermögen	57
5.2.1.3.5.2	Gewinne auf unbeweglichem Privatvermögen	57
5.2.1.3.5.3	Gewinne auf beweglichem Geschäftsvermögen	57
5.2.1.3.5.4	Gewinne auf unbeweglichem Geschäftsvermögen	58
5.2.1.3.5.5	Gewerbsmässig erzielte Grundstückgewinne	58
5.2.1.3.6	Lotteriegewinne	58
5.2.1.3.7	Verbuchte Wertvermehrungen	58
5.2.1.3.8	Einkommen aus Nutzniessungsvermögen	58
5.2.1.3.9	Alimente	58
5.2.1.3.10	Einkommen besonderer Art	58
5.2.1.3.11	Steuerfreie Einkünfte	58
5.2.1.3.12	Umwandlungen, Zusammenschlüsse, Teilungen	59
5.2.1.3.13	System der Gesamteinkommensbesteuerung	60
5.2.1.4	Abzüge vom Einkommen	60
5.2.1.4.1	Gewinnungskosten	61
5.2.1.4.1.1	Berufsauslagen Unselbstständigerwerbender	61
5.2.1.4.1.2	Geschäftsaufwand Selbstständigerwerbender	61
5.2.1.4.1.3	Abschreibungen	62
5.2.1.4.1.4	Rückstellungen	63
5.2.1.4.1.5	Ersatzbeschaffungen	63
5.2.1.4.1.6	Geschäftsverluste	63
5.2.1.4.1.7	Schuldzinsen	64
5.2.1.4.1.8	Zuwendungen an Vorsorgeeinrichtungen	65
5.2.1.4.2	Sozialpolitische Abzüge	65
5.2.1.4.2.1	Renten und dauernde Lasten	65
5.2.1.4.2.2	Unterhaltsbeiträge	65
5.2.1.4.2.3	Beiträge und Prämien an AHV, IV, BVG	65
5.2.1.4.2.4	Beiträge und Prämien an Säule 3a	65
5.2.1.4.2.5	Beiträge und Prämien an EO, ALV, UVG	66
5.2.1.4.2.6	Beiträge und Prämien an Lebens-, Kranken und nichtobligatorische Unfallversicherungen	66
5.2.1.4.2.7	Krankheits-, Unfall- und Invaliditätskosten	66
5.2.1.4.2.8	Zuwendungen bzw. Vergabungen	66
5.2.1.4.2.9	Zweitverdienerabzug	66
5.2.1.4.3	Sozialabzüge	66
5.2.1.4.4	Ausgleich der Folgen der kalten Progression	67
5.2.1.5	Zeitliche Bemessung	67
5.2.1.5.1	Jährliche Gegenwartsbesteuerung	68
5.2.1.5.2	Zweijährige Veranlagung mit Vergangenheitsbesteuerung	68

5.2.1.5.3	Übergang zur Gegenwartsbesteuerung für natürliche Personen	68
5.2.1.5.3.1	Die Umstellung erfordert zwei Steuererklärungen	68
5.2.1.5.4	Steuerperiode	69
5.2.1.5.5	Bemessungsperiode	69
5.2.1.5.6	Veranlagungsperiode	69
5.2.1.5.7	Ermittlung des Einkommens aus selbstständiger Erwerbstätigkeit bei Gegenwartsbesteuerung	69
5.2.1.5.8	Ermittlung des Einkommens aus selbstständiger Erwerbstätigkeit bei Vergangenheitsbesteuerung	70
5.2.1.5.8.1	Über- oder unterjährige Geschäftsperioden	70
5.2.1.5.8.2	Beginn der Steuerpflicht	70
5.2.1.5.8.3	Ausserordentliche Einkünfte und Aufwendungen	71
5.2.1.5.8.4	Zwischenveranlagung	71
5.2.1.6	Steuerveranlagungsverfahren	71
5.2.1.6.1	Gemischtes Veranlagungsverfahren	72
5.2.1.6.2	Pflichten des Steuerpflichtigen im Veranlagungsverfahren	72
5.2.1.6.3	Aufzeichnungspflicht	72
5.2.1.6.4	Steuererklärung	72
5.2.1.6.5	Beilagen zur Steuererklärung	73
5.2.1.6.6	Mitwirkungspflicht bei der Steuerveranlagung	73
5.2.1.6.7	Bescheinigungspflicht Dritter	74
5.2.1.6.8	Aufbewahrungspflicht	74
5.2.1.6.9	Veranlagung durch die Veranlagungsbehörde	74
5.2.1.6.9.1	Aufrechnungen im Steuerveranlagungsverfahren	75
5.2.1.6.9.2	Korrekturen beim Bruttoergebnis	75
5.2.1.6.9.3	Aufrechnungen übersetzter Spesenbezüge	76
5.2.1.6.9.4	Aufrechnungen aufgrund nicht belegter Vermögensentwicklungen	76
5.2.1.6.9.5	Aufrechnungen bei den Privatanteilen an den Fahrzeugspesen sowie am allgemeinen Geschäftsaufwand	77
5.2.1.6.10	Steuerbezug	77
5.2.1.7	Doppelbesteuerung	78
5.2.1.7.1	Wirtschaftliche Doppelbesteuerung	78
5.2.1.7.2	Rechtliche Doppelbesteuerung	78
5.2.1.7.2.1	Fälle von Doppelbesteuerungen	79
5.2.1.7.2.2	Steuerausscheidungen	79
5.2.1.7.2.3	Rechtsweg bei Fällen von Doppelbesteuerung	81
5.2.1.8	Rechtsmittel	81
5.2.1.8.1	Einsprache	81
5.2.1.8.2	Rekurs	82
5.2.1.8.3	Beschwerde an das kantonale Verwaltungsgericht	83
5.2.1.8.4	Beschwerde an das Bundesgericht	83
5.2.1.9	Widerhandlungen	83
5.2.1.9.1	Steuerumgehung	83
5.2.1.9.2	Einfache Steuerhinterziehung	84
5.2.1.9.3	Schwere Steuerhinterziehung	84

5.2.1.9.4	Steuerbetrug	85
5.2.1.9.5	Strafmass	85
5.2.1.9.6	Anstiftung, Gehilfenschaft, Mitwirkung	86
5.2.2	Vermögenssteuer natürlicher Personen	86
5.2.2.1	Einleitung	86
5.2.2.2	Art und Umfang der Steuerpflicht	86
5.2.2.3	Bewertung der Vermögensbestandteile	87
5.2.2.3.1	Flüssige Mittel	87
5.2.2.3.2	Forderungen	87
5.2.2.3.3	Material- und Warenvorräte	87
5.2.2.3.4	Angefangene Arbeiten	87
5.2.2.3.5	Finanzanlagen	87
5.2.2.3.5.1	Kotierte Wertpapiere	87
5.2.2.3.5.2	Nichtkotierte Wertpapiere	87
5.2.2.3.6	Mobile Sachanlagen	88
5.2.2.3.7	Immobile Sachanlagen	88
5.2.2.3.7.1	Nichtlandwirtschaftliche Liegenschaften	88
5.2.2.3.7.2	Landwirtschaftliche Grundstücke	88
5.2.2.3.8	Immaterielle Anlagen	88
5.2.2.3.9	Rückkaufsfähige Lebens- und Rentenversicherungen	88
5.2.2.3.10	Hausrat	89
5.2.2.4	Abzüge	89
5.2.2.4.1	Schuldenabzug	89
5.2.2.4.2	Sozialabzüge	89
5.2.2.5	Zeitliche Bemessung	90
5.2.2.6	Steuerveranlagung und Steuerbezug	90
5.2.2.7	Stundung der Steuer	90
5.2.2.8	Steuererlass	91
5.2.3	Besteuerung juristischer Personen	91
5.2.3.1	Einleitung	91
5.2.3.2	Art und Umfang der Steuerpflicht	91
5.2.3.2.1	Steuererleichterungen für neu gegründete Unternehmen	92
5.2.3.3	Gewinnsteuer	92
5.2.3.3.1	Steuerbarer Ertrag	92
5.2.3.3.2	Abzugsfähiger Aufwand	92
5.2.3.3.3	Das Massgeblichkeitsprinzip	93
5.2.3.3.3.1	Korrekturen beim Saldo der Erfolgsrechnung	94
5.2.3.3.3.2	Verdeckte Gewinnausschüttungen	94
5.2.3.3.3.3	Zinsen auf verdecktem Eigenkapital	96
5.2.3.3.4	Erfolgsneutrale Vorgänge	96
5.2.3.3.5	Umwandlungen, Zusammenschlüsse, Teilungen	96
5.2.3.4	Zeitliche Bemessung	97
5.2.3.5	Arten der Besteuerung	97
5.2.3.6	Steuermass	98
5.2.3.7	Kapitalsteuer	98
5.2.3.7.1	Berechnung des steuerbaren Kapitals	98
5.2.3.7.2	Verdecktes Eigenkapital	99

5.2.3.7.3	Steuerbemessung	99
5.2.3.7.4	Steuermass	99
5.2.3.8	Rechtsmittel	99
5.2.3.9	Widerhandlungen	100
5.2.3.10	Änderung rechtskräftiger Verfügungen und Entscheide	100
5.2.3.11	Nachsteuerverfahren	100
5.2.3.12	Verjährung	101
5.2.4	Besteuerung von Gesellschaften mit Beteiligungen (gemischte Holdinggesellschaften)	101
5.2.5	Besteuerung von reinen Holdinggesellschaften	101
5.2.6	Besteuerung von Verwaltungsgesellschaften (früher Domizilgesellschaften)	102
5.2.7	Besteuerung von Personengesellschaften	102
5.2.8	Besteuerung von Erbengemeinschaften	102
5.2.9	Besteuerung nach dem Aufwand (Pauschalbesteuerung)	102
5.3	**Kirchensteuern**	104
5.3.1	Einleitung	104
5.3.2	Gegenstand der Kirchensteuer (Steuerobjekt)	104
5.3.3	Abgabeschuldner (Steuersubjekt)	104
5.3.4	Obligatorische oder fakultative Entrichtung der Kirchensteuer	105
5.3.5	Steuermass	105
5.4	**Kapitalgewinne**	106
5.4.1	Einleitung	106
5.4.2	Besteuerung von Kapitalgewinnen (schematische Übersicht)	107
5.4.3	Grundsätze bei der Besteuerung von Kapitalgewinnen	108
5.5	**Grundstückgewinne**	111
5.5.1	Einleitung	111
5.5.2	Steuerhoheit	111
5.5.3	Art der Besteuerung	112
5.5.4	Berechnung des steuerbaren Grundstückgewinnes	112
5.5.4.1	Erwerbspreis	114
5.5.4.2	Wertvermehrende Aufwendungen	114
5.5.4.3	Berücksichtigung eigener Arbeit	115
5.5.4.4	Erlös	115
5.5.4.5	Zuschlag für kurzfristig realisierte Gewinne	116
5.5.4.6	Besitzesdauerabzug	116
5.5.4.7	Verrechnung von Verlusten	116
5.5.5	Abgabeschuldner (Steuersubjekt)	117
5.5.6	Veräusserungsfälle	117
5.5.6.1	Veräusserung von Beteiligungen an Immobiliengesellschaften	117
5.5.7	Steuerbefreiungsfälle und Steueraufschubtatbestände	117
5.6	**Liquidationsgewinne**	118
5.6.1	Einleitung	118
5.6.2	Steuerhoheit	119

5.6.3	Art der Besteuerung	119
5.6.4	Steuerauslösende Sachverhalte	120
5.6.5	Steuerfreie bzw. steueraufschiebende Sachverhalte	120
5.6.6	Berechnung des Liquidationsgewinnes	121
5.6.7	Sonderfall Liquidation von Immobiliengesellschaften	123
5.6.8	Abgabeschuldner	123
K	**Indirekte Steuern**	124
5.7	**Mehrwertsteuer**	124
5.7.1	Einleitung	124
5.7.1.1	Systematik der Mehrwertsteuer	125
5.7.2	Steuerpflicht	125
5.7.2.1	Ausnahmen von der Steuerpflicht	126
5.7.2.2	Von der Steuer ausgenommene Umsätze	126
5.7.2.3	Von der Steuer befreite Umsätze	127
5.7.2.4	Optionen für die freiwillige Steuerpflicht	128
5.7.2.5	Gruppenbesteuerung	129
5.7.2.5.1	Bildung von Subgruppen	130
5.7.3	Steuerobjekte	130
5.7.3.1	Im Inland gegen Entgelt erbrachte Lieferungen von Gegenständen	130
5.7.3.2	Im Inland gegen Entgelt erbrachte Dienstleistungen	130
5.7.3.3	Eigenverbrauch im Inland	130
5.7.3.4	Bezug von Dienstleistungen gegen Entgelt von Unternehmen mit Sitz im Ausland	131
5.7.4	Steuersätze	131
5.7.5	Berechnung und Überwälzung der Steuer	132
5.7.5.1	Bemessungsgrundlage bei Lieferungen und Dienstleistungen	132
5.7.5.2	Bemessungsgrundlage beim Eigenverbrauch	132
5.7.5.3	Margenbesteuerung	133
5.7.5.4	Rechnungsstellung und Überwälzung der Steuer	133
5.7.5.5	Anforderungen an eine ausgestellte Rechnung	133
5.7.6	Vorsteuerabzug	134
5.7.6.1	Berechtigung zum Vorsteuerabzug	135
5.7.6.2	Ausschluss vom Vorsteuerabzug	135
5.7.6.3	Teilweiser Ausschluss vom Vorsteuerabzug	135
5.7.6.4	Vorsteuerabzug bei gemischter Verwendung	135
5.7.6.5	Spätere Entstehung des Anspruchs auf Vorsteuerabzug	136
5.7.7	Abrechnung der Mehrwertsteuer	137
5.7.7.1	Entstehen der Steuerforderung	137
5.7.7.2	Abrechnungsart	137
5.7.7.3	Abrechnung zu Saldosteuersätzen	137
5.7.7.3.1	Wer darf Saldosteuersätze anwenden?	138
5.7.7.3.2	Wer darf nicht Saldosteuersätze anwenden?	138
5.7.7.3.3	Beginn und Ende der Unterstellung	138

5.7.7.4	Abrechnungsperiode	140
5.7.7.5	Selbstveranlagung	140
5.7.7.6	Entrichtung der Steuer	140
5.7.7.7	Rückerstattung von Steuern	140
5.7.7.8	Verjährung	140
5.7.8	Buchführungs- und Aufbewahrungspflicht	140
5.7.8.1	Anpassung der Buchhaltung an das System der Mehrwertsteuer	141
5.7.8.2	Bedeutung der Mehrwertsteuer in der Buchhaltung	141
5.7.8.3	Netto- und Bruttoverbuchung	142
5.7.8.3.1	Netto-Verbuchung	142
5.7.8.3.2	Brutto-Verbuchung	143
5.7.8.4	Erfassung und Gliederung der Umsätze und der Vorsteuern	143
5.7.8.5	Aufbewahrungspflicht	144
5.7.8.6	Ermessenseinschätzung	144
5.7.8.7	Auskunftspflicht Dritter	144
5.7.8.8	Überprüfung	144
5.7.8.9	Entscheide der ESTV	145
5.7.9	Rechtsmittel	145
5.7.9.1	Einsprache	145
5.7.9.2	Beschwerde	145
5.7.9.3	Verwaltungsgerichtsbeschwerde	145
5.7.9.4	Kosten und Entschädigungen	145
5.7.9.5	Betreibung	146
5.7.9.6	Sicherstellung	146
5.7.10	Strafbestimmungen	146
5.7.10.1	Steuerhinterziehung	146
5.7.10.2	Steuergefährdung	146
5.8	**Stempelabgaben des Bundes**	146
5.8.1	Einleitung	146
5.8.2	Emissionsabgabe auf inländischen Beteiligungsrechten und auf inländischen Obligationen	147
5.8.3	Umsatzabgabe auf dem Handel mit Wertschriften	147
5.8.4	Stempelabgabe auf Versicherungsprämien	148
5.9	**Handänderungssteuer**	149
5.9.1	Einleitung	149
5.9.2	Gegenstand der Handänderungssteuer (Steuerobjekt)	149
5.9.3	Abgabeschuldner (Steuersubjekt)	150
5.9.4	Bemessungsgrundlage	150
5.9.5	Steuermass	150
5.10	**Liegenschaftssteuer**	150
5.10.1	Einleitung	150
5.10.2	Gegenstand der Liegenschaftssteuer (Steuerobjekt)	150
5.10.3	Abgabeschuldner (Steuersubjekt)	151
5.10.4	Bemessungsgrundlage	151
5.10.5	Steuermass	151

5.11	Erbschafts- und Schenkungssteuern	151
5.11.1	Einleitung	151
5.11.2	Steuerhoheit	152
5.11.3	Gegenstand der Erbschafts- und Schenkungssteuern (Steuerobjekt)	152
5.11.4	Abgabeschuldner (Steuersubjekt)	152
5.11.5	Bemessungsgrundlage	153
5.11.6	Steuermass	153
5.11.7	Steuerbefreiungen	154
5.11.8	Entwicklungstendenzen	154
L	Quellensteuern	155
5.12	Verrechnungssteuer	155
5.12.1	Einleitung	155
5.12.2	Gegenstand der Verrechnungssteuer (Steuerobjekt)	156
5.12.2.1	Erträge aus beweglichem Kapitalvermögen	156
5.12.2.2	Verdeckte Gewinnausschüttungen	156
5.12.2.3	Lotteriegewinne	156
5.12.2.4	Versicherungsleistungen	157
5.12.3	Steuersätze	157
5.12.4	Abgabeschuldner (Steuersubjekt)	157
5.12.5	Rückerstattung der Verrechnungssteuer	158
5.12.5.1	Im Ausland wohnhafte Leistungsempfänger	158
5.12.6	Verzugszins und Vergütungszins	158
5.13	Quellensteuer auf Arbeitseinkommen	159
M	Ersatzabgaben	159
5.14	Wehrpflichtersatz	159
5.14.1	Einleitung	159
5.14.2	Abgabeschuldner (Steuersubjekt)	160
5.14.3	Bemessung der Abgabe	160
5.14.4	Steuermass	160
5.14.5	Veranlagung	160
5.14.6	Rückerstattung	160
6.	**Steuerplanung**	**161**
6.1	Steuerplanungsmassnahmen vor der Gründung resp. Übernahme eines Unternehmens	162
6.2	Steuerplanungsmassnahmen bei der Gründung resp. Übernahme eines Unternehmens	164
6.3	Steuerplanung während der Geschäftstätigkeit	167
6.4	Steueroptimale Ausgestaltung der Jahresrechnung	172

6.5 Steuerplanung rechtzeitig vor der Regelung
der Geschäftsnachfolge 180
6.6 Steuerplanung anlässlich der
Geschäftsübergabe resp. -aufgabe 182
6.7 Steuerplanung nach erfolgter
Geschäftsübergabe resp. -aufgabe 184
6.8 Abzugsmöglichkeiten in der persönlichen Steuererklärung 185
6.8.1 Checkliste für Steuerabzüge in der persönlichen Steuererklärung 186
6.9 Steuereinsparungsmöglichkeiten für Kader von KMU 189

7. **Rechtsformwahl für KMU
unter steuerlichen und anderen Aspekten** 193
7.1 Anzahl Rechtsformen in der Schweiz 193
7.2 Firmenerhalt und Nachfolgeregelung 195
7.3 Haftungsfragen 196
7.4 Gründungskosten und einmalige Steuerabgaben 198
7.5 Wiederkehrende Steuerabgaben 200
7.6 Sozialversicherungsbereich 203
7.7 Buchführungsvorschriften und Administrationsaufwand 204
7.8 Fazit 206

8. **Investitionen unter steuerlichen und anderen Aspekten** 209
8.0 Prioritäten setzen beim Investieren 209
8.1 Betriebliche Investitionen 210
8.1.1 Rationalisierungseffekt 210
8.1.2 Aktualisierungseffekt 211
8.1.3 Motivationseffekt 211
8.1.4 Renditeeffekt 211
8.1.5 Steuereinsparungseffekt 212
8.2 Investitionen im Bereich der Altersvorsorge 212
8.2.1 Erste Säule 213
8.2.2 Zweite Säule 213
8.2.2.1 Einkauf von Beitragsjahren 214
8.2.2.2 Besteuerung der Leistungen
aus der beruflichen Vorsorge (2. Säule) 214
8.2.3 Dritte Säule 214
8.2.3.1 Säule 3a 215
8.2.3.1.1 Besteuerung der Auszahlungen aus der Säule 3a 216
8.2.3.2 Säule 3b 216
8.2.3.2.1 Kapitalversicherungen mit Einmaleinlagen 216
8.2.4 Selbst erworbene Renten 217

8.3	Investitionen im Wohn- und Privatbereich	217
8.3.1	Selbstbewohntes Grundeigentum	218
8.3.1.1	Indirekte Amortisation von Hypotheken	219
8.3.2	Hausrat und persönliche Gebrauchsgegenstände	220
8.3.3	Sammlungen aller Art	220
8.4	**Risikofreie Kapitalanlagen**	220
8.5	**Investitionen im Risikobereich**	221
8.5.1	Aktienanlagen	221
8.5.2	Anlagefonds	223
8.5.3	Immobilien als Kapitalanlage	224
8.5.4	Sammlungen von Kunstschätzen, Briefmarken, Münzen, Schmuck, Edelmetallen usw.	225
8.5.5	Derivative Finanzinstrumente	226
8.5.6	Einige Tipps bei Investitionen im Risikobereich	226
9.	**Ein zukunftsweisendes Steuerkonzept für die Schweiz**	229
10.	**Zwanzig steuerliche Thesen aus KMU-Sicht**	233
11.	**Verzeichnis der Abkürzungen**	239
12.	**Literaturverzeichnis**	241
13.	**Stichwortverzeichnis**	243
14.	**Dank des Autors**	255

1. Vorwort

Das Thema «Steuern» beschäftigt alle Klein- und Mittelbetriebe der schweizerischen Wirtschaft und ist gewissermassen ein Dauerbrenner. Die Unternehmerinnen und Unternehmer stellen immer wieder Fragen nach den steuerlichen Auswirkungen der von ihnen geplanten Massnahmen und sind bestrebt, auch auf diesem Gebiet die für sie optimale Lösung zu finden und umzusetzen.

Der vorliegende Band soll dazu beitragen, dieses Ziel zu erreichen. Als Leitfaden führt er durch die schweizerische Steuerlandschaft, gibt wertvolle Tipps und Hilfen bei verschiedenen Handlungsalternativen und vermittelt die notwendigen Kenntnisse für eine konsistente und nachhaltige Steuerplanung.

Dank der langjährigen, breiten und erfolgreichen Unterrichts- und Referententätigkeit von Walter Sterchi werden die praktischen Fragestellungen auf den Punkt gebracht, so dass sich das Werk zum Selbststudium und als wertvolles, übersichtliches Nachschlagewerk bestens eignet.

Das SIU wünscht dem *Steuerbrevier KMU* eine weite Verbreitung und ist überzeugt, mit diesem neuesten Werk die *«SIU-Schriftenreihe»* mit einem wichtigen, praxisbezogenen Beitrag für die schweizerischen KMU zu ergänzen.

Schweizerisches Institut
für Unternehmerschulung

Beat Aellig
Direktor

Bern, im Januar 2001

2. Warum ein Steuerbrevier für KMU?

Das «Steuerbrevier KMU 2001/2002» bezweckt die Vermittlung eines steuerlichen Grundwissens resp. die Festigung und Vertiefung der bereits vorhandenen Kenntnisse. Speziell soll der Sinn für steuerliche Zusammenhänge geschärft werden. Die Erkenntnis, dass eine langfristige Steuerplanung zu den unerlässlichen Führungsaufgaben zählt, wird für den interessierten Leser zur Selbstverständlichkeit.
Das «Steuerbrevier KMU» wurde von einem Praktiker verfasst, ist daher praxisbezogen und richtet sich primär an Unternehmer und Kader von KMU.
Das Buch möchte in der Fachbibliothek der kleinen und mittleren Unternehmen einen Stammplatz einnehmen – als Standardwerk für eine erfolgreiche Steuerplanung. Es soll zudem als Lehrmittel der Aus- und Weiterbildung von Führungskräften der KMU dienen.
Das «Steuerbrevier KMU» will den geneigten Leser steuerlich sensibilisieren, den Wissensstand von Unternehmer und Kader von KMU heben und nicht zuletzt Steuerberater und Treuhänder zu entsprechenden Spitzenleistungen im Beratungsgespräch herausfordern.
Im ersten Teil des Buches wird das steuerliche Grundwissen vermittelt, was man als *«Pflicht-Teil»* bezeichnen könnte. Es geht darum, den Leser mit der Steuervielfalt in der Schweiz vertraut zu machen. Dabei wird das Schwergewicht auf diejenigen Steuern gelegt, mit denen KMU und deren Inhaber während der Geschäftstätigkeit regelmässig konfrontiert werden. Darauf basierend folgt der *«Kür-Teil»*, in welchem dargelegt wird, wie bei der Steuerplanung vorzugehen ist, damit langfristig so wenig Steuerfranken wie möglich ausgegeben werden, nach dem Grundsatz: «Die besten Steuerfranken sind die legal eingesparten!» Dabei wird das Unternehmen steuerplanerisch auf seinem Weg von der Gründung bis zur steueroptimalen Nachfolgeregelung begleitet.
Ein spezielles Kapitel ist der *Rechtsformwahl*, unter steuerlichen und anderen Aspekten, gewidmet.
Im Bereich der *Investitionen* werden Prioritäten gesetzt sowie steuerliche Anreize und Konsequenzen aufgezeigt.
In der Form von *zwanzig Thesen* melden KMU ihre Wünsche und Bedürfnisse an, die in einem zukunftsweisenden Steuerkonzept der Schweiz zu berücksichtigen sind.
Lerneifer beim Studium des «Pflicht-Teils» und wirtschaftlich messbaren Erfolg beim «Kür-Teil» im Bereich der Steuerplanung wünscht

der Autor
Walter Sterchi

3. Hinweise für den Benutzer

Zur Erlangung des erforderlichen Basiswissens wird dem Benutzer empfohlen, Kapitel 4, «Das steuerliche Umfeld gestern, heute und morgen» sowie Kapitel 5, «Geltende Steuern von Bund, Kantonen und Gemeinden», aufmerksam zu lesen.

Beim Lesen – oder sagen wir besser Studieren – der Kapitel 4 und 5 kann der Benutzer seinen steuerlichen Wissensstand überprüfen.

Mit dem nun erlangten oder aufgefrischten steuerlichen Rüstzeug kann sich der Leser in die «abenteuerlichen» Gebiete vorwagen:

Das *Kapitel 6, «Steuerplanung»*, enthält eine Fülle von Möglichkeiten, Steuern zu planen und damit zu sparen. Die «Steuerspartipps» sind nach dem Lebenszyklus des Unternehmens gegliedert: Steuerplanung vor der Gründung, bei der Gründung, während der Geschäftstätigkeit, rechtzeitig vor der Regelung der Geschäftsnachfolge usw.

Aus sachlichen Gründen werden gewisse Ratschläge z.T. mehrmals wiederholt.

Die vorgeschlagenen Massnahmen stammen aus der Praxis und haben sich dort bewährt.

Es muss aber nachdrücklich darauf hingewiesen werden, dass *Steuerplanung immer auf lange Sicht* ausgelegt werden sollte. Wer also sein verfügbares Steuerplanungspotenzial kurzfristig und damit auch kurzsichtig verschwendet, wird auf lange Sicht möglicherweise mit happigen steuerlichen Nachforderungen konfrontiert werden.
Natürlich gibt es zwingend auch *Steuerplanung auf kurze Sicht,* so in besonderen Situationen, wie bei Eintreten einer schweren Krankheit oder Todesfall, bei Scheidung oder auch bei steuergesetzlichen Sonderfällen (wie z.B. Umstellung auf Gegenwartsbesteuerung mit Steuerplanungsbedarf bezüglich Bemessungslücke).

Die vorgeschlagenen Massnahmen zur Steuerplanung haben allgemeine Gültigkeit. Es muss aber betont werden, dass der Bund und die Kantone teilweise unterschiedliche Regelungen kennen.

Was Steuern anbelangt, hat der Föderalismus in der kleinen Schweiz seltsame Blüten getrieben. Nur allein für die direkten Steuern bestehen 27 voneinander abweichende Gesetze (26 Kantone plus Bund). In jeder einzelnen der 27 Gebietshoheiten bestehen neben den Gesetzen verschiedenste Verordnungen, Weisungen, Merkblätter und Kreisschreiben, die ständig ergänzt und erweitert werden. Daneben werden durch Gerichtsentscheide teilweise tiefe Gräben zwischen Steuerrecht und Steuerpraxis gezogen, die ständigen Veränderungen unterworfen sind.

Steuertipp:
Es wird deshalb dringend empfohlen, vorgesehene steuerplanerische Massnahmen mit Fachleuten zu besprechen und auf ihre Zweckmässigkeit und Rechtmässigkeit zu untersuchen und nötigenfalls mit der Steuerbehörde abzusprechen.

Bei gewichtigen Massnahmen mit Langzeiteffekt sind solche *Vorabklärungen* unerlässlich, wenn später böse Überraschungen ausgeschlossen werden sollen.

Steuertipp:
Bei steuerlichen Vorabklärungen ist grundsätzlich der schriftliche Weg zu wählen, auch wenn dabei Kosten entstehen. Bei mündlichen Falschauskünften ist es später praktisch unmöglich, Fehlbare zur Rechenschaft zu ziehen.

Bei allem Trachten nach *Steueroptimierung* müssen die betriebswirtschaftlichen Aspekte stets über die rein steuerlichen gestellt werden.

Es ist mit Sicherheit falsch, wenn Steuern Unternehmen steuern.

Andrerseits sind unnötige Fiskalabgaben in Ermangelung eines konkreten Gegenwertes zu vermeiden.

Wenn immer sich mehrere Wege anbieten, wie ein betriebliches Ziel erreicht werden kann, ist der steuerlich günstigste Weg einzuschlagen.

Bei Massnahmen allerdings, die einem steuerlichen Konstrukt gleichkommen, betriebswirtschaftlich absonderlich erscheinen und einzig dem Ziel dienen, Steuern einzusparen, muss damit gerechnet werden, dass die Steuerbehörde diesen Sachverhalt als *Steuerumgehung* betrachtet. In diesem Fall erfolgt die Besteuerung, als ob die «Steuersparkonstruktion» gar nicht bestehen würde. Als typisches Beispiel aus jüngster Zeit kann hier die mit Fremdkapital finanzierte Lebensversicherung mit Einmalprämie erwähnt werden.

Im *Kapitel 7, «Rechtsformwahl für KMU unter steuerlichen und anderen Aspekten»*, wurden bewusst nicht nur die steuerlichen, sondern auch die übrigen Aspekte beleuchtet. Wird die Wahl der geeigneten Rechtsform zum Thema, so wird das Studium dieses Kapitels unerlässlich, wobei die Checkliste mit den

Vorteilen für Kapital- und Personengesellschaften kopiert und im Sinne einer Vorabklärung für den konkreten Fall ausgefüllt werden kann. Der Beizug einer versierten Fachperson ist aber in solchen Fällen dringend zu empfehlen.

Das *Kapitel 8*, «*Investitionen unter steuerlichen und anderen Aspekten beurteilen und tätigen*», hilft mit, die notwendigen Prioritäten bei der Investitionstätigkeit zu setzen. Dabei wird eine Investitionspyramide aufgezeigt, deren breite Basis die Investitionen im Unternehmen und die schmale Spitze die Investitionen im Risikobereich darstellen. Dazu muss an dieser Stelle präzisiert werden, dass sich die Prioritäten je nach Lebenszyklus des Unternehmens bzw. des Unternehmers und seiner Familie verändern können. So kann die erste Priorität, die während all den Jahren zielgerichteter und erfolgreicher Unternehmenstätigkeit logischerweise bei den Investitionen im eigenen Betrieb lag, im Hinblick auf eine bevorstehende Regelung der Geschäftsnachfolge plötzlich auf das Gebiet der Altersvorsorge oder den Privatbereich (Alterswohnsitz) verlegt werden.

> **Bei Investitionen sind nicht nur die steuerlichen, sondern in erster Linie betriebswirtschaftliche Überlegungen für den Entscheid massgebend, wo, wann und in welcher Höhe investiert wird.**

Löst eine Investition zusätzlich noch steuerliche Vorteile aus, so wird der Investitionsentscheid entsprechend positiv beeinflusst.

Im *Kapitel 9*, «*Ein zukunftsweisendes Steuerkonzept für die Schweiz*», wird ein kühner Blick ins Steuerjahr 2007 gewagt. Da die geltende Finanzordnung bis Ende 2006 befristet ist, wird bereits heute eifrig am Finanzleitbild 2007 gearbeitet. Der Bundesrat hat seine Vorstellungen präsentiert. Verschiedene Interessenvertreter haben ihre Wünsche hinsichtlich einer neuen Steuerordnung angemeldet.

Im *Kapitel 10* werden schliesslich *zwanzig steuerliche Thesen aus KMU-Sicht* formuliert. Da die kleinen und mittleren Unternehmen in der Schweiz mit einem Anteil von weit über 90 Prozent das eigentliche Rückgrat der Wirtschaft bilden, ist es nicht abwegig, in einer zukünftigen Steuerordnung auf die Bedürfnisse der KMU Rücksicht zu nehmen. Man könnte es nämlich pointiert auch so formulieren:

> **Geht es den KMU in unserem Land gut, so geht es der schweizerischen Wirtschaft gut.**

Nichts im Steuerbereich ist so konstant wie der Wandel.
Steuerliche Gesetze und Verordnungen unterliegen stetigen Veränderungen. Man denke dabei nur an die umwälzenden Neuerungen die auf den 1. Januar 2001 in Kraft getreten sind:

- Inkrafttreten des Mehrwertsteuergesetzes;
- Ablauf der Anpassungsfrist Steuerharmonisierungsgesetz;
- Allgemeiner Übergang zur Gegenwartsbesteuerung;
- Inkrafttreten des Stabilisierungsprogrammes;
- Steuerreformvorschläge 2001 des Bundesrates

usw.

Es ist aus dieser Sicht ein gemeinsames Anliegen des Autors und des Verlegers, das «Steuerbrevier KMU» in regelmässigen Abständen neu aufzulegen. Dies liegt sicherlich auch im Interesse der Unternehmen sowie deren Inhaber und Kader, welche jederzeit auf ein aktuelles Steuerbrevier für KMU greifen können.

Der Herausgeber:	Der Verlag:	Der Autor:
SIU Bern	Cosmos Verlag AG	Walter Sterchi

Copyright: Das Werk einschliesslich aller seiner Teile ist urheberrechtlich geschützt. Jede Verwertung ausserhalb der engen Grenzen des Urheberrechtsgesetzes ist ohne Zustimmung des Verlages unzulässig und strafbar. Dies gilt insbesondere für Vervielfältigungen, Übersetzungen, Mikroverfilmungen und die Einspeisung, Verbreitung und Verarbeitung in elektronischen Systemen.

Autor und Verlag übernehmen keine Verantwortung und werden keine daraus folgende oder sonstige Haftung übernehmen, die auf irgendeine Art aus der Benutzung dieses Buches entstehen könnte.

Aus Rücksicht auf gute Lesbarkeit wird in diesem Buch die maskuline Form angewandt. Ich bitte, Ausdrücke wie «der Unternehmer», der «Betriebsinhaber» usw. nicht als geschlechtsspezifisch zu verstehen. Vielmehr sind damit in jedem Fall sowohl Frauen als auch Männer gemeint.

Der Autor

4. Das steuerliche Umfeld gestern, heute und morgen

4.1 Die Schweiz, einstmals ein Steuerparadies

Die goldenen Zeiten, als man die Schweiz als Steuerparadies bezeichnen konnte, gehören bedauerlicherweise der Vergangenheit an.

Gerade auf dem Gebiet der *direkten Steuern* hat unser Land in den vergangenen drei Jahrzehnten eine gravierende Entwicklung durchgemacht, welche uns *Belastungszunahmen* brachte, die weit über dem Mass vergleichbarer Staaten liegen.

> **Steuerbelastungen, die marginal die 50-Prozent-Grenze übersteigen, wirken demotivierend und lähmend auf den Unternehmergeist und Leistungswillen – und das kann sich ein Staat nicht leisten!**

4.2 Missverhältnis direkte/indirekte Steuern

Gegenmassnahmen sind also gefragt, z.B. durch eine Umlagerung der Belastung von den direkten auf die im internationalen Vergleich bescheidenen *indirekten Steuern*.

Ein Schritt in diese Richtung wäre der allmähliche *Abbau der direkten Bundessteuer*, evtl. verbunden mit einer Umlagerung auf die Besteuerung des Verbrauchs. Dies mit dem Ziel, direkte Steuern nur noch durch Kantone und Gemeinden zu erheben, während der Bund seine Mittel über die indirekten Steuern beschaffen soll. Das begründete Anliegen dürfte aber nicht ganz einfach zu realisieren sein, handelt es sich doch bei der direkten Bundessteuer um eine eigentliche *Reichtumssteuer*, bei der nur gerade 6 Prozent der Steuerpflichtigen mit Einkommen über 100 000 Franken rund zwei Drittel der Steuer berappen!

> Nicht vergessen werden darf der Umstand, dass sich in der Schweiz, infolge *fehlender Plafonierung unseres AHV-Systems,* Beiträge auf Einkommen, die 74 160 Franken übersteigen, in der Regel nicht (mehr) rentenbildend auswirken und damit – mangels Gegenwert – zu den Fiskalabgaben zu rechnen sind.

4.3 EU-konforme Mehrwertsteuer, Taxe occulte inbegriffen

Durch die Einführung der Mehrwertsteuer nach dem Allphasen-Prinzip mit Vorsteuerabzug, gehört die klassische *Taxe occulte* in der Schweiz seit dem 1. Januar 1995 der Vergangenheit an. Auch wurden die Wettbewerbsverzerrungen, die dem WUST-System anhafteten, beseitigt.

> **Damit verfügt die Schweiz über eine europakompatible Konsumsteuer.**

Die *Steuersätze* sind im Vergleich zu den EU-Staaten (heute noch) moderat:

Mehrwertsteuersätze	seit 1.1.1995	seit 1.1.1999	seit 1.1.2001
Normalsatz	6,5%	7,5%	7,6 %
Reduzierter Satz für Güter des täglichen Bedarfs	2,0%	2,3%	2,4%
Sondersatz für das Beherbergungsgewerbe (Unterkunft und Frühstück seit 1.10.1996)	3,0%	3,5%	3,6%

> **Die EU schreibt ihren Mitgliedstaaten bei der Mehrwertsteuer einen Mindestsatz von 15 Prozent vor.**

Dieser Regelung hätte sich die Schweiz allerdings erst bei einem *Vollbeitritt zur Europäischen Union* zu unterziehen.

Die Umstellung vom Einphasensystem der Warenumsatzsteuer auf die Mehrwertsteuer bringt aber leider – und darauf ist mit Nachdruck hinzuweisen – nicht nur Vorteile!

> **Bedauerlicherweise bevorteilt nämlich das Prinzip der Mehrwertsteuer die automatisierte und exportorientierte Industrie in wesentlich stärkerem Ausmass, als die arbeitsintensiven, mehrheitlich inlandorientierten Klein- und Mittelbetriebe.**

Diese haben durch den Systemwechsel unter einem zusätzlich verschärften *Margendruck*, einem deutlich zunehmenden Zwang zur *Rationalisierung* sowie unter höheren Anforderungen an das Rechnungswesen und an die *Administration* zu leiden.

> **Es ist wichtig zu wissen, dass jede Satzerhöhung bei der Mehrwertsteuer den Margendruck erhöht, beruht doch die Systematik dieser Steuer auf der Besteuerung der Wertschöpfung bzw. Marge.**

Weitere Satzerhöhungen der Mehrwertsteuer – vor allem zur Absicherung unserer Sozialwerke – werden zur Folge haben, dass unsere Konsumsteuer noch vor Ablauf der Befristung der Finanzordnung im Jahr 2006 die *Zehn-Prozent-Hürde* geschafft haben wird:
- 2,5% zur Absicherung unserer Sozialwerke (bis 2006);
- 1,5% zur Glättung der Progression bei der direkten Bundessteuer (politischer Entscheid der Regierungsparteien).

Diese Entwicklung ist gefährlich, weil sie sich negativ auf das Konsumverhalten auswirkt und damit der Wirtschaft schadet. Zudem wird der *Margendruck* durch jede Satzerhöhung *verstärkt*.

Schon heute kennt das Mehrwertsteuersystem wieder eine *neue Taxe occulte*, die sich in jenen Unternehmen bemerkbar macht, die von der Mehrwertsteuer ausgenommene Leistungen erbringen. Zwar sind die betreffenden Umsätze (z.B. Kultur, Sport, Gesundheitswesen usw.) von der Mehrwertsteuerpflicht befreit; die betreffenden Unternehmen bleiben aber auf den bezahlten Vorsteuern sitzen. Hier bringt das neue Mehrwertsteuergesetz seit dem 1. Januar 2001 Verbesserungen durch Erweiterung der *Optionsmöglichkeiten*. Dies ermöglicht es den von der Steuerpflicht ausgenommenen Unternehmen, sich freiwillig der Mehrwertsteuer zu unterstellen und damit die bezahlten Vorsteuern zurückzufordern. Als Folge davon unterstehen dann allerdings die betreffenden Umsätze der Steuerpflicht.

Längerfristig bedrohlicher erscheint aber die neue *schleichende Taxe occulte*, die bei Mehrwertsteuererhöhungen dadurch entsteht, dass aus Konkurrenzgründen die höhere Steuer nicht oder nicht im vollen Umfang auf den Preis der Leistung überwälzt werden kann und damit als *unerwünschter Steueraufwand* im Unternehmen hängen bleibt.

Streitigkeiten über Art und Umfang der *Mehrwertsteuerpflicht* sowie *Abgrenzungsprobleme beim Vorsteuerabzug* von Unternehmen, die sowohl steuerpflichtige wie auch von der Steuer ausgenommene Leistungen anbieten, aber auch Meinungsverschiedenheiten bezüglich *Kürzung des Vorsteuerabzuges bei gemischter Verwendung* dürften weiterhin Zankapfel des Steuersystems sein und Unternehmen und Behörden sowie die Gerichte gleichermassen beschäftigen – mit entsprechenden Kostenfolgen.

Erfreulich ist die Tatsache, dass durch eine Kommission des Nationalrates ein *wirtschaftsfreundliches Mehrwertsteuer-Gesetz* ausgearbeitet wurde, welches der Wirtschaft ab 2001 zahlreiche Entlastungen und Erleichterungen bringen wird. Die wichtigsten Änderungen sind unter 4.8, «Von der Verordnung zum Mehrwertsteuergesetz», festgehalten.

4.4 Erfolgreiche Reform der Unternehmensbesteuerung

Anfangs 1998 ist die Reform der Unternehmensbesteuerung in Kraft getreten, welche in erster Linie Unternehmen in der Rechtsform von Kapitalgesellschaften seit langem erkämpfte Steuererleichterungen brachte, mit folgenden Schwerpunkten:
- attraktivere *Holdingbesteuerung* durch Entlastung auf den Beteiligungserträgen (Ausdehnung des Beteiligungsabzuges auf Beteiligungsgewinne);
- Übergang vom Dreistufentarif zur *proportionalen Gewinnsteuer von 8,5%* bei der direkten Bundessteuer;
- Verzicht auf die *Kapitalsteuer* bei den juristischen Personen;
- Halbierung der *Emissionsabgabe* von 2 auf *1 Prozent*. Unternehmensgründungen und Kapitalerhöhungen mit einem Kapital bis 250 000 Franken bleiben weiterhin abgabenfrei; neu gilt der Freibetrag generell für die ersten 250 000 Franken;
- Neuregelung der Steuerfolgen beim *Erwerb eigener Aktien* durch Ausdehnung der Frist zur Weiterveräusserung um 6 Jahre;
- Neuregelung des *Verzugszinses bei der Verrechnungssteuer,* indem säumigen Zahlern ohne vorgängige Mahnung analog den Stempelabgaben ein Verzugszins belastet wird;
- *privilegierte Behandlung von Domizilgesellschaften* bei den Kantonen;
- Wiedereinführung einer *Stempelabgabe* von 2,5 Prozent *auf Lebensversicherungsprämien* (mit Einmalprämien finanzierte Kapital- und Rentenversicherungen).

Die Reform der Unternehmensbesteuerung war fraglos ein Schritt in die richtige Richtung zur Verbesserung der steuerlichen Rahmenbedingungen von juristischen Personen. Man vermisst indessen die Erleichterungen für natürliche Personen, welche hierzulande bei hohen Einkommen/Gewinnen unter extremen Grenzsteuerbelastungen leiden. Man wird das ungute Gefühl nicht los, der Preis für Entlastungen im Bereich der Unternehmensbesteuerung werde jeweils sogleich den natürlichen Personen aufgebürdet.

Diese *Kompensationsmentalität* ist nicht zu rechtfertigen wenn man weiss, dass die budgetierten Steuerausfälle aus der Reform der Unternehmensbesteuerung durch den wirtschaftlichen Aufschwung mehr als wettgemacht wurden.

> **Dieses Beispiel aus der Praxis verdeutlicht einmal mehr die alte Binsenwahrheit, dass vorteilhafte steuerliche Rahmenbedingungen der Wirtschaft günstige Impulse verleihen. Diese kommen zuerst den Unternehmen und den mit ihnen verbundenen Personen zu gute, dienen aber letztendlich in Form von steigenden Steuereinnahmen auch dem Staat der die Weitsicht besass die Steuerlast zu mildern.**

4.5 Steuerharmonisierung mit Ecken und Kanten

Das Steuerharmonisierungsgesetz (StHG) ist bereits am 1. Januar 1993 in Kraft getreten. Zur Anpassung ihrer Steuergesetze wurde den Kantonen eine Frist von acht Jahren eingeräumt.

> **Dies bedeutet, dass alle Kantone ihre Steuergesetze bis spätestens am 31. Januar 2001 formell an das StHG anpassen mussten.**

Unberührt bleibt die kantonale Autonomie im *materiellen Bereich,* d.h. bei den Steuertarifen, Steuersätzen und Steuerfreibeträgen (Sozialabzüge).

Das Gesetz schreibt verbindlich vor, *welche Steuern* die Kantone zu erheben haben, was der Steuerpflicht unterliegt und welche sachlichen Abzüge gemacht werden können. Eine andere Definition des Steuersubstrates ist unzulässig. Dabei sind die Umschreibungen weitgehend identisch mit denjenigen bei der direkten Bundessteuer.

4.5.1 *Direkte Steuern der Kantone (und Gemeinden)*
- Einkommens- und Vermögenssteuern natürlicher Personen;
- Gewinn- und Kapitalsteuern juristischer Personen;
- Quellensteuern für bestimmte natürliche und juristische Personen;
- Grundstückgewinnsteuern.

4.5.2 *Besteuerung natürlicher Personen*
Die Einkommen der Ehegatten werden ungeachtet des Güterstandes weiterhin zusammengerechnet *(Ehegattenbesteuerung).*

Ein Reformpaket sieht aber zur Entlastung von Ehepaaren Erleichterungen vor (siehe 4.7 «Steuerentlastungspaket 2001»).

Die Kapitalgewinne auf beweglichem Privatvermögen werden grundsätzlich nicht besteuert. Als letzter Kanton hat Graubünden per 1. Januar 1997 die Kapitalgewinnsteuerpflicht auf beweglichem Privatvermögen abgeschafft. In jüngster Zeit wurden zwar aufgrund der lange anhaltenden Börsenhausse Stimmen laut, dieses Gewinnpotenzial steuerlich (wieder) zu erfassen. Dabei wären aber aus Gründen der Rechtsgleichheit im Gegenzug auch allfällige Börsenverluste zum Abzug zuzulassen; eine verlockende Einladung, das Portefeuille bei sinkenden Kurswerten zulasten des Fiskus zu optimieren! Allerdings darf der administrative Aufwand zur steuerlichen Erfassung dieser Transaktionen nicht unterschätzt werden.

Hausrat und persönliche Gebrauchsgegenstände werden nicht (mehr) als Vermögen besteuert (StHG Art. 13, Abs. 4). Dies führt dazu, dass Investitionen im Wohnbereich generell zu den steuerlich attraktiven Anlagen gezählt werden dürfen.
Regelung der steuerneutralen Ersatzbeschaffung von Gegenständen des betriebsnotwendigen Anlagevermögens über die Kantonsgrenzen hinaus.

Regelung der steuerneutralen Ersatzbeschaffung bei Wohneigentum. Dies bedeutet, dass auch bei einem Kantonswechsel die stillen Reserven von ganzjährig selbst benütztem Wohneigentum bei Reinvestition innert nützlicher Frist auf das Ersatzobjekt im neuen Kanton übertragen werden können und damit die Besteuerung des Grundstückgewinnes aufgeschoben werden kann.

Der Grundsatz des *Schuldzinsenabzuges* bleibt gewahrt. Einschränkungen bringt hier allerdings seit dem 1. Januar 2001 das Stabilisierungspaket (siehe auch 4.6 «Von Steuerlücken zum Stabilisierungspaket»).

Am Grundsatz der *Eigenmietwertbesteuerung* zu Marktwerten wird festgehalten, wobei Bestrebungen festzustellen sind, die zur Förderung der Eigentümerquote auf eine massvolle Festsetzung der Eigenmietwerte hinwirken. Der Bundesrat plant allerdings einen Systemwechsel bei der Wohneigentumsbesteuerung (siehe auch 4.7 «Steuerentlastungspaket 2001»).

Alimentenbesteuerung beim Empfänger, dafür Abzugsfähigkeit beim Belasteten (gilt für periodische Zahlungen an den geschiedenen Ehegatten und für die von ihm unterhaltenen Kinder, nicht aber für Einmalabfindungen).

Abzugsfähigkeit von *Sozialversicherungsbeiträgen* (AHV, IV, ALV, BVG), dafür volle Besteuerung der entsprechenden Versicherungsleistungen.

Obschon gemäss StHG am Prinzip der *Vergangenheitsbesteuerung* mit zweijährigem Veranlagungsmodus grundsätzlich festgehalten werden kann, ist der Trend zur Gegenwartsbesteuerung auch bei den natürlichen Personen nicht mehr aufzuhalten.
Auf den 1. Januar 2001 haben nicht weniger als 20 Kantone den Systemwechsel zur jährlichen Gegenwartsbesteuerung für natürliche Personen vorgenommen. Nur gerade drei Kantone (TI, VD, VS) planen die Umstellung erst auf Anfang 2003. Ab diesem Zeitpunkt dürfte die Schweiz somit nur noch ein Besteuerungssystem kennen, *die jährliche Gegenwartsbemessung.*

Bei den *Grundstückgewinnsteuern* ist davon auszugehen, dass diese grundsätzlich auf Liegenschaften des Privatvermögens erhoben werden, wobei die Kantone berechtigt sind, diese Steuer auch auf Objekte des Geschäftsvermögens auszuweiten.
Dabei sollen kurzfristig realisierte Gewinne durch eine schärfere Besteuerung (Spekulationszuschlag) belastet werden (siehe auch 5.5 «Grundstückgewinne»).

Generell setzt sich nach dem Bund auch in den Kantonen die Methode der *Präponderanz* für die Besteuerung geschäftlicher Grundstückgewinne durch. Dies bedeutet, dass Gewinne auf gemischt genutzten Gewerbeliegenschaften bei überwiegend geschäftlicher Nutzung (mehr als 50 Prozent) der vollen Besteuerung unterliegen. Diese Gewinne unterstehen bei natürlichen Personen zudem der *AHV-Beitragspflicht.*

Da bei vielen Gewerbeliegenschaften die geschäftliche Nutzung überwiegt, muss die *Präponderanzmethode für KMU* gesamthaft betrachtet als *unvorteilhaft* bezeichnet werden.

4.5.3 Besteuerung juristischer Personen
Neuen Unternehmen können bis zu max. 10 Jahren *Steuererleichterungen* gewährt werden, wenn dadurch im betreffenden Kanton Arbeitsplätze geschaffen, Investitionen ausgelöst und künftiges Steuersubstrat generiert werden. Allerdings dürfen durch solche Massnahmen bestehende Unternehmen nicht konkurrenziert werden.

Beseitigung der sog. *Wegzugsbesteuerung* bei Sitzverlegung in einen anderen Kanton (nicht aber bei Sitzverlegung ins Ausland).

Gesetzliche Verankerung der *Steuerneutralität gewisser Umstrukturierungen*.

Möglichkeit steuerneutraler *Ersatzbeschaffung* von Gegenständen des betriebsnotwendigen Anlagevermögens, über die Kantonsgrenzen hinaus.

Abzugsfähigkeit der Unternehmenssteuern als Geschäftsaufwand.

Vereinheitlichung des *Verlustvortrages* auf 7 Jahre.

Ermittlung des *Beteiligungsabzuges* nach der Reinertragsmethode.

Vereinheitlichung der Voraussetzungen für das *Holding- und Domizilprivileg*.

Generell gilt für die juristischen Personen die jährliche *Gegenwartsbesteuerung*. Die Frist zur Umstellung ist am 31. Dezember 2000 abgelaufen und die beiden letzten Kantone, AG und BL, haben die Umstellung per 1. Januar 2001 vollzogen.

4.5.4 Fazit zum Steuerharmonisierungsgesetz
Es fällt auf, dass sich die Situation bei den natürlichen Personen durch die steuergesetzlichen Neuerungen gesamthaft betrachtet eher verschlechtert hat.
Bei den juristischen Personen dagegen überwiegen im Ergebnis die Verbesserungen der steuerlichen Rahmenbedingungen.

> **Die Schweiz ist auf attraktive steuerliche Rahmenbedingungen sowohl für natürliche wie auch für juristische Personen angewiesen.**

Angeregt durch den Bericht der Expertenkommission bezüglich *Steuerlücken* hat der Bundesrat allerdings gerade die andere Marschrichtung eingeschlagen.

4.6 Von Steuerlücken zum Stabilisierungspaket

Im Auftrag des Bundesrates hat die «Expertenkommission Behnisch» einen Bericht über bestehende Lücken im schweizerischen Steuersystem verfasst und Anregungen gemacht wie diese geschlossen werden könnten. Der Bundesrat hat dem Parlament Vorschläge unterbreitet, wie er bestehende Steuerlücken zu schliessen gedenkt. Dieses Paket stiess aber im Parlament auf massiven Widerstand. Anstatt «Steuerjongleuren» und «Finanzakrobaten» das Handwerk zu legen, rochen die bundesrätlichen Pläne ganz verdächtig nach einer generellen *Verschlechterung der steuerlichen Rahmenbedingungen*, primär zu Lasten des Mittelstandes, welcher heute bereits unter (zu) hohen Abgaben leidet.

Im Rahmen des sogenannten «*Stabilisierungsprogrammes*» wurden auf den *1. Januar 2001* einige Massnahmen aus dem Steuerlücken-Paket in abgeschwächter Form in Kraft gesetzt:

4.6.1 *Begrenzung der Abzugsfähigkeit von Schuldzinsen*
Abzugsfähig bleiben die Schuldzinsen in der Höhe des steuerbaren Vermögensertrages brutto, zuzüglich 50 000 Franken. Die neue Begrenzung des Abzuges von Schuldzinsen findet lediglich Anwendung bei privaten Schuldzinsen.

Gewerbliche Zinsen, d.h. geschäftlich begründete Fremdkapitalzinse, bleiben ohne Einschränkung abzugsfähig.

4.6.2 *Altersguillotine für Kapitalversicherungen mit Einmaleinlage*
Solche Versicherungen können nur noch vor dem 66. Geburtstag des Versicherten abgeschlossen werden. Weiterhin muss die Vertragsdauer mindestens 5 Jahre betragen (bei fondsgebundenen Anlagen 10 Jahre), und die Auszahlung darf nicht vor erreichtem 60. Altersjahr stattfinden, damit keine Besteuerung ausgelöst wird.

4.6.3 *Begrenzung des Einkaufs von Versicherungsjahren in der beruflichen Vorsorge*
Diese Bestimmung zielt darauf ab, missbräuchliche Einkäufe auszuschliessen, wie z.B. ein beträchtlicher Einkauf durch einen 63-jährigen zwei Jahre vor Erreichen des Rentenalters. Die Begrenzung beträgt 74 160 Franken, multipliziert mit der Anzahl Jahre ab Eintritt in die Vorsorgeeinrichtung bis zum Erreichen des ordentlichen reglementarischen Rücktrittsalters.

4.6.4 *Besteuerung der Leibrenten zu 40 Prozent*
Bis am 31. Dezember 2000 wurden Leibrenten zu 60 Prozent besteuert. Aufgrund der Tatsache, dass mit einer Leibrente ein Kapitalverzehr von bereits versteuerten Mitteln verbunden ist, war diese Milderung bei der Leibrentenbesteuerung dringend notwendig.

4.6.5 Auf die Einführung einer privaten Kapitalgewinnsteuer wird weiterhin verzichtet

Werden solche Gewinne jedoch gewerbsmässig erzielt, so sind sie nach geltender bundesgerichtlicher Rechtssprechung steuerbar. Was unter *Gewerbsmässigkeit* zu verstehen ist, hat das Bundesgericht aufgrund verschiedener Kriterien *definiert:*
Eingehen erheblicher Risiken, Häufung der Transaktionen, kurze Besitzesdauer, spezielle berufliche Kenntnisse (Berufsnähe), systematische Vorgehensweise sowie Einsatz von Fremdkapital.
Dabei soll für eine Gewerbsmässigkeit unter Umständen schon die Erfüllung eines einzigen Kriteriums genügen, z.B. Einsatz von Fremdkapital und Eingehen besonderer Risiken.
Unter solchen Voraussetzungen ist zu befürchten, dass die Steuerbehörden versuchen werden, eine *versteckte Kapitalgewinnsteuer* einzuführen (siehe auch 5.4 «Kapitalgewinne»).

> **Die Schweiz braucht weder neue noch höhere Steuern, sondern Entlastungen, welche die Wirtschaft ankurbeln und mithelfen den Aufschwung zu verstärken!**

Der Bundesrat hat die Zeichen der Zeit erkannt und im März 2000 ein Steuerreformpaket angekündet, welches namhafte Entlastungen auf verschiedenen Ebenen beinhaltet.

4.7 Steuerentlastungspaket 2001 – dem Aufschwung sei Dank!

Reichlich fliessende Steuereinnahmen in der Staatskasse, optimistische Wirtschaftsprognosen und Druck von Seite der Wirtschaft haben den Bundesrat veranlasst, dem Parlament ein Steuerreformpaket vorzulegen, welches jährliche Entlastungen von maximal 1,4 Milliarden Franken bringen soll. Der erste Teil, das sog. Steuerpaket 2001, sieht *Entlastungen auf 3 Ebenen* vor.

4.7.1 Reform der Ehepaar- und Familienbesteuerung

Die vorgesehene steuerliche Entlastung von Ehepaaren soll durch Einführung eines *Teilsplitting-Besteuerungsverfahrens* erfolgen, verbunden mit einer Erhöhung des *Kinderabzugs.* Die Entlastung sieht vor, das Gesamteinkommen der Ehegatten durch den Divisor 1,9 zu teilen, was einem satzbestimmenden Einkommen von 52,36 Prozent des Gesamteinkommens entspricht. Zudem soll der Kinderabzug von heute 5100 auf 9000 Franken angehoben werden, wodurch Familien mit Kindern zusätzlich entlastet würden.

4.7.2 Eigenmietwertbesteuerung/Systemwechsel

Der Bundesrat will dabei auf die Besteuerung des *Eigenmietwertes* verzichten. Damit verbunden ist allerdings auch die Streichung des *Hypothekarzinsabzuges*, wobei Neuerwerbern von Wohneigentum ein degressiver Abzug der Schuldzinsen während der ersten 10 Jahre nach dem Kauf zugestanden werden soll.

Leider denkt der Bundesrat auch an eine Beschränkung des Abzuges für den *Liegenschaftsunterhalt*. Weiterhin sollen aperiodische Unterhaltskosten in einem bestimmten Rahmen abgezogen werden können (mehr als 5000 Franken, aber weniger als 15 000 Franken pro Jahr). Zudem soll eine Mehrjahres-*Pauschalabzugsregelung* geprüft werden. Diese Regelungen erscheinen praxisfremd und führen durch fehlende steuerliche Anreize zu einer tendenziellen Vernachlässigung der Erneuerung und Werterhaltung von Immobilien. Ein *Systemwechsel* bei der Besteuerung der Eigenmietwerte in unserem Land sollte dazu genutzt werden, dem in der Verfassung verankerten Grundsatz der Förderung privaten Wohneigentums zu dienen. Dies kann nur erreicht werden, wenn der Systemwechsel von *flankierenden Massnahmen* unterstützt wird:

- die Übergangsfrist muss auf 15 Jahre verlängert werden;
- Wahlrecht zwischen altem und neuem System;
- degressiv ausgestalteter Hypothekarzinsabzug von 15 Jahren für Neuerwerber von selbstbewohntem Grundeigentum;
- volle Abzugsmöglichkeiten für Liegenschaftsunterhalt;
- Einführung *«steuerbegünstigtes Bausparen»* in allen Kantonen, evtl. in Verbindung mit der Säule 3a.

Wenn die in der Verfassung verankerte *Wohneigentumsförderung* in die Praxis umgesetzt werden soll, so bildet «steuerbegünstigtes Bausparen» dazu einen (in der Praxis) erprobten wertvollen Beitrag.

4.7.3 Entlastungen bei der Umsatzabgabe (Börsenstempel)

Um den Finanzplatz Schweiz zu stärken, soll der Börsenstempel teilweise abgeschafft werden. Abwanderungsgefährdete Transaktionen, wie z.B. Geschäfte von bestimmten institutionellen Anlegern, sollen von der Umsatzabgabe entlastet werden.

> **Die Teilabschaffung des Börsenstempels auf Anfang 2001 ist Realität. Schade nur, dass man nicht den Mut aufbrachte, die ganze Transaktionsabgabe «zu beerdigen»!**

4.7.4 Weitere Massnahmen

In einem 2. Teil des Steuerpaketes sollen dann später weitere Massnahmen im Steuerbereich geprüft werden, dazu gehören:
- *Steueramnestie* ohne Strafsteuer (dafür aber mit einer pauschalen Nachsteuer);
- *Quellensteuer für ausländische Zinsen* (als Signal an die EU);

- *Wiedereinführung einer Beteiligungsgewinnsteuer.* KMU müssten dann beim Verkauf der Anteilsrechte eine Beteiligungsgewinnsteuer bezahlen und würden dafür bei den ausbezahlten Dividenden entlastet.

> **Dass die Wiedereinführung einer Beteiligungsgewinnsteuer überhaupt erwogen wird verdeutlicht, dass man ein zentrales Anliegen der KMU – nämlich die steuerneutrale Geschäftsnachfolgeregelung – offenbar nicht ernst nimmt.**

Positiv zu werten ist hingegen, wie bereits einleitend festgehalten, dass die seit Einführung der Mehrwertsteuer am 1. Januar 1995 geltende Mehrwertsteuerverordnung (MWSTV) auf den 1. Januar 2001 durch ein Mehrwertsteuergesetz (MWSTG) abgelöst wurde, welches der Wirtschaft jährlich Entlastungen von 250 Millionen Franken bringt.

4.8 Von der Verordnung zum Mehrwertsteuergesetz

Das neue Gesetz übernimmt in wesentlichen Teilen die Bestimmungen der Verordnung, bringt aber auch eine ganze Reihe von Neuerungen, welche die Wirtschaft einerseits steuerlich entlasten und andererseits mithelfen werden, den Administrationsaufwand von kleinen und mittleren Unternehmen zu vereinfachen.

Folgende Änderungen traten am 1. Januar 2001 in Kraft:

- Die Umsatzlimite zur *Abrechnung der Mehrwertsteuer zu Saldosteuersätzen* wird von 1,5 auf 3 Millionen Franken pro Jahr verdoppelt, wobei die Steuerzahllast 60 000 Franken pro Jahr nicht übersteigen darf.

- Nicht gewinnstrebig und ehrenamtlich geführte *Sportvereine* und *gemeinnützige Institutionen* mit einem Jahresumsatz von bis zu 150 000 Franken sind von der Mehrwertsteuerpflicht ausgenommen.

- Die von Angehörigen medizinischer Heil- und Pflegeberufe erbrachten *Heilbehandlungen* (z.B. Naturärzte und Physiotherapeuten) sind von der Mehrwertsteuer ausgenommen, wenn sie über eine Berufsausübungsbewilligung verfügen. Eine ärztliche Verordnung wird nicht mehr verlangt.

- Mit dem MWSTG werden die *Optionsmöglichkeiten* stark erweitert. Mit Ausnahme der Umsätze im Bereich von Versicherungen und des Geld- und Kapitalverkehrs kann für alle übrigen von der Steuer ausgenommenen Umsätze optiert werden. Dies bedeutet, dass die betreffenden Umsätze der Abrechnungspflicht unterstellt werden, dafür aber die Berechtigung zur Rückforderung der geleisteten Vorsteuern besteht.

- Verbesserungen bringt das MWSTG auch bei der *Besteuerung des Eigenverbrauchs*. So wird die Zulässigkeit des Vorsteuerabzuges bei Geschenken auf 300 Franken pro Empfänger und Jahr erhöht.

- Von grosser praktischer Bedeutung ist auch die Änderung bei den *Bemessungsgrundlagen der Eigenverbrauchssteuer*. Bei der Ermittlung des Zeitwertes wird bei mobilen Sachanlagen eine Abschreibung von 20 Prozent und bei Immobilien von 5 Prozent pro Jahr, berechnet auf dem Anschaffungswert, zugelassen. Damit dauert die volle Abschreibung auf einer Immobilie nach MWSTG nur noch 20 Jahre (nach heutiger Praxis 25–50 Jahre). Die Verkürzung dieser Frist ist wichtig, weil der Steuerpflichtige die Höhe der Aufwendungen nachweisen muss. Ansonsten riskiert er, den vollen Marktwert abzurechnen.

- Dementsprechend wird im MWSTG denn auch eine *Frist zur Aufbewahrung* von Unterlagen für Immobilien von 20 Jahren vorgesehen. Für die Abrechnung der Grundstückgewinnsteuer sollten diese Belege unbedingt bis zum Verkauf des Objektes aufbewahrt werden.

- Das MWSTG lässt die *Einlagenentsteuerung* auf wertvermehrenden Investitionen generell zu. Damit können sämtliche Vorsteuern, welche auf später in den Steuerbereich eingebrachten beweglichen und unbeweglichen Gegenständen lasten, zum Abzug gebracht werden. So entfällt auch die bisher in diesem Bereich vorhandene Schattensteuer.

- Flexibilisiert wird auch die sog. *Gruppenbesteuerung*. Neu ist vorgesehen, dass einzelne unter gemeinsamer Leitung stehende Gesellschaften in *Subgruppen* zusammengefasst werden können. Um den tatsächlichen unternehmenswirtschaftlichen Umständen, organisatorischen Strukturen und Abläufen Rechnung zu tragen, kann die ESTV für die Gruppen- oder Subgruppenbildung Ausnahmen bewilligen.

- Nach dem MWSTG unterliegen *Verwaltungsratshonorare* nicht mehr der Mehrwertsteuerpflicht.

- Vereinfachungen bringt das MWSTG auch im administrativen Bereich, so z.B. bei den Anforderungen an die Rechnungsstellung.

- Siehe auch 5.7 «Mehrwertsteuer».

Ebenfalls Tatsache wurde allerdings eine lineare Erhöhung der Mehrwertsteuersätze um 0,1 Prozent per 1. Januar 2001. Damit werden die der Wirtschaft durch das neue Mehrwertsteuergesetz gewährten Entlastungen wieder neutralisiert. Dazu kommt noch der zusätzliche Administrationsaufwand, verursacht durch die Satzumstellung. Trotz intensiven Bemühungen aus Kreisen der Wirtschaft blieb die Landesregierung unerbittlich und mochte auf diese vom Souverän abgesegneten Mehreinnahmen nicht verzichten. Schade!

4.9 Erbschaftssteuern abschaffen oder verstaatlichen?

Im heutigen Zeitpunkt verzichtet einzig der Kanton Schwyz generell auf die Erhebung von Erbschafts- und Schenkungssteuern. Der Kanton Luzern kennt zwar keine Schenkungssteuer, besteuert aber Erbschaften.
In jüngster Zeit ist eine wahre Erosion bei der Erbschaftssteuer festzustellen. So werden Ehegatten nur noch ausnahmsweise mit Erbschaftssteuern belastet und auch für direkte Nachkommen verzichten immer mehr Kantone auf eine Erbschaftssteuer. Heute sind es bereits mehr als die Hälfte der Kantone, welche direkte Nachkommen von der Besteuerung ausnehmen. Aus Gründen des Steuerwettbewerbes planen weitere Kantone diesen Schritt im Rahmen von Steuergesetzesrevisionen. Andere Kantone gewähren respektable Freibeträge bei der Erbschaftssteuer für direkte Nachkommen.

> Zur Erleichterung der Nachfolgeregelungen von KMU sollte auf Erbschafts- und Schenkungssteuern von Nachkommen generell verzichtet werden.

Da in der Schweiz alljährlich zweistellige Milliardenbeträge vererbt werden, erschallt auf der anderen Seite aber auch immer lauter der Ruf nach einer *eidgenössischen Erbschaftssteuer*.

Einer solchen Steuer muss mit Entschiedenheit entgegengetreten werden, handelt es sich doch bei solchen Abgaben auf bereits mehrfach versteuerten Mitteln um eine Steuer mit konfiskatorischem Charakter. (Siehe auch 5.11 «Erbschafts- und Schenkungssteuern».)

4.10 Das neue Rechnungslegungs- und Revisionsrecht (RRG) hat mehr mit Steuern zu tun als man denkt!

Ein ungutes Gefühl löst die erste Wertung des neuen Rechnungslegungs- und Revisionsgesetzes (RRG) aus. Der Entwurf zu diesem zukunftsweisenden Gesetz, das die Rechnungslegung in der Schweiz für alle Rechtsformen vereinheitlichen und internationalen Standards annähern soll, erhöht die Anforderungen an das Rechnungswesen und damit den *Administrationsaufwand* für KMU erheblich. Zudem würde unnötigerweise der *steuerliche Gestaltungsspielraum* beschnitten, indem durch das Prinzip der *«Fair presentation» die Bildung von stillen Reserven*, wie sie der Gesetzgeber heute gemäss OR, Artikel 669, Abs. 3 und 960, Abs. 2 zulässt, unterbunden würde.

> KMU stehen vor harten Bewährungsproben, und da wirken verschärfter Steuerdruck verbunden mit stark zunehmendem Administrationsaufwand zweifellos kontraproduktiv!

Im Rahmen der parlamentarischen Behandlung des *RRG* können unsere Volks- und Standesvertreter den Tatbeweis erbringen, wie ehrlich ihre Sympathiebekenntnisse für die kleinen und mittleren Unternehmen gemeint sind. Für diese Unternehmen sind Erleichterungen und Wahlrechte vorzusehen, damit die wirtschaftlichen und steuerlichen Rahmenbedingungen für KMU nicht verschlechtert werden.

4.11 Die geltende Finanzordnung ist befristet bis 2006

Die geltende Finanzordnung, welche als tragende Pfeiler der Bundesfinanzen die direkte Bundessteuer und die Mehrwertsteuer beinhaltet, ist befristet. Deshalb soll mit einer neuen Finanzordnung die verfassungsmässige Grundlage für diese beiden ergiebigen Steuerquellen erneuert bzw. gesichert werden. Es ist zu hoffen, dass die Gelegenheit nicht verpasst wird, die steuerlichen Rahmenbedingungen der Zukunft mit der neuen Finanzordnung zu verbessern. Die Erfahrung lehrt uns nämlich, dass die anfänglichen Steuerausfälle in der Staatskasse durch die entlastete und damit angekurbelte Wirtschaft in kurzer Zeit mehr als nur wettgemacht werden.

4.12 Das neue Finanzleitbild 2007 besticht – aber nur auf den ersten Blick!

Das vom Bundesrat präsentierte neue Finanzleitbild 2007 beinhaltet folgende Leitsätze:

- *Stabilisierung der Steuerquote* (kurzfristig);
- *Senkung der Steuerquote* (langfristig);
- attraktive *Steuerquote im OECD-Vergleich;*
- *Verlagerung der Steuerlast* von den direkten auf die indirekten Steuern;
- *Steuerreform* mit ökologischen Anreizen;
- die *Bundesbudgets* sind mittelfristig auszugleichen;
- die *Verschuldungsquote des Bundes* ist nachhaltig zu senken.

Zu zaghaft erscheinen die Schritte in Richtung Ankurbelung der Wirtschaft, indem die Steuerquote nur langfristig gesenkt werden soll.

> **Gefragt sind rasch wirksame Steuerentlastungen, damit der wirtschaftliche Aufschwung gesichert und verstärkt wird.**

Der Zeitpunkt für eine neue Steuerordnung mit attraktiven Rahmenbedingungen ist optimal.

Die *Staatsrechnung* schloss nämlich nach einer sechsjährigen Periode ununterbrochener massiver Defizite *1998* erstmals wieder mit schwarzen Zahlen ab. Anstatt des budgetierten Fehlbetrages von 7,6 Milliarden resultierte ein Überschuss von 484 Millionen Franken!

1999 wurde zwar erneut ein Fehlbetrag von 2,66 Milliarden Franken ausgewiesen; dies allerdings nur deshalb, weil man im Finanzdepartement eine andere Verbuchungsform bei der Verrechnungssteuer gewählt hat. Wäre nach bisheriger Praxis gebucht worden, so hätte sich ein Überschuss von rund 300 Millionen Franken eingestellt! Offenbar will man sich vor allzu grossen Begehrlichkeiten schützen oder ist es vielleicht blamabel, bei einem ursprünglichen Budgetfehlbetrag von 5 Milliarden erneut einen Überschuss zu präsentieren?

Für das Jahr *2000* wurde anstatt des budgetierten Defizites von 1,8 Milliarden ein Überschuss von sage und schreibe 4,5 Milliarden Franken erzielt! Es erstaunt denn auch nicht, wenn der Finanzminister die Budgetmethoden des Bundes durch eine externe Expertise überprüfen lassen will.

Damit ist die Zeit für steuerliche Entlastungen reif! Und zwar sollten diesmal sowohl natürliche wie auch juristische Personen profitieren. Dadurch würde die Dynamik des wirtschaftlichen Aufschwunges verstärkt. Unternehmen und Privatpersonen hätten mehr Geld zur Verfügung für Investitionen und für den Konsum.

Eine neue Finanzordnung, mit attraktiven steuerlichen Rahmenbedingungen für alle Steuerpflichtigen, stellt mit Sicherheit die beste Investition in die finanzpolitische Zukunft unseres Landes dar.

5. Geltende Steuern von Bund, Kantonen und Gemeinden

A Schweizerischer Steuerföderalismus

Die Schweiz ist ein Bundesstaat und der Föderalismus prägt denn auch das schweizerische *Steuersystem*. Die logische Konsequenz daraus sind 27 voneinander abweichende *Steuergesetze* (26 Kantone plus Bund), und das allein nur für die direkten Steuern.

Wir unterscheiden 3 *Steuerhoheiten*, welche berechtigt sind Steuern zu erheben, nämlich der Bund, die 26 Kantone und die rund 3000 Gemeinden (Gemeinwesen).

B Wesen der Steuern

Die öffentlichen Einrichtungen benötigen zur Erfüllung ihrer Aufgaben Geldmittel, die ihnen heute primär in Form von *öffentlichen Abgaben* zufliessen. Dabei können wir unterscheiden:

Steuern: sind Geldleistungen, die von einem öffentlichen Gemeinwesen kraft seiner Gebietshoheit zur Deckung seines Finanzbedarfs erhoben werden (z.B. direkte Bundessteuer, Mehrwertsteuer, Vermögenssteuer, Grundstückgewinnsteuer usw.). Charakteristisch dabei ist das Fehlen einer spezifischen Gegenleistung. Das bedeutet, dass Steuerabgaben immer *voraussetzungslos geschuldet* sind.

> **Das Fehlen einer konkreten Gegenleistung veranlasst den Steuerpflichtigen, seine Steuerabgaben durch eine geschickte Steuerplanung langfristig zu minimieren (siehe auch Kapitel 6, «Steuerplanung»).**

Gebühren: sind Abgaben, die als Entgelt für Dienstleistungen der öffentlichen Verwaltung oder für die Beanspruchung einer öffentlichen Einrichtung erhoben werden, z.B. Pass ausstellen, Grundbucheintrag, Handelsregisterauszug usw.

Beiträge: Darunter sind Abgaben zu verstehen, die zur ganzen oder teilweisen Deckung der Kosten öffentlicher Anstalten oder Einrichtungen dienen, z.B. Beiträge an die AHV, BVG, Beiträge für Strassenbau, Kanalisation usw.

Ersatzabgaben: Es ist ein geldwerter Ersatz für die Nichterfüllung einer dem Bürger vom Gemeinwesen auferlegten persönlichen Dienstpflicht, z.B. Militärdienst, Feuerwehrdienst usw.

Im Steuerbrevier KMU konzentriert sich das Interesse logischerweise auf die eigentlichen Steuerabgaben, die sich im Grundsatz in direkte und indirekte Steuern aufteilen lassen.

C Unterscheidung in direkte und indirekte Steuern

Die *direkten Steuern* werden nach der wirtschaftlichen Leistungsfähigkeit des Steuerpflichtigen erhoben, was zur Folge hat, dass die Steuertarife einen mehr oder weniger starken *Progressionseffekt* aufweisen. Oder anders gesagt:
Die Steuerlast wächst bei steigendem Einkommen und Vermögen überproportional – oder eben progressiv – an.

Die *indirekten Steuern* werden aufgrund einzelner Handlungen des Steuerpflichtigen erhoben (z.B. Mehrwertsteuer auf der Lieferung von Gegenständen oder Erbringen von Dienstleistungen; Schenkungssteuer auf einem geschenkten Geldbetrag usw.). Dabei kann die Leistungsfähigkeit des Steuerpflichtigen nicht im Einzelfall sondern nur allgemein berücksichtigt werden, z.B. durch eine Abstufung der Sätze bei der Mehrwertsteuer oder bei den Erbschafts- und Schenkungssteuern.

Ein Blick über die Grenzen zeigt, dass in unseren Nachbarstaaten (im EU-Raum) der Grundsatz gilt:
Indirekte Steuern fliessen in die Kasse des Staates (Bund),
direkte Steuern gehen an die Gemeinwesen (Kantone und Gemeinden).

In der Schweiz wird dieser Grundsatz durchbrochen, indem der Bund eine direkte Steuer erhebt, nämlich die *direkte Bundessteuer*. Es wurden denn auch immer wieder Stimmen laut, die verlangten, die direkte Bundessteuer sei abzubauen und der damit verbundene Steuerausfall durch eine Umlagerung auf die indirekten Steuern zu kompensieren.

Der Wunsch nach *Umlagerung von den direkten zu den indirekten Steuern* ist verständlich aus der Erkenntnis heraus, dass in der Schweiz – im internationalen Vergleich – ein Missverhältnis besteht zwischen den (zu) hohen direkten Steuern und den (noch) moderaten indirekten Steuern.
Dabei ist allerdings mit Nachdruck auf die Gefahr der *Mehrwertsteuer* hinzuweisen, welche bei steigenden Sätzen arbeitsintensive, inlandorientierte KMU benachteiligt.
Steigende Steuersätze sind bei der Mehrwertsteuer in den nächsten Jahren – auch ohne Umlagerung von den direkten Steuern – bereits in besorgniserregendem Ausmass programmiert.

D Steuersubjekt und Steuerobjekt

Das *Steuersubjekt* ist diejenige Person oder Institution, welche zur Entrichtung der Steuerabgabe verpflichtet ist. Dabei handelt es sich grundsätzlich entweder um eine natürliche oder eine juristische Person.

Das *Steuerobjekt* ist der Gegenstand, die Handlung oder der Tatbestand, der die Besteuerung auslöst.

Zum besseren Verständnis zeigen wir nachfolgend einige Steuerarten mit den zugehörigen Steuersubjekten und Steuerobjekten:

Steuerart	Steuersubjekt	Steuerobjekt
Vermögenssteuer	Natürliche Personen	Vermögen
Direkte Bundessteuer	Natürliche Personen Juristische Personen	Einkommen Gewinn
Grundstückgewinnsteuer	Verkäufer einer Liegenschaft	Gewinn aus Verkauf
Erbschaftssteuer	Erbberechtigte Person	Erbschaft
Mehrwertsteuer	Steuerpflichtige Person/Überwälzung auf Konsument	Güter und Dienstleistungen
Liegenschaftssteuer	Grundeigentümer	Liegenschaft

E Natürliche und juristische Personen

Natürliche Personen im Steuerrecht sind Einzelpersonen, die aufgrund einer persönlichen oder wirtschaftlichen Zugehörigkeit zu einem bestimmten Gemeinwesen steuerpflichtig sind.

Juristische Personen sind im Bereich der KMU vor allem Kapitalgesellschaften wie Aktiengesellschaften, GmbH oder Genossenschaften. Auch Vereine und Stiftungen werden im Sinne des Steuerrechts zu den juristischen Personen gezählt.

Personengesellschaften, wie z.B. Kollektiv- und Kommanditgesellschaften, sind dagegen keine juristischen Personen. Dies bedeutet, dass sie keine eigene Steuerrechtspersönlichkeit haben. Steuerpflichtig sind vielmehr die einzelnen Gesellschafter in ihrer Eigenschaft als natürliche Personen.

F Veranlagungsverfahren

Beim *Selbstveranlagungsverfahren* füllt der Steuerpflichtige das Deklarationsformular aus, ermittelt den Steuerbetrag und bezahlt diesen innerhalb der vorgesehenen Frist an die entsprechende Behörde (z.B. Mehrwertsteuer, Verrechnungssteuer, Stempelabgabe usw.).

Beim *gemischten Veranlagungsverfahren* dagegen wird vom Steuerpflichtigen lediglich die Steuerdeklaration ausgefüllt und eingereicht. Diese wird von den Einschätzungsorganen auf Vollständigkeit und Richtigkeit überprüft und nötigenfalls abgeändert. Anschliessend wird dem Steuerpflichtigen die Veranlagung eröffnet und die Steuer aufgrund der definitiven Veranlagung abgerechnet (z.B. Einkommens- und Vermögenssteuern natürlicher Personen, Gewinn- und Kapitalsteuern juristischer Personen, Grundstückgewinnsteuer usw.).

G Begründung einer Steuerpflicht

Was führt dazu, dass ein Individuum an einem bestimmten Ort steuerpflichtig wird?

Eine *persönliche Zugehörigkeit* zu einem Gemeinwesen begründet dort eine *unbeschränkte Steuerpflicht* oder ein *primäres Steuerdomizil*. Die wichtigste Voraussetzung für eine Steuerpflicht ist bei natürlichen Personen der *Wohnsitz* und bei juristischen Personen das *Geschäftsdomizil*.
Unter dem *Wohnsitz* ist steuerrechtlich derjenige Ort zu verstehen, an welchem sich die steuerpflichtige Person vorwiegend aufhält und wo sich der Mittelpunkt der persönlichen Verhältnisse befindet. Hier müssen Einkommen aus unselbstständiger Erwerbstätigkeit, Ertrag aus beweglichem Vermögen, Renten- und Ersatzeinkommen usw. versteuert werden.
Einkommen und Vermögen aus *Grundeigentum* ist dagegen immer am *Ort der Sache* zu versteuern, d.h. dort, wo sich die entsprechenden Immobilien befinden. Dieser Sachverhalt begründet eine *wirtschaftliche Zugehörigkeit*, was an einem solchen Ort eine *beschränkte Steuerpflicht* auslöst *(sekundäres Steuerdomizil)*.

Eine *wirtschaftliche Zugehörigkeit* wird begründet bei Einkommen aus selbstständiger Erwerbstätigkeit, Errichten einer Betriebsstätte, Erwerb von Grundeigentum usw.

Eine steuerliche Sonderregelung gilt für die sogenannten *Wochenaufenthalter*, auch *Pendler* genannt. Solche Steuerpflichtige verbringen die Wochentage am *Arbeitsort*, kehren aber für die Wochenenden an den Ort zurück, wo sie in der Regel ihre Schriften hinterlegt haben und wo sich meistens auch ihr *Steuerdomizil* befindet (Wohnsitz). Sie profitieren steuerlich von zusätzlichen Abzügen für *auswärtigen Wochenaufenthalt* (siehe auch 6.8 «Abzugsmöglichkeiten in der persönlichen Steuererklärung»). Voraussetzung ist allerdings, dass die steuerpflichtige Person am Wochenende regelmässig vom Arbeitsort an das Steuerdomizil zurückkehrt.

Die nachstehenden Beispiele verdeutlichen, welche Steuerobjekte grundsätzlich wo zu versteuern sind:

Steuerobjekt	steuerbar
Einkommen aus unselbstständiger Erwerbstätigkeit	am Wohnsitz
Gewinn einer Kapitalgesellschaft	am Geschäftssitz
Ertrag aus beweglichem Privatvermögen	am Wohnsitz
Ertrag aus Immobilien	am Ort der Sache
Lotteriegewinn	am Wohnsitz

H Übersicht über die in der Schweiz erhobenen Steuern*

Steuern vom Einkommen und Vermögen	Belastung des Verbrauchs Besitz- und Aufwandsteuern
Bund	
Einkommenssteuer	Mehrwertsteuer
Gewinnsteuer	Tabaksteuer
Liquidationsgewinnsteuer	Biersteuer
Verrechnungssteuer	Steuer auf Spirituosen
Stempelabgaben	Mineralölsteuern
Wehrpflichtersatz	Zölle
Kantone	
Einkommens- und Vermögenssteuer	Motorfahrzeugsteuer
Kopf-, Personal-, Haushaltsteuer	Hundesteuer
Gewinn- und Kapitalsteuer	Vergnügungssteuer
Erbschafts- und Schenkungssteuer	Stempelsteuer
Grundstückgewinnsteuer	Wasserwerksteuer
Liquidationsgewinnsteuer	
Liegenschaftssteuer	
Handänderungssteuer	
Lotteriegewinnsteuer	
Gemeinden	
Einkommens- und Vermögenssteuer	Hundesteuer
Kopf-, Personal-, Haushaltsteuer	Vergnügungssteuer
Gewinn- und Kapitalsteuer	
Erbschafts- und Schenkungssteuer	
Grundstückgewinnsteuer	
Liquidationsgewinnsteuer	
Liegenschaftssteuer	
Handänderungssteuer	
Lotteriegewinnsteuer	
Kirchgemeinden	
Einkommens- und Vermögenssteuer	
Gewinn- und Kapitalsteuer	

* Diese Aufstellung erhebt keinen Anspruch auf Vollständigkeit, verdeutlicht aber die Vielfalt der in der Schweiz erhobenen Steuern.

Auffällig ist, dass gewisse Steuerabgaben mehrfach erscheinen, so z.B. die Einkommenssteuer bei Bund, Kantonen, Gemeinden und Kirchgemeinden. Dabei handelt es sich aber nicht um eine unzulässige *Doppelbesteuerung,* sind es doch verschiedene Gebietshoheiten, die zur Steuererhebung ermächtigt sind.

Es würde den Rahmen des «Steuerbreviers KMU» sprengen, wenn wir alle Steuern im Detail behandeln wollten. Wir beschränken uns ganz bewusst auf diejenigen Steuerarten, mit denen KMU und deren Inhaber und Kader regelmässig in Kontakt kommen und die für die Steuerplanung von Bedeutung sind.

Kurzübersicht über die nachfolgend erläuterten Steuerarten:

I Direkte Steuern

5.1 Direkte Bundessteuer (Kurzfassung)
5.2 Direkte Steuern des Bundes, der Kantone und Gemeinden
5.2.1 Einkommenssteuer natürlicher Personen
5.2.2 Vermögenssteuer natürlicher Personen
5.2.3 Besteuerung juristischer Personen
5.2.4 Besteuerung von Gesellschaften mit Beteiligungen (gemischte Holdinggesellschaften)
5.2.5 Besteuerung von reinen Holdinggesellschaften
5.2.6 Besteuerung von Verwaltungsgesellschaften (früher Domizilgesellschaften)
5.2.7 Besteuerung von Personengesellschaften
5.2.8 Besteuerung von Erbengemeinschaften
5.2.9 Besteuerung nach dem Aufwand (Pauschalbesteuerung)
5.3 Kirchensteuern
5.4 Kapitalgewinne (Übersicht)
5.5 Grundstückgewinne
5.6 Liquidationsgewinne

K Indirekte Steuern

5.7 Mehrwertsteuer
5.8 Stempelabgaben des Bundes
5.9 Handänderungssteuer
5.10 Liegenschaftssteuer
5.11 Erbschaft- und Schenkungssteuern

L Quellensteuern

5.12 Verrechnungssteuer
5.13 Quellensteuern auf Arbeitseinkommen

M Ersatzabgaben

5.14 *Wehrpflichtersatz*

Wir beginnen bei den direkten Steuern mit einer Gesamtübersicht über die *direkte Bundessteuer*. Dabei wird bewusst auf Einzelheiten verzichtet. Dies aus gutem Grund.

Die gleich anschliessende detaillierte Darstellung der direkten Steuern umfasst sowohl die direkte Bundessteuer als auch die direkten Steuern der Kantone und Gemeinden. Auf diese Weise können viele Wiederholungen vermieden werden, was die Übersichtlichkeit erhöht. Die Berechnung des steuerbaren Einkommens natürlicher Personen und des Reingewinnes juristischer Personen geschieht nämlich bei den direkten Steuern von Bund, Kantonen und Gemeinden nach gleichen oder zumindest ähnlichen Kriterien.

Bei wesentlichen Unterschieden zwischen der Regelung von Bund und Kantonen erfolgt an den entsprechenden Stellen ein Hinweis.

Uneinheitlichkeit besteht bei gewissen sachlichen Abzügen, den Sozialabzügen, der Behandlung von Krankheitskosten, den Steuerfreibeträgen und den Steuertarifen, die von Kanton zu Kanton variieren. Hier wird der *Steuerföderalismus* in unserem Land offensichtlich.

Es ist nicht Aufgabe des «Steuerbreviers KMU», hier auf alle kantonalen Sonderregelungen einzugehen; dies würde den Rahmen des Buches bei weitem sprengen. Es kann an dieser Stelle nur wiederholt werden, was schon in den «Hinweisen für den Benutzer» deutlich hervorgehoben wurde:

> **Im konkreten Einzelfall vergewissere man sich stets über das gültige Steuerrecht und die herrschende Steuerpraxis im betreffenden Kanton oder Gemeinwesen. Oftmals lohnt sich der Beizug eines Steuerexperten.**

5.1 Direkte Bundessteuer (Kurzfassung)

5.1.1 Einleitung

Die gesetzlichen Grundlagen finden sich in Art. 128 der Bundesverfassung sowie im Bundesgesetz über die direkte Bundessteuer (DBG) vom 14. Dezember 1990. Die direkte Steuer des Bundes wurde durch Bundesratsbeschluss über die Erhebung einer Wehrsteuer vom 9. Dezember 1940 eingeführt. Am 1. Januar 1995 ist das revidierte Bundesgesetz über die direkte Bundessteuer (DGB) mit zahlreichen Änderungen in Kraft getreten. Die Kompetenz des Bundes zur Erhebung der direkten Bundessteuer ist in der Verfassung bis zum Jahre 2006 befristet. Der Ertrag aus der direkten Bundessteuer belief sich 1997 auf 9,7 Milliarden Franken.

Gemäss Artikel 1 des DBG erhebt der Bund als direkte Bundessteuer:
- eine *Einkommenssteuer* von den natürlichen Personen;
- eine *Gewinnsteuer* von den juristischen Personen;
- eine *Quellensteuer* auf dem Einkommen von bestimmten natürlichen und juristischen Personen.

Die *Steuer* wird von den Kantonen unter Aufsicht des Bundes veranlagt und bezogen. Der Ertrag fliesst, nach Abzug eines Kantonsanteils von 30 Prozent, in die Bundeskasse.

5.1.2 Besteuerung natürlicher Personen

5.1.2.1 Steuerdomizil (DBG Art. 3 ff.)
Natürliche Personen sind aufgrund persönlicher Zugehörigkeit steuerpflichtig, wenn sie ihren steuerrechtlichen *Wohnsitz* oder Aufenthalt in der Schweiz haben.

Natürliche Personen begründen ein *sekundäres Steuerdomizil* aufgrund einer *wirtschaftlichen Zugehörigkeit,* z.B.
- Inhaber, Teilhaber oder Nutzniesser von Geschäftsbetrieben in der Schweiz;
- wenn in der Schweiz Betriebsstätten geführt werden;
- bei Grundeigentum in der Schweiz.

5.1.2.2 Umfang der Steuerpflicht (DBG Art. 6 ff. DBG)
Bei *persönlicher Zugehörigkeit* ist die Steuerpflicht unbeschränkt.

Bei *wirtschaftlicher Zugehörigkeit* beschränkt sich die Steuerpflicht auf jene Teile des Einkommens, die mit der Betriebsstätte oder dem Grundbesitz im Zusammenhang stehen.

5.1.2.3 Beginn und Ende der Steuerpflicht (DBG Art. 8)
Die Steuerpflicht beginnt mit dem Tag, an dem der Steuerpflichtige in der Schweiz steuerrechtlichen Wohnsitz oder Aufenthalt nimmt. Die Steuerpflicht endet mit dem Tode oder dem Wegzug des Steuerpflichtigen aus der Schweiz.

5.1.2.4 Steuerbare Einkünfte (DBG Art. 16 ff.)
Der Einkommenssteuer unterliegen alle wiederkehrenden und einmaligen Einkünfte, wie zum Beispiel:
- Einkommen aus unselbstständiger Erwerbstätigkeit;
- Einkommen aus selbstständiger Erwerbstätigkeit;
- Nebeneinkommen (z.B. Dienstaltersgeschenke, Trinkgelder);
- Naturaleinkommen und Naturalbezüge;
- Ersatzeinkommen (z.B. Renten, Pensionen, Ruhegehälter);
- Einkommen aus beweglichem Vermögen (z.B. Wertpapiere);
- Einkommen aus unbeweglichem Vermögen (z.B. Immobilien);
- Kapitalgewinne und verbuchte Wertvermehrungen auf geschäftlichen Vermögenswerten;
- Lotterie- und Totogewinne.

5.1.2.5 Abzüge (DBG Art. 25–33)
Vom Bruttoeinkommen (Roheinkommen) können alle Aufwendungen abgezogen werden, die zur Erzielung und Absicherung des Einkommens notwendig sind. Man spricht in diesem Zusammenhang auch von *Gewinnungskosten*.
Bei Unselbstständigerwerbenden nennt man diese Aufwendungen auch *Berufskosten*. Bei Selbstständigerwerbenden spricht man vom *Geschäftsaufwand*.

Zusätzlich werden *sozialpolitische Abzüge* (z.B. Abzug für Versicherungsprämien, Abzug bei Erwerbstätigkeit des anderen Ehegatten) sowie *Sozialabzüge* (z.B. Kinderabzüge) gewährt.

5.1.2.6 Steuerbemessung (DBG Art. 40–48)
Je nach Regelung im betreffenden Kanton kennt die direkte Bundessteuer für natürliche Personen zwei Bemessungssysteme.
- Die *jährliche Gegenwartsbesteuerung* (seit dem 1. Januar 2001 wird dieses System in der überwiegenden Mehrzahl der Kantone angewendet).
- Die *zweijährige Vergangenheitsbesteuerung* (welche nur noch in den Kantonen TI, VD und VS praktiziert wird).

5.1.2.7 Steuermass *(DBG Art. 36)*
Die Tarife bei der direkten Bundessteuer für das Einkommen natürlicher Personen sind *progressiv* ausgestaltet. Für in ungetrennter Ehe lebende Verheiratete kommt ein günstigerer Tarif zur Anwendung als für die übrigen Steuerpflichtigen.

Der *minimale Steuerbezug* von 25 Franken beginnt für einen verheirateten Steuerpflichtigen bei einem steuerbaren Einkommen von 25 100 Franken.

Der gesetzliche *Höchstsatz* beträgt 11,5 Prozent und wird bei einem Einkommen von über 700 000 Franken erreicht.
Die Tarife sind direkt ausschlaggebend für die Ermittlung des Steuerbetrages, d.h. es gelangt kein jährliches Vielfaches (Steuerfuss) zur Anwendung.

5.1.2.8 Ausgleich der Folgen der kalten Progression (DBG Art. 39)
Zum Ausgleich der Folgen der *kalten Progression* werden die Tarife und Abzüge obligatorisch der Teuerung angepasst.
Die Anpassung erfolgt allerdings erst dann, wenn sich der *Konsumentenpreisindex* seit der letzten Anpassung um *7 Prozent* erhöht hat.

5.1.3 Besteuerung juristischer Personen (DBG, Art. 49 ff.)

5.1.3.1 Begriff der juristischen Personen (DBG, Art. 49)
Es werden zwei Gruppen unterschieden:
- *Kapitalgesellschaften* (Aktiengesellschaften, Gesellschaften mit beschränkter Haftung, Genossenschaften und Kommanditaktiengesellschaften);
- *übrige juristische Personen* (Vereine, Stiftungen sowie öffentlich-rechtliche und kirchliche Körperschaften und Anstalten).

5.1.3.2 Steuerdomizil und Umfang der Steuerpflicht (DBG, Art. 50–52)

Das *primäre Steuerdomizil* einer juristischen Person befindet sich am Sitz oder am Ort der tatsächlichen Verwaltung der Gesellschaft. Dort entsteht in der Regel die *unbeschränkte Steuerpflicht* für die am Geschäftsdomizil erwirtschafteten Gewinne.

Bei *sekundären Steuerdomizilen* – die entstehen bei Geschäftsbetrieben, Betriebsstätten oder Grundeigentum im Ausland – besteht eine *beschränkte Steuerpflicht* für die entsprechenden Anteile.

5.1.3.3 Beginn und Ende der Steuerpflicht (DBG, Art. 54)

Die Steuerpflicht beginnt mit der Gründung (Eintrag im Handelsregister) der juristischen Person, mit der Verlegung ihres Sitzes oder der tatsächlichen Verwaltung in die Schweiz oder mit dem Erwerb von in der Schweiz steuerbaren Werten, Grundeigentum, Betriebsstätten.

Die Steuerpflicht endet mit dem Abschluss der Liquidation, mit der Verlegung des Sitzes oder der tatsächlichen Verwaltung ins Ausland sowie mit dem Wegfall der in der Schweiz steuerbaren Werte.

5.1.3.4 Gewinnsteuer (DBG, Art. 57–67)

Gegenstand der Gewinnsteuer ist der *Reingewinn*. Dieser entspricht dem Ergebnis der Erfolgsrechnung, wobei aber Aufwendungen, die nicht zur Deckung von *geschäftsmässig begründetem Aufwand* verwendet wurden, aufzurechnen sind.

Dazu gehören z.B. Kosten für die Anschaffung, Herstellung oder Wertvermehrung von Gegenständen des Anlagevermögens, geschäftsmässig nicht begründete Abschreibungen und Rückstellungen, Einlagen in die Reserven, offene oder verdeckte Gewinnausschüttungen, Zinsen auf verdecktem Eigenkapital.

5.1.3.5 Steuermass (DBG, Art. 68–72)

Der Gewinnsteuersatz bei der direkten Bundessteuer ist proportional und beträgt für *Kapitalgesellschaften* einheitlich *8,5 Prozent*. Es kommt kein Steuerfuss (jährliches Vielfaches) zur Anwendung.

Gewinne von *Vereinen und Stiftungen* unterliegen bei der direkten Bundessteuer einem proportionalen Steuersatz von *4,25 Prozent*, bei einem Freibetrag von 5000 Franken.

Gesellschaften mit Beteiligungen werden durch eine Verminderung der Gewinnsteuer im Verhältnis des Beteiligungsgewinnes zum Gesamtgewinn begünstigt. Dies ist nötig, wenn eine mehrfache Besteuerung vermieden werden soll. Eine solche würde sich ergeben, wenn die an einer anderen Gesellschaft beteiligte juristische Person die von jener ausgeschütteten (und bereits versteuerten) Gewinne nochmals versteuern müsste.

5.1.3.6 Steuerbemessung (DBG, Art. 79–82)

Für juristische Personen gilt grundsätzlich die jährliche Gegenwartsbesteuerung. Dies bedeutet, dass sich der steuerbare Reingewinn nach dem Ergebnis des

Steuerjahres bemisst. Oder einfacher gesagt, Bemessungsjahr und Steuerjahr fallen zusammen. Dabei entspricht das Steuerjahr dem Geschäftsjahr. Die Veranlagung kann erst im darauf folgenden Jahr getroffen werden, nach Vorliegen der zur Einschätzung benötigten Unterlagen *(Postnumerando-Verfahren)*.

5.1.3.7 Verzicht auf Kapitalsteuer (DBG, Art. 73–78)
Dank der Reform der Unternehmensbesteuerung ist die Kapitalsteuer für juristische Personen bei der direkten Bundessteuer auf den 1. Januar 1998 weggefallen.

5.1.4 Quellensteuer für natürliche und juristische Personen
(DBG, Art. 83–101)

Ausländische Arbeitnehmer ohne Niederlassungsbewilligung, Grenzgänger, im Ausland wohnhafte Künstler, Sportler, Referenten, Verwaltungsräte und Mitglieder der Geschäftsleitung von Gesellschaften mit Sitz in der Schweiz bezahlen für die Einkünfte aus ihren in der Schweiz ausgeübten Tätigkeiten eine an der Quelle erhobene Steuer, welche bis zu 7 Prozent der Einkünfte betragen kann.

> **An dieser Stelle wird bewusst auf eine detailliertere Darstellung der direkten Bundessteuer verzichtet. Um Überschneidungen und Wiederholungen zu vermeiden, werden die direkten Steuern des Bundes, der Kantone und Gemeinden nachfolgend unter 5.2 zusammengefasst dargestellt. Dort wird dann, jeweils an den entsprechenden Stellen, auf Sonderregelungen bei der direkten Bundessteuer hingewiesen.**

5.2 Direkte Steuern von Bund, Kantonen und Gemeinden

5.2.1 Einkommenssteuern natürlicher Personen

5.2.1.1 Einleitung
Neben der direkten Bundessteuer (siehe 5.1.2 «Besteuerung natürlicher Personen») erheben auch die Kantone und Gemeinden direkte Steuern auf dem Einkommen natürlicher Personen.

Die gesetzlichen Grundlagen finden sich in 26 kantonalen Steuergesetzen sowie in den Gemeinderegelementen der ca. 3000 schweizerischen Gemeinden.

Sämtliche *Kantone* machen von ihrem Recht Gebrauch, Einkommenssteuern zu erheben.

Die *Gemeinden* dürfen dagegen nur im Rahmen der ihnen vom Kanton erteilten Ermächtigung Einkommenssteuern erheben. Man spricht in diesem Zusammenhang von delegierter Steuerhoheit. Vielfach erheben die Gemeinden ihre Steuern in der Form von Zuschlägen zur kantonalen Steuer oder sie partizipieren am kantonalen Steuerertrag.

In fast allen Kantonen haben die anerkannten Religionsgemeinschaften (Landeskirchen) oder ihre *Kirchgemeinden* das Recht, Kirchensteuern zu erheben. Als Berechnungsgrundlage dient dabei die Veranlagung der Kantons- oder Gemeindesteuer (siehe auch 5.3 «Kirchensteuern»).

> **Der schweizerische Föderalismus kommt bei den direkten Steuern des Bundes, der Kantone und Gemeinden besonders stark zum Ausdruck. Jedes der 26 kantonalen Steuergesetze ist unterschiedlich abgefasst. Dazu kommt noch das Gesetz über die direkte Bundessteuer DBG, das wiederum zahlreiche Abweichungen von den kantonalen Regelungen aufweist.**

Das Bundesgesetz über die *Harmonisierung der direkten Steuern* der Kantone und Gemeinden (StHG) beinhaltet lediglich die Kriterien einer *formellen Steuerharmonisierung*.

Dazu gehören:
- *vorgeschriebene direkte Steuern:* Einkommens- und Vermögenssteuern natürlicher Personen, Gewinn- und Kapitalsteuern juristischer Personen, Quellensteuern von bestimmten natürlichen und juristischen Personen sowie eine Grundstückgewinnsteuer;
- *Art und Umfang der Steuerpflicht;*
- *sachliche Abzüge;*
- *zeitliche Bemessung;*
- *Verfahrensrecht;*
- *Steuerstrafrecht.*

Die Frist zur Anpassung der kantonalen Steuergesetze an das Harmonisierungsgesetz ist am 31. Dezember 2000 abgelaufen.

Daraus erklären sich auch die generellen Revisionen zahlreicher kantonaler Steuergesetze, verbunden mit dem *Übergang zur jährlichen Gegenwartsbesteuerung* auf den 1. Januar 2001 für natürliche (und juristische) Personen.

Die Verankerung des Grundsatzes der *Besteuerung nach der wirtschaftlichen Leistungsfähigkeit* in der Verfassung hat dazu geführt, dass die Steuertarife durchwegs progressiv ausgestaltet sind.

> **Der Progressionseffekt bei der Einkommenssteuer kann bei hohen Einkommen zur Folge haben, dass Zusatzeinkommen je nach Steuerdomizil marginal mit über 50 Prozent belastet werden, was sich negativ auf den Leistungswillen der Steuerpflichtigen auswirken kann.**

5.2.1.2 Art und Umfang der Steuerpflicht

Unbeschränkt steuerpflichtig sind natürliche Personen aufgrund ihrer *persönlichen Zugehörigkeit* zum Bund, einem Kanton bzw. einer Gemeinde in welchem/welcher sie ihren steuerlich massgebenden Wohnsitz haben.

Beschränkt steuerpflichtig sind natürliche Personen aufgrund einer *wirtschaftlichen Zugehörigkeit*, wenn sie in einem anderen Kanton bzw. einer anderen Gemeinde Inhaber von Geschäftsbetrieben, *Betriebsstätten* (Filialen) oder *Grundeigentum* sind. (Es wird auf Kapitel 5, Bst. G verwiesen. «Begründung einer Steuerpflicht» sowie auf 5.1.2 «Besteuerung natürlicher Personen» und 5.1.3 «Besteuerung juristischer Personen», Kurzfassung direkte Bundessteuer).

Die Einkommenssteuer beruht auf dem Prinzip der *Familienbesteuerung*. Dies bedeutet, dass die Einkommen beider Ehegatten zusammengerechnet werden. Um dem Progressionseffekt entgegenzuwirken, werden durch gesonderte Tarife und Abzüge kantonal unterschiedliche Entlastungen für Ehepaare gewährt.

Das *Einkommen minderjähriger Kinder* wird in der Regel dem Inhaber der elterlichen Gewalt zugerechnet. Eine Ausnahme bildet das Erwerbseinkommen, für welches Minderjährige beim Bund und in der Mehrheit der Kantone selbstständig besteuert werden.

5.2.1.3 Steuerbares Einkommen

Gegenstand der Einkommenssteuer natürlicher Personen bildet das gesamte Einkommen, welches dem Steuerpflichtigen innerhalb der massgebenden Periode (Bemessungsjahr) zugeflossen ist und sich aus folgenden Komponenten zusammensetzen kann:

5.2.1.3.1 Erwerbseinkommen

Dazu gehören Einkommen aus selbstständiger oder unselbstständiger Erwerbstätigkeit mit Einschluss aller Nebenbezüge, wie z.B. Gratifikationen, Provisionen, Erfolgsbeteiligungen, Tantiemen, Dienstaltersgeschenke, Verwaltungsratshonorare, Trinkgelder, Naturallöhne (z.B. freie Kost und Logis), Naturalbezüge aus dem Geschäft usw. Alle Arten von Erwerbseinkommen unterliegen vollumfänglich der Einkommenssteuer, wobei aber die berufsbedingten Aufwendungen, auch Gewinnungskosten genannt, zum Abzug zugelassen sind (siehe auch 5.2.1.4 «Abzüge vom Einkommen»).

5.2.1.3.2 Ersatzeinkommen

Dazu gehören Leistungen, die an Stelle des Erwerbseinkommens treten, wie Lohn- und Verdienstersatz, Besoldungsnachgenuss, Arbeitslosengelder, Leistungen von Kranken- und Unfallversicherung, Pensionen, Leistungen der AHV/IV usw. Die einzelnen Formen des Ersatzeinkommens werden verschiedenartig besteuert.

5.2.1.3.2.1 Periodische Versicherungsleistungen

Dazu gehören regelmässige Leistungen der AHV/IV/EO, berufliche Vorsorge, Unfall- und Krankenversicherung usw. Solche periodisch ausgerichteten Versicherungsleistungen unterliegen in der Regel in vollem Umfang der Einkommenssteuer. Hier gilt der Grundsatz: Voller Abzug der geleisteten Prämien und dafür volle Besteuerung der ausgerichteten Leistungen.

5.2.1.3.2.2 Einmalige Versicherungsleistungen

5.2.1.3.2.2.1 Kapitalleistungen aus rückkaufsfähigen Lebensversicherungen (Säule 3b)
sind grundsätzlich steuerfrei; die Rückkaufswerte müssen als Vermögen versteuert werden. Besondere Regeln gelten allerdings für Versicherungen, die mit *Einmalprämie* finanziert wurden. Sie sind nämlich nur dann steuerfrei, wenn das Vertragsverhältnis mindestens 5 Jahre gedauert hat (bei fondsgebundenen Policen beträgt die Mindestdauer sogar 10 Jahre) und wenn der Versicherte im Zeitpunkt des Vertragsablaufes mindestens 60 Jahre alt ist. Zudem können solche Versicherungsverträge nur noch vor dem 66. Altersjahr abgeschlossen werden.

5.2.1.3.2.2.2 Kapitalleistungen aus Einrichtungen der beruflichen Vorsorge (2. Säule)
Da die geleisteten Prämien grundsätzlich steuerlich abgezogen werden können, ist auch die ausgerichtete Leistung zu versteuern. Die Art der Besteuerung ist beim Bund und in den Kantonen verschieden, aber in der Regel getrennt vom übrigen Einkommen zu einem günstigen Sondertarif (Bund: 1/5 des ordentlichen Tarifs).

5.2.1.3.2.2.3 Kapitalleistungen aus gebundener Selbstvorsorge (Säule 3a)
Die Verfassung sieht vor, dass Privatpersonen mit Erwerbseinkommen bis zur ordentlichen Pensionierung im Rahmen der gebundenen Selbstvorsorge steuerbegünstigt sparen können. Die Beiträge können in beschränktem Rahmen vom steuerbaren Einkommen abgezogen werden (siehe auch 8.2 «Investitionen im Bereich der Altersvorsorge»). Die Art der Besteuerung ist grundsätzlich gleich wie bei Kapitalleistungen aus der 2. Säule.

5.2.1.3.3 Einkommen aus beweglichem Vermögen
Darunter fallen insbesondere Zinsen und Gewinnanteile aus Forderungen und Beteiligungen aller Art (Sparkonti, Aktien, Obligationen und andere Wertpapiere), Einkünfte aus Anteilen an Anlagefonds, Erträge aus Vermietung oder Verpachtung beweglicher Sachen sowie aus Nutzungsrechten wie Lizenzen, Konzessionen, Firmenrechte usw., Einkünfte aus immateriellen Gütern, Patenten usw. Einkommen aus beweglichem Vermögen unterliegen beim Bund und in allen Kantonen vollumfänglich der Einkommenssteuer.

5.2.1.3.4 Einkommen aus unbeweglichem Vermögen
Dazu gehören Miet- oder Pachtzinsen, Mietwerte bei Eigennutzung, Wohnrechte, Nutzniessungen, Baurechtszinsen, Entschädigungen für Dienstbarkeiten usw.

Sämtliche Einkünfte aus Grundeigentum unterliegen beim Bund und in allen Kantonen vollumfänglich der Einkommenssteuer. Eigenmietwerte sind dabei grundsätzlich nach dem Marktwertprinzip zu versteuern.

> Der Systemwechsel bei der Eigenmietwertbesteuerung dürfte noch viel zu reden geben und wohl kaum – wenn überhaupt – vor 2003 konkret werden.

5.2.1.3.5 Kapitalgewinne (Zuwachsgewinneinkommen)
Während bei der direkten Bundessteuer nur Kapitalgewinne besteuert werden, die aus der Veräusserung, Verwertung oder buchmässigen Aufwertung von Geschäftsvermögen stammen, sind die Besteuerungsregeln bei den Kantonen (einmal mehr) uneinheitlich.

5.2.1.3.5.1 Gewinne auf beweglichem Privatvermögen
Als erfreulicher Grundsatz gilt bis auf weiteres:

> **Steuertipp:**
> Gewinne auf beweglichem Privatvermögen sind beim Bund und in allen Kantonen grundsätzlich steuerfrei.

Das Wort grundsätzlich deutet es an. Es gibt Ausnahmen und damit steuerliche Fallen:

> **Steuerfalle:**
> Wird die Nutzung des Privatvermögens in professionellem Rahmen betrieben, so kann die Steuerbehörde darin eine *Gewerbsmässigkeit* erblicken. Dies hat dann zur Folge, dass derart erzielte Kapitalgewinne als (Neben-)Erwerb besteuert werden können (siehe auch 5.4 «Kapitalgewinne»).

5.2.1.3.5.2 Gewinne auf unbeweglichem Privatvermögen
Während der Bund Gewinne auf privatem Grundeigentum nicht besteuert, unterliegen solche Gewinne aber in allen Kantonen meist einer Sondersteuer, der sog. Grundstückgewinnsteuer (siehe auch 5.5 «Grundstückgewinnsteuer»).

5.2.1.3.5.3 Gewinne auf beweglichem Geschäftsvermögen
Solche Gewinne sind in jedem Fall steuerbar und werden sowohl beim Bund wie auch in den Kantonen in der Regel zusammen mit dem übrigen Einkommen (als Teil des Geschäftserfolges) oder mit einer Sondersteuer (als Liquidationsgewinn) erfasst.

5.2.1.3.5.4 Gewinne auf unbeweglichem Geschäftsvermögen
Diese Gewinne sind in jedem Fall steuerbar und werden entweder zusammen mit dem übrigen Einkommen erfasst oder aber der Grundstückgewinnsteuer (evtl. Liquidationsgewinnsteuer) unterstellt.

5.2.1.3.5.5 Gewerbsmässig erzielte Grundstückgewinne
Immobilienhändler und in der Baubranche tätige Unternehmer versteuern solche Gewinne in der Regel als Erwerbseinkommen.

5.2.1.3.6 Lotteriegewinne
Beim Bund und in rund der Hälfte der Kantone bilden solche Gewinne Bestandteil des ordentlichen Einkommens. In den übrigen Kantonen erfolgt eine gesonderte Besteuerung. Einzig im Kanton BS sind diese Gewinne von der Steuer befreit.

5.2.1.3.7 Verbuchte Wertvermehrungen
Sie werden beim Bund und in den Kantonen in der Regel als Einkommen besteuert, wenn sie auf geschäftlichen Vermögenswerten vorgenommen wurden.

5.2.1.3.8 Einkommen aus Nutzniessungsvermögen
Solche Einkünfte sind grundsätzlich vom Nutzniesser zu versteuern.

5.2.1.3.9 Alimente
Periodisch ausgerichtete Scheidungs- und Kinderalimente (minderjähriger Kinder) sind grundsätzlich vom Leistungsempfänger als Einkommen zu versteuern. Dafür besteht auf der anderen Seite die Abzugsmöglichkeit bei der leistenden Person.

5.2.1.3.10 Einkommen besonderer Art
Dazu gehören diejenigen Einkünfte, die sich keiner der vorgenannten Gruppen zuordnen lassen und ebenfalls zu versteuern sind (z.B. Fund).

> **Damit wird klar, dass fast alle Einkünfte, welcher Art auch immer, der Einkommenssteuer unterworfen werden. Aber eben nur fast alle.**

Es gibt aber auch Einkünfte, die beim Bund und den Kantonen grundsätzlich nicht der Einkommenssteuer unterworfen werden.

5.2.1.3.11 Steuerfreie Einkünfte
Gemäss DBG, Art. 24 werden u.a. als steuerfreie Einkünfte bezeichnet:
- Vermögensanfall infolge Erbschaft, Vermächtnis, Schenkung oder güterrechtlicher Auseinandersetzung (Erbschafts- oder Schenkungssteuer vorbehalten);
- Vermögensanfall aus rückkaufsfähiger privater Kapitalversicherung mit wiederkehrenden Prämienzahlungen;
- Vermögensanfall aus rückkaufsfähiger privater Kapitalversicherung mit Einmalprämienzahlung, sofern der Begünstigte das 60. Altersjahr erreicht hat und das Vertragsverhältnis mindestens 5 Jahre (bei fondsgebundenen Policen 10

Jahre) gedauert hat und der Vertragsabschluss vor Vollendung des 66. Altersjahres erfolgte;
- Kapitalauszahlungen, die bei Stellenwechsel vom Arbeitgeber oder von Einrichtungen der beruflichen Vorsorge ausgerichtet werden, wenn sie der Empfänger innert Jahresfrist zum Einkauf in eine Einrichtung der beruflichen Vorsorge oder zum Erwerb einer Freizügigkeitspolice verwendet;
- Unterstützungsleistungen aus öffentlichen und privaten Mitteln, Hilflosenentschädigung, Fürsorgeleistungen;
- Einkünfte aufgrund der Bundesgesetzgebung über die Ergänzungsleistungen zur Alters-, Hinterlassenen- und Invalidenversicherung; Leistungen in Erfüllung familienrechtlicher Verpflichtungen, mit Ausnahme der Unterhaltsbeiträge (Alimente);
- Zahlung von Genugtuungssummen, Haushaltentschädigung;
- Leistungen für reinen Auslagenersatz;
- Sold für Militär-, Zivilschutz- und Feuerwehrdienst;
- aus Glücksspielen in Spielbanken (im Sinne des Spielbankengesetzes vom 18. Dezember 1998) erzielte Gewinne.

Auch *Kapitalgewinne* aus der Veräusserung von *Privatvermögen* gehören gemäss DBG, Artikel 16, Abs. 3 zu den *steuerfreien* Einkünften. Doch besteht, wie bereits als *Steuerfalle* beschrieben, eine erhärtete Bundesgerichtspraxis, welche private Kapitalgewinne dann der Steuer unterwirft, wenn sie auf einer professionellen Vorgehensweise (Gewerbsmässigkeit) beruhen (siehe auch 5.4 «Kapitalgewinne»).

Ausser den steuerfreien Einkünften nach DBG, Art. 24 gibt es bei Umwandlungen, Zusammenschlüssen und Teilungen von Unternehmen, *steueraufschiebende Sachverhalte,* die im DBG Art. 19 näher umschrieben sind.

5.2.1.3.12 Umwandlungen, Zusammenschlüsse, Teilungen
Stille Reserven einer Personenunternehmung (Einzelfirma oder Personengesellschaft) werden *nicht besteuert,* wenn die Steuerpflicht in der Schweiz andauert und die bisher für die Einkommenssteuer massgeblichen Werte übernommen werden, bei
- *Umwandlung* in eine andere Personenunternehmung oder in eine juristische Person, wenn der Geschäftsbetrieb unverändert weitergeführt wird und die Beteiligungsverhältnisse grundsätzlich gleich bleiben;
- *Unternehmenszusammenschluss* durch Übertragung sämtlicher Aktiven und Passiven auf eine andere Personenunternehmung oder auf eine juristische Person;
- *Aufteilung* einer Personenunternehmung durch Übertragung von in sich geschlossenen Betriebsteilen auf eine andere Personenunternehmung oder auf juristische Personen, wenn die übernommenen Unternehmen unverändert weitergeführt werden.

> **Steuerfalle:**
> *Die steuerfreie Umwandlung einer Einzelfirma oder Personengesellschaft in eine Kapitalgesellschaft* ist eine in der Praxis oft anzutreffende Massnahme zur Geschäftsnachfolgeregelung. Damit aber der spätere Verkauf der Beteiligungspapiere dann wirklich als steuerfreier Kapitalgewinn gilt, muss die steuerlich massgebende Sperrfrist von fünf Jahren seit der Umwandlung eingehalten werden (einige Kantone kennen eine längere Sperrfrist!).

5.2.1.3.13 System der Gesamteinkommensbesteuerung

In der Schweiz wird das System der Gesamteinkommensbesteuerung praktiziert. Es werden die gesamten Einkünfte aus Erwerbstätigkeit, Ertragseinkommen, Ersatzeinkommen usw. zusammengerechnet und zu einem progressiv ausgestalteten Tarif besteuert.

Da zudem die *Einkommen von Ehepartnern* zusammengerechnet werden, kann sich der Progressionseffekt belastend auswirken.

> **Steuerfalle:**
> Schon bei einem *Basiseinkommen* von 100 000 Franken wird auf jedem Franken *Zusatzeinkommen* im Durchschnitt 33 Prozent weggesteuert. Wenn man noch die nicht (mehr) rentenbildenden *AHV-Beiträge* dazuzählt, kommt man auf *Grenzsteuerbelastungen von über 40 Prozent,* und das ist eindeutig zuviel!

> **Steuertipp:**
> **Durch eine umsichtige und langfristig angelegte Steuerplanung muss versucht werden, progressiv belastende Einkommensspitzen zu brechen; hohen Einkommen sind hohe Abzüge gegenüberzustellen. Dem wichtigen Gebiet der Steuerplanung ist das ganze Kapitel 6 «Steuerplanung» gewidmet.**

5.2.1.4 *Abzüge vom Einkommen*

Vom Bruttoeinkommen können verschiedene Abzüge vorgenommen werden. Die Abzüge können wie folgt unterteilt werden:
- Abzüge, die mit der Einkommenserzielung zusammenhängen, werden auch *Gewinnungskosten* genannt. Darunter fallen die *Berufsauslagen* Unselbstständigerwerbender sowie der *Geschäftsaufwand* Selbstständigerwerbender;
- übrige Abzüge, die wiederum in *sozialpolitische Abzüge* und die eigentlichen *Sozialabzüge* unterteilt werden können.

5.2.1.4.1 Gewinnungskosten
Es sind diejenigen Aufwendungen, die in direktem Zusammenhang mit der Erzielung des Einkommens oder mit der Sicherung der Einkommensquelle stehen. Bei Unselbstständigerwerbenden nennt man diese Aufwendungen auch *Berufskosten*.
Bei Selbstständigerwerbenden entsprechen diese Aufwendungen dem *Geschäftsaufwand*.

5.2.1.4.1.1 Berufsauslagen Unselbstständigerwerbender
Als *Berufskosten* werden abgezogen:
- notwendige Kosten für Fahrten zwischen Wohn- und Arbeitsstätte;
- notwendige Mehrkosten für Verpflegung ausserhalb der Wohnstätte und bei Schichtarbeit;
- übrige für die Ausübung des Berufes erforderlichen und belegten Kosten (Berufskleider, Fachliteratur, EDV Hard- und Software, privates Arbeitszimmer usw.);
- mit dem Beruf zusammenhängende Weiterbildungs- und Umschulungskosten.

Gewisse Kantone gewähren für die *übrigen Berufsauslagen Pauschalabzüge,* in denen z.B. die Berufskleider und -schuhe, Fachliteratur, Berufswerkzeuge (inkl. EDV Hard- und Software), privates Arbeitszimmer usw. enthalten sind. Übersteigen die effektiven Kosten den Pauschalabzug, so können gegen Belege die effektiven Kosten abgezogen werden, sofern deren berufliche Notwendigkeit nachgewiesen werden kann.
(Siehe auch 6.8 «Abzugsmöglichkeiten in der persönlichen Steuererklärung» und 6.9 «Steuereinsparungsmöglichkeiten für Kader von KMU»).

Nicht abzugsfähig sind Aufwendungen, die vom Arbeitgeber übernommen wurden, und die Kosten der Lebenshaltung des Steuerpflichtigen und dessen Familie.

5.2.1.4.1.2 Geschäftsaufwand Selbstständigerwerbender
Es handelt sich um alle mit der selbstständigen Erwerbstätigkeit verbundenen geschäftsbezogenen Aufwendungen:

40 Materialaufwand
42 Handelswarenaufwand
44 Aufwand für Drittleistungen
45 Energieaufwand zur Leistungserstellung
47 Direkte Einkaufsspesen
50 Personalaufwand Produktion
52 Personalaufwand Handel
54 Personalaufwand Dienstleistungen
56 Personalaufwand Verwaltung
57 Sozialversicherungsaufwand
58 Übriger Personalaufwand
59 Arbeitsleistungen Dritter

60 Raumaufwand
61 Unterhalt, Reparaturen, Ersatz, Leasingaufwand
62 Fahrzeug- und Transportaufwand
63 Sachversicherungen, Abgaben, Gebühren, Bewilligungen
64 Energie- und Entsorgungsaufwand
65 Verwaltungs- und Informatikaufwand
66 Werbeaufwand
67 Übriger Betriebsaufwand
68 Finanzaufwand
69 Abschreibungsaufwand

(Die oben aufgeführten Aufwendungen entsprechen den Kontenhauptgruppen gemäss *Kontenrahmen KMU*, herausgegeben 1996 vom Schweizerischen Gewerbeverband in Bern.)

5.2.1.4.1.3 Abschreibungen
Geschäftsmässig begründete Abschreibungen von Aktiven sind zulässig, soweit sie buchmässig ausgewiesen werden.

In der Regel werden die Abschreibungen nach dem tatsächlichen Wert der einzelnen Vermögensteile berechnet oder nach ihrer geschätzten Nutzungsdauer angemessen verteilt.
Die ESTV publiziert periodisch die *Sätze für Abschreibungen* auf dem Anlagevermögen geschäftlicher Betriebe (Merkblatt A).
Es handelt sich dabei um Normalsätze, die *vom Buchwert* (Restwert) zu berechnen sind. Wird *vom Anschaffungswert* abgeschrieben, so sind die Sätze um die Hälfte zu reduzieren.

> **Steuertipp:**
> **Die Abschreibung vom Buchwert (degressives Abschreibungsverfahren) bietet steuerplanerisch viel mehr Spielraum als das starre lineare Verfahren. Es sind aber nicht nur die höheren Abschreibungssätze, die das Buchwertverfahren steuerlich interessant machen, sondern vor allem die Möglichkeit, die Abschreibungssätze der Ertragslage des Unternehmens anzupassen und dadurch die Gewinne zu nivellieren. Zudem ist die Nachholung unterlassener Abschreibungen möglich, wenn in früheren Jahren wegen schlechtem Geschäftsgang ungenügende Abschreibungen vorgenommen wurden.
> Siehe auch 6.4 «Steueroptimale Ausgestaltung der Jahresrechnung».)**

Es gibt Kantone, die grosszügigere Abschreibungsverfahren zulassen, sog. *Sofortabschreibungen*, auch bekannt als *Einmalabschreibungsverfahren*.

> **Steuertipp:**
> **Einmal- oder Sofortabschreibungen helfen mit, die Steuerprogression in Jahren mit besonders hohen Gewinnen zu brechen.**

5.2.1.4.1.4 Rückstellungen
Beim Bund sind Rückstellungen zu Lasten der Erfolgsrechnung zulässig für:
- im Geschäftsjahr bestehende Verpflichtungen, deren Höhe noch unbestimmt ist;
- Verlustrisiken, die mit Aktiven des Umlaufsvermögens, insbesondere mit Waren und Debitorenforderungen, verbunden sind;
- andere unmittelbar drohende Verlustrisiken, die im Geschäftsjahr bestehen;
- künftige Forschungs- und Entwicklungsaufträge an Dritte bis zu 10% des steuerbaren Geschäftsertrages, insgesamt jedoch max. bis zu 1 Million Franken.

Bisherige Rückstellungen werden dem steuerbaren Geschäftsertrag zugerechnet, soweit sie nicht mehr begründet sind. Die meisten Kantone kennen ähnliche Regelungen wie der Bund.

Gewisse Kantone lassen zudem die Bildung von *Rücklagen* zu für mutmassliche Kosten wirtschaftlich erforderlicher Betriebsumstellungen und Umstrukturierungen (siehe auch 6.4 «Steueroptimale Ausgestaltung der Jahresrechnung»).

5.2.1.4.1.5 Ersatzbeschaffungen
Beim Ersatz von betriebsnotwendigem Anlagevermögen können die stillen Reserven auf ein Ersatzobjekt mit gleicher Funktion übertragen werden. Ausgeschlossen ist die Übertragung auf Vermögenswerte ausserhalb der Schweiz. Findet die Ersatzbeschaffung nicht im gleichen Geschäftsjahr statt, so kann im Umfange der stillen Reserven eine *Rückstellung* gebildet werden. Diese Rückstellung ist innert angemessener Frist zur Abschreibung auf dem Ersatzobjekt zu verwenden oder zugunsten der Erfolgsrechnung aufzulösen.
Als *betriebsnotwendig* gilt nur Anlagevermögen, das dem Betrieb unmittelbar dient; ausgeschlossen sind insbesondere Vermögensteile, die dem Unternehmen nur als Vermögensanlage oder nur durch ihren Ertrag dienen. Soweit die Regelung beim Bund.
Auch bei den kantonalen Steuern gelten Ersatzbeschaffungen als steueraufschiebende Tatbestände, d.h. die stillen Reserven des veräusserten Anlagegutes können auf das Ersatzobjekt übertragen werden. Seit dem 1. Januar 2001 ist die Ersatzbeschaffung innerhalb der ganzen Schweiz möglich.

5.2.1.4.1.6 Geschäftsverluste
In den Kantonen ist die Verrechnungsmöglichkeit unterschiedlich geregelt und hängt zudem vom praktizierten Veranlagungsverfahren ab. Die Mehrzahl der Kantone kennt ähnliche Regelungen wie die direkte Bundessteuer:

Bei *zweijähriger Vergangenheitsbesteuerung* können Verlustüberschüsse aus den drei vorangegangenen Bemessungsperioden geltend gemacht werden.
Bei *jährlicher Gegenwartsbesteuerung* können Verlustüberschüsse von sieben der Steuerperiode vorangegangenen Geschäftsjahren geltend gemacht werden. Voraussetzung ist allerdings, dass die Verluste bei der Berechnung des steuerbaren Einkommens der Vorjahre nicht berücksichtigt werden konnten. Im Rahmen von *Sanierungen* können auch weiter zurückliegende Verluste verrechnet werden (DBG, Art. 67, Abs.2).

5.2.1.4.1.7 Schuldzinsen

Bis Ende Jahr 2000 konnten sowohl beim Bund wie auch in den Kantonen sämtliche nachgewiesenen Schuldzinsen unbeschränkt vom Einkommen in Abzug gebracht werden. Seit dem 1. Januar 2001 ist das *Stabilisierungsprogramm* in Kraft, welches den Schuldzinsenabzug beschränkt.

Die *Schuldzinsenbeschränkung* wirkt sowohl beim Bund wie auch in den Kantonen nur bei privaten Schuldzinsen.

Private Schuldzinsen sind abzugsfähig im Umfang des Bruttoertrages aus beweglichem und unbeweglichem Vermögen zuzüglich eines Pauschalbetrages von 50 000 Franken:

Beispiel Beschränkung des Schuldzinsenabzuges:	
Wertschriftenertrag brutto	12 000.–
Eigenmietwert Einfamilienhaus	28 000.–
+ Pauschalbetrag	50 000.–
Maximaler Schuldzinsenabzug	90 000.–

Nur wenn die privaten Schuldzinsen 90 000 Franken übersteigen, beginnt im obigen Beispiel die Wirkung der *Schuldzinsenbeschränkung*. Oder anders ausgedrückt: Nur die 90 000 Franken übersteigenden Schuldzinse würden vom Abzug ausgeschlossen.

Geschäftlich begründete Schuldzinsen sind dagegen ohne Beschränkung abzugsberechtigt.

Seit dem 1. Januar 2001 besteht zudem für natürliche Personen (ohne selbstständige Erwerbstätigkeit) die Möglichkeit, Beteiligungen von mindestens 20 Prozent am Grund- oder Stammkapital einer Kapitalgesellschaft oder Genossenschaft im Zeitpunkt des Erwerbs zum Geschäftsvermögen zu erklären. Man spricht in diesem Zusammenhang von *gewillkürtem Geschäftsvermögen*. Der Vorteil liegt darin, dass die Schuldzinsen, die auf solche Beteiligungen entfallen sowie Abschreibungen und Rückstellungen steuerlich abgezogen werden können.

Baukreditzinsen gehören beim Bund und in den meisten Kantonen zu den nicht abzugsfähigen Anlagekosten.

5.2.1.4.1.8 Zuwendungen an Vorsorgeeinrichtungen zugunsten des eigenen Personals sind abzugsfähig, sofern sie angemessen sind und jede spätere zweckwidrige Verwendung ausgeschlossen bleibt.

5.2.1.4.2 Sozialpolitische Abzüge
Darunter sind Abzüge zu verstehen, die mit der Einkommenserzielung in keinem direkten Zusammenhang stehen, die aber aus Gründen der Sozialpolitik wünschenswert erscheinen. Dazu gehören Aufwendungen, die zur Absicherung der wirtschaftlichen Existenz des Steuerpflichtigen und seiner Familie beitragen, wie z.B. Prämien für Lebens-, Unfall- und Krankenversicherung sowie Beiträge an die AHV/IV, Arbeitslosenversicherung und die berufliche Vorsorge.

> **Die Gesetze von Bund und Kantonen weisen bezüglich der sozialpolitischen Abzüge einmal mehr erhebliche Unterschiede auf. Wir beschränken uns hier auf die Praxis des Bundes und empfehlen im übrigen das Studium der Wegleitungen in den betreffenden Kantonen.**

5.2.1.4.2.1 Renten und dauernde Lasten
Bei Leibrenten unter Privatpersonen hat der Leistungsbezüger 40 Prozent im Einkommen zu versteuern; der Leistungserbringer hat das Anrecht, sofort 40 Prozent steuerlich abzuziehen.
Anders bei Leibrenten zwischen Privatpersonen und Unternehmen. Die Privatperson hat die Leibrente zu 40 Prozent zu versteuern, beim Unternehmen gelangt die altrechtliche Bestimmung der Rentenstammschuld zur Anwendung, d.h. der Rentenschuldner kann seine Leistungen erst dann in Abzug bringen, wenn der Gesamtbetrag der bezahlten Renten den Wert der kapitalisierten Gegenleistung übersteigt.

5.2.1.4.2.2 Unterhaltsbeiträge an den geschiedenen, gerichtlich oder tatsächlich getrennten *Ehegatten* sowie die Unterhaltsbeiträge für die unter dessen elterlicher Gewalt stehenden *Kinder* sind abzugsfähig. Logischerweise erfolgt auf der anderen Seite die Besteuerung beim Empfänger dieser Leistungen. Abzugsfähig sind nur die periodisch geleisteten Unterhaltsbeiträge, nicht aber Einmalabfindungen und Kapitalleistungen.

5.2.1.4.2.3 Beiträge und Prämien an AHV, IV, BVG zum Erwerb von Ansprüchen aus der Alters-, Hinterlassenen- und Invalidenversicherung *(AHV/IV)* und aus Einrichtungen der beruflichen Vorsorge *(BVG)* sind abzugsfähig. Ab 1. Januar 2001 gilt eine Begrenzung beim Einkauf von Versicherungsjahren bei Deckungslücken in der beruflichen Vorsorge von Fr. 74 160.– mal Anzahl Jahre vom Eintritt bis zum Erreichen des ordentlichen Pensionsalters.

5.2.1.4.2.4 Beiträge und Prämien an Säule 3a zum Erwerb von Ansprüchen aus anerkannten Formen der Selbstvorsorge sind in beschränktem Rahmen abzugsfähig.

Die Abzugsbeschränkungen für 2001: Maximal Fr. 5933.– für Arbeitnehmer die einer Vorsorgeeinrichtung (Säule 2) angehören, bzw. 20 Prozent des Reingewinnes aber max. Fr. 29 664.– für Selbstständigerwerbende ohne 2. Säule.

5.2.1.4.2.5 Beiträge und Prämien an EO, ALV, UVG für die Erwerbsersatzordnung, die Arbeitslosenversicherung und die obligatorische Unfallversicherung sind abzugsfähig.

5.2.1.4.2.6 Beiträge und Prämien für Lebens-, Kranken- und nichtobligatorische *Unfallversicherungen* sowie die *Zinsen von Sparkapitalien* des Steuerpflichtigen und der von ihm unterhaltenen Personen sind abzugsfähig bis zu einem bestimmten Höchstbetrag.

5.2.1.4.2.7 Krankheits-, Unfall- und Invaliditätskosten des Steuerpflichtigen und der von ihm unterhaltenen Personen sind abzugsfähig, soweit der Steuerpflichtige die Kosten selber trägt und diese 5 Prozent des Reineinkommens übersteigen.

5.2.1.4.2.8 Zuwendungen bzw. Vergabungen, die der Steuerpflichtige freiwillig für öffentliche oder ausschliesslich gemeinnützige Zwecke leistet, sind abzugsfähig, sofern die geleisteten Beiträge pro Jahr mindestens 100 Franken erreichen. Der Abzug ist auf 10 Prozent des Reineinkommens beschränkt.

5.2.1.4.2.9 Zweitverdienerabzug
Leben Ehegatten in rechtlich und tatsächlich ungetrennter Ehe und sind beide berufstätig oder bei erheblicher Mitarbeit eines Ehegatten im Geschäft des anderen Ehegatten, so wird ein Zweitverdienerabzug gewährt.

Einige Kantone (nicht aber der Bund) gewähren beschränkte Abzugsmöglichkeiten für Spenden und *Mitgliederbeiträge an politische Parteien.*

5.2.1.4.3 Sozialabzüge
Mit den Sozialabzügen sollen die persönlichen und wirtschaftlichen Verhältnisse des Steuerpflichtigen und seiner Familie bei der Bemessung der Steuerlast angemessen berücksichtigt werden.

Die Regelungen sind beim Bund und in den einzelnen Kantonen unterschiedlich. Grundsätzlich werden aber folgende Abzüge gewährt:
- *persönlicher Abzug* je nach Zivilstand (ohne Bund);
- *Kinderabzüge;*
- Abzug der Kosten für eine *Haushalthilfe* oder für die *Fremdbetreuung von Kindern;*
- *Unterstützungsabzug* für Personen, die vom Steuerpflichtigen unterhalten werden;
- Abzug für *AHV-Rentner, Invalide oder arbeitsunfähige Steuerpflichtige.*

Es gilt auch hier, die unterschiedlichen Regelungen von Bund und Kantonen zu beachten und die Bemerkungen in den Steuererklärungen und Wegleitungen der betreffenden Kantone genau zu studieren.

Direkte Steuern von Bund, Kantonen und Gemeinden 67

> **Die Unterschiedlichkeit der Regelungen bei den sozialen und sozialpolitischen Abzügen beim Bund und in den Kantonen verdeutlicht, dass sich der auf den 1. Januar 2001 abgeschlossene Steuerharmonisierungsprozess auf die formellen Aspekte zu beschränken hatte. Materiell – d.h. im Bereich der Steuertarife, Steuerfreibeträge, sozialpolitischen und sozialen Abzüge – bleibt die Eigenständigkeit der Kantone unangetastet. Der Steuerwettbewerb bleibt uns (vorderhand) erhalten.**

5.2.1.4.4 Ausgleich der Folgen der kalten Progression

In der Bundesverfassung ist der Ausgleich der Folgen der kalten Progression bei der Bundessteuer explizit verankert.

Anders in den Kantonen, wo solche Bestimmungen in der Regel in den Steuergesetzen enthalten sind. Die Regelungen sind unterschiedlich, führen aber letztendlich meistens dazu, dass der Steuerpflichtige durch den Verzögerungseffekt des Ausgleichs oder durch den nur teilweise gewährten Ausgleich der kalten Progression finanziell benachteiligt wird.

> *Beispiel kalte Progression:*
> Ein Arbeitnehmer erhält auf den 1. Januar einen Teuerungsausgleich von 2 Prozent, welcher der aktuellen (angenommenen) Teuerung entspricht. Da bei der direkten Bundessteuer der Ausgleich der Folgen der kalten Progression erst erfolgt, wenn sich der Landeskostenindex seit der letzten Anpassung um 7 Prozent erhöht hat, hat der Steuerpflichtige die steuerliche Mehrbelastung, die je nach Basiseinkommen (hier der Lohn vor Teuerungskorrektur) 25 bis 35 Prozent der Lohnerhöhung betragen kann, selber zu tragen. Damit verfügt der Steuerpflichtige – trotz Teuerungsausgleich – im neuen Jahr real über weniger Kaufkraft als zuvor. Und dabei ist die Teuerung im neuen Jahr schon wieder am Laufen, und der Steuerpflichtige ist erneut der Verlierer...
> Ein ganz und gar unerfreulicher Effekt, diese kalte Progression!

5.2.1.5 Zeitliche Bemessung

Seit dem 1. Januar 2001 gibt es in der Schweiz nur noch zwei Bemessungsverfahren:
- *die jährliche Gegenwartsbesteuerung;*
- *die zweijährige Vergangenheitsbesteuerung.*

> Es gilt der Grundsatz, dass sich die direkte Bundessteuer der kantonalen Regelung anpasst. Oder anders gesagt: Stellt ein Kanton sein Bemessungssystem um, so zieht der Bund automatisch nach.

Dies bedeutet, dass die Bemessungsregeln von Bund und Kanton grundsätzlich immer übereinstimmen.
Es wird an dieser Stelle auf Punkte 5.1.2.6 und 5.1.3.6 verwiesen, welche die Bemessungsregeln bei der direkten Bundessteuer erläutern.

5.2.1.5.1 Jährliche Gegenwartsbesteuerung
Sie wird auch *Postnumerando-Besteuerung* genannt. Bei diesem System fallen Steuerjahr und Bemessungsjahr zusammen. Die Veranlagung wird jährlich durchgeführt. Da die zur Veranlagung notwendigen Unterlagen wie Jahresrechnungen und Lohnausweise erst nach Ende des Bemessungsjahres vorliegen, findet die Veranlagung im folgenden Jahr statt (Postnumerandoverfahren).

Beispiel jährliche Gegenwartsbesteuerung

Bemessungsjahr 2001 Steuerjahr 2001	Veranlagung erfolgt nach Vorlage aller erforderlichen Unterlagen erst im Jahr 2002
Stichtag für die Bemessung des steuerbaren Vermögens: 31.12.2001	

5.2.1.5.2 Zweijährige Veranlagung mit Vergangenheitsbemessung
Sie wird auch *Pränumerando-Besteuerung* genannt. Die Veranlagung wird im Zweijahresrhythmus durchgeführt. Bemessungsjahre bilden die beiden der Veranlagungsperiode vorangehenden Jahre.

Beispiel zweijährige Vergangenheitsbesteuerung

Bemessungsjahre 1999 und 2000	Steuerjahre 2001 und 2002 Veranlagungsperiode 2001/2002
Stichtag für Bemessung des steuerbaren Vermögens: 1.1.2001	

5.2.1.5.3 Übergang zur Gegenwartsbesteuerung für natürliche Personen
Per 1. Januar 2001 haben nicht weniger als 20 Kantone ihr Steuersystem für natürliche Personen auf die jährliche Gegenwartsbesteuerung umgestellt.

> **Einzig in den Kantonen TI, VD und VS wird noch bis Ende 2002 das System der zweijährigen Vergangenheitsbesteuerung praktiziert. Auf den 1. Januar 2003 dürften aber auch diese drei Kantone auf die Gegenwartsbesteuerung umstellen.**

Betreffend *Steuerplanungsmassnahmen* beim *Systemwechsel*, vor allem bezüglich Nutzung der Vorteile aus der *Bemessungslücke*, wird auf das Kapitel 6 «Steuerplanung», speziell 6.4 «Steueroptimale Ausgestaltung der Jahresrechnung», verwiesen.

5.2.1.5.3.1 Die Umstellung erfordert zwei Steuererklärungen
Wenn ein Kanton per 1. Januar 2001 auf die Gegenwartsbesteuerung umgestellt hat, so erhalten die Steuerpflichtigen trotzdem anfangs 2001 noch eine

Steuererklärung nach altem Bemessungsverfahren, d.h nach dem System der Vergangenheitsbesteuerung. In dieser *«Übergangs-Steuererklärung»* müssen die Einkünfte und Aufwendungen der Jahre 1999 und 2000 deklariert werden.

Diese *provisorische Steuererklärung* 2001 dient folgenden Zwecken:
- Berechnung der Steuerraten;
- Rückerstattung der Verrechnungssteuer;
- Erkennung und steuerliche Berücksichtigung der ausserordentlichen Einkünfte und Aufwendungen;
- Veranlagungen bei Zuzug, Wegzug oder bei Zwischenveranlagungen nach altem Recht;
- Interkantonale Steuerausscheidungen.

Anfangs 2002 wird dann den Steuerpflichtigen die *definitive Steuererklärung 2001* zugestellt. Erst zu diesem Zeitpunkt liegen die zur Veranlagung erforderlichen Lohnausweise und Jahresrechnungen des Bemessungsjahres 2001 vor.

5.2.1.5.4 Steuerperiode
Die Steuer wird für jedes Steuerjahr (Kalenderjahr) erhoben.
Die Steuerperiode entspricht somit stets dem laufenden Kalenderjahr. Bei der Steuerperiode gibt es somit keine Unterschiede bei der Gegenwarts- und der Vergangenheitsbesteuerung.

5.2.1.5.5 Bemessungsperiode
Die Bemessungsperiode ist derjenige Zeitraum, in welchem das der Besteuerung zugrundegelegte Einkommen erzielt wurde.
Sie dauert je nach System ein oder zwei Jahre.
Bei der zweijährigen *Vergangenheitsbesteuerung* wird das steuerbare Einkommen bemessen nach dem durchschnittlichen Einkommen der beiden letzten der Veranlagungsperiode vorangegangenen Jahre. Bei der *Gegenwartsbesteuerung* hingegen fallen Steuerjahr und Bemessungsjahr zusammen.

5.2.1.5.6 Veranlagungsperiode
Die Veranlagungsperiode ist derjenige Zeitraum, für den die getroffene Veranlagung Gültigkeit hat. Bei der jährlichen *Gegenwartsbesteuerung* entspricht die Veranlagungsperiode dem auf die Bemessungsperiode folgenden Jahr, kann doch die Veranlagung erst nach Ablauf des Bemessungsjahres getroffen werden. Erst dann stehen uns die zur Veranlagung erforderlichen Unterlagen (Lohnausweise, Jahresrechnungen) zur Verfügung.
Bei der Vergangenheitsbesteuerung dagegen umfasst die Veranlagungsperiode zwei Jahre.

5.2.1.5.7 Ermittlung des Einkommens aus selbstständiger Erwerbstätigkeit bei Gegenwartsbesteuerung
Das Wichtigste auf einen Blick:
- die Steuerperiode entspricht der Bemessungsperiode, gefolgt von der Veranlagungsperiode;

- für die Besteuerung ist die persönliche Situation am Ende der Steuerperiode massgebend;
- für die Veranlagung ist der Wohnsitzkanton am Ende der Steuerperiode zuständig;
- es erfolgen grundsätzlich keine Zwischenveranlagungen mehr, auch nicht bei Begründung, Änderung und Aufgabe von wirtschaftlichen Anknüpfungen im interkantonalen Bereich;
- auch der Wechsel von unselbstständiger zu selbstständiger Erwerbstätigkeit (und umgekehrt) löst keine Zwischenveranlagung mehr aus;
- es besteht der Grundsatz der Einheit der Steuerperiode;
- Einkommen wird grundsätzlich nach Anfall erfasst;
- bei ganzjähriger Steuerpflicht ist stets auf die in der Steuerperiode abgeschlossenen Geschäftsjahre abzustellen. Es findet nie eine Umrechnung auf ein Jahr statt. Eine Differenzierung zwischen ausserordentlichen und ordentlichen Faktoren erübrigt sich;
- bei unterjähriger Steuerpflicht ist zu unterscheiden zwischen *steuerbarem und satzbestimmendem Einkommen*. Für das satzbestimmende Einkommen ist eine Umrechnung der regelmässig fliessenden Einkünfte auf ein Jahr vorzunehmen;
- es findet keine Pro-Rata-Besteuerung mehr statt.

> **Steuertipp:**
> **Durch den Wechsel zur Gegenwartsbesteuerung wurden auch die Bestimmungen zur Ermittlung des Einkommens von Einzelfirmen und Personengesellschaften umgestellt. Diese Änderungen können bei Unternehmen, die ihre Bücher nicht auf den 31. Dezember abschliessen, zu unsachgemässen Zusatzsteuern führen. Es kann sich somit für solche Unternehmen lohnen, den Bilanztermin auf den 31. Dezember zu verschieben. Kompetente Beratung ist unerlässlich.**

5.2.1.5.8 Ermittlung des Einkommens aus selbstständiger Erwerbstätigkeit bei Vergangenheitsbesteuerung (gilt nur für Kantone TI, VD, VS)

Gemäss DBG Art. 43, Abs. 2 ist für die Ermittlung des Einkommens aus einer selbstständigen Erwerbstätigkeit das durchschnittliche Ergebnis der in den Bemessungsjahren abgeschlossenen Geschäftsjahre massgebend.

5.2.1.5.8.1 *Über- oder unterjährige Geschäftsperioden*
Gemäss DBG Art. 43, Abs. 3 werden Geschäftsjahre, die mehr oder weniger als zwölf Monate umfassen, auf ein Jahreseinkommen umgerechnet.

5.2.1.5.8.2 *Beginn der Steuerpflicht* (DBG Art. 44)
Bei Beginn der Steuerpflicht wird das steuerbare Einkommen wie folgt bemessen:

- für die laufende Veranlagungsperiode nach dem seit Beginn der Steuerpflicht bis zum Ende der Veranlagungsperiode erzielten, auf 12 Monate umgerechneten Einkommen;
- für die darauf folgende Veranlagungsperiode nach dem seit Beginn der Steuerpflicht während mindestens eines Jahres erzielten, auf 12 Monate umgerechneten Einkommen.

5.2.1.5.8.3 *Ausserordentliche Einkünfte und Aufwendungen*
Ausserordentliche Einkünfte und Aufwendungen werden nur für die auf den Eintritt in die Steuerpflicht folgende Veranlagungsperiode berücksichtigt (DBG, Art. 44, Abs. 2)

5.2.1.5.8.4 *Zwischenveranlagung* (DBG Art. 45 ff.)
Vom Vergangenheitsbesteuerungsverfahren muss dann abgewichen werden, wenn steuerlich relevante Veränderungen in den Bemessungsgrundlagen eintreten, die es aus Gründen der Steuergerechtigkeit erforderlich machen, für die geänderten Grundlagen eine *Gegenwartsbesteuerung* vorzunehmen. Eine Zwischenveranlagung wird durchgeführt bei:
- Scheidung, gerichtlicher oder dauernder tatsächlicher Trennung der Ehegatten;
- dauernder und wesentlicher Änderung der Erwerbsgrundlagen infolge Aufnahme oder Aufgabe der Erwerbstätigkeit oder bei Berufswechsel (Wechsel von unselbstständiger zu einer selbstständigen Erwerbstätigkeit oder umgekehrt);
- Vermögensanfall infolge Todesfalls (Erbschaft).

Die Zwischenveranlagung wird auf den Zeitpunkt der Änderung vorgenommen. Der Zwischenveranlagung wird die bisherige ordentliche Veranlagung, vermehrt oder vermindert um die veränderten Einkommensteile, zugrunde gelegt.
Die zufolge Zwischenveranlagung neu hinzugekommenen Teile des Einkommens werden nach den Vorschriften bemessen, die bei Beginn der Steuerpflicht gelten.

Durch den Wechsel zur Gegenwartsbesteuerung entfallen die Zwischenveranlagungen.

5.2.1.6 *Steuerveranlagungsverfahren*
Allgemein gilt der Grundsatz, dass direkte Steuern zuerst nach einem bestimmten Verfahren zu veranlagen sind, bevor sie definitiv eingefordert werden können.

Veranlagen heisst *einschätzen*, die Höhe der *Steuerfaktoren* festsetzen. Unter Steuerfaktoren versteht man die nach durchgeführtem Veranlagungsverfahren festgesetzten Beträge des steuerbaren Einkommens und Vermögens.

Bei der *direkten Bundessteuer* wird die Steuer – je nach Veranlagungsverfahren im betreffenden Kanton – jährlich oder im Zweijahresrhythmus veranlagt.

5.2.1.6.1 Gemischtes Veranlagungsverfahren
Bei den direkten Steuern auf dem Einkommen und Vermögen wird das *gemischte Veranlagungsverfahren* praktiziert, d.h. die Veranlagung geschieht durch eine Zusammenarbeit zwischen dem Steuerpflichtigen und der Veranlagungsbehörde des betreffenden Kantons. Dabei wird gleichzeitig die Veranlagung für die direkte Bundessteuer sowie für die Kantons- und Gemeindesteuer vorgenommen.
Durch das Ausfüllen und Einreichen der Steuererklärung nimmt der Steuerpflichtige eine *Selbstdeklaration* vor.

5.2.1.6.2 Pflichten des Steuerpflichtigen im Veranlagungsverfahren
Diese sind im DBG, Art. 124 ff. geregelt und werden hier im Detail dargelegt. Die Bestimmungen gelten grundsätzlich auch für die Veranlagung der kantonalen Steuern.

> Diese Ausführungen gelten grundsätzlich sowohl für natürliche als auch für juristische Personen.

5.2.1.6.3 Aufzeichnungspflicht
Der Aufzeichnungspflicht unterstehen nach heutiger Rechtslage *alle Selbstständigerwerbenden und juristischen Personen* und zwar ungeachtet ihrer Rechtsform, Branche und Betriebsgrösse. Dies bedeutet, dass z.B. auch kleine Einzelfirmen mit jährlichen Roheinnahmen von weniger als 100 000 Franken der Aufzeichnungspflicht unterstehen. Dies gilt übrigens auch für die freien Berufe und die Landwirte.

> **Steuertipp:**
> **Eine detaillierte und aussagekräftig gegliederte Jahresrechnung nach «Kontenrahmen KMU» ist die beste Grundlage für eine korrekte Veranlagung ohne zeitaufwändige Rückfragen und unnötige Aufrechnungen seitens der Steuerbehörden.**

5.2.1.6.4 Steuererklärung (DBG Art. 124)
Die Steuerpflichtigen werden durch öffentliche Bekanntgabe oder Zustellung des Formulars aufgefordert, die Steuererklärung einzureichen.
Steuerpflichtige, die kein Formular erhalten, müssen es bei der zuständigen Behörde verlangen.
Der Steuerpflichtige muss die Steuererklärung wahrheitsgetreu und vollständig ausfüllen, persönlich unterzeichnen und samt den vorgeschriebenen Beilagen fristgemäss bei der zuständigen Behörde einreichen. Bei wichtigen Gründen kann eine *Fristerstreckung* beantragt werden.
Bei verspäteter Einreichung ist das Fristversäumnis zu entschuldigen. Als Gründe für eine verspätete Einreichung gelten Militärdienst, Landesabwesenheit, Krankheit oder andere erhebliche Tatsachen. Die Einreichung hat innert 30 Tagen nach Wegfall des Hinderungsgrundes zu erfolgen.

5.2.1.6.5 Beilagen zur Steuererklärung (DBG Art. 125)

Natürliche Personen mit Einkommen aus selbstständiger Erwerbstätigkeit und juristische Personen haben der Steuererklärung die unterzeichnete *Jahresrechnung (Bilanz und Erfolgsrechnung)* der entsprechenden Bemessungsjahre beizulegen.

Falls eine *kaufmännische Buchhaltung fehlt,* sind Aufstellungen über Aktiven und Passiven, Einnahmen und Ausgaben sowie über Privatentnahmen und Privateinlagen der Steuererklärung beizulegen.

Unternehmen in der Rechtsform einer Aktiengesellschaft haben der Steuererklärung zudem den *Anhang zur Jahresrechnung* (OR 662, Abs. 2 und 663b) und den *Jahresbericht* (OR 662 und 663d) beizulegen.

Im *Anhang zur Jahresrechnung* ist der Gesamtbetrag der aufgelösten Wiederbeschaffungsreserven und der darüber hinausgehenden *stillen Reserven* auszuweisen, sofern dieser den Gesamtbetrag der neu gebildeten Reserven übersteigt, wenn dadurch das erwirtschaftete Ergebnis wesentlich günstiger dargestellt wird (OR Art. 663b, Ziff. 8).

Diese Gesetzesbestimmung zwingt Unternehmen in der Rechtsform einer Aktiengesellschaft, über die *Veränderung der stillen Reserven* Buch zu führen. Dies sollten natürlich nicht nur Aktiengesellschaften tun, sondern sämtliche Unternehmen, und das in ihrem eigenen Interesse. Analysen der Vermögens- und Ertragslage eines Unternehmens sollten grundsätzlich immer auf bereinigten Zahlen beruhen.

> **Steuertipp:**
> Nach gültiger Rechnungslegungspraxis ist die Bildung stiller Reserven nach dem Vorsichtsprinzip (OR Art. 960, Abs. 2 und 669, Abs. 3) handelsrechtlich zulässig.

> **Achtung Steuerfalle:**
> Das *neue Rechnungslegungsrecht RRG,* welches als Entwurf vorliegt, würde die *Bildung von stillen Reserven* nach dem Vorsichtsprinzip verbieten (RRG Art. 24, Abs. 3). Sollte das Gesetz in dieser Form in Kraft treten, so würde die Steuerplanung für KMU in unverantwortbarer Form und unnötigerweise massiv eingeschränkt. Es ist zu hoffen und zu erwarten, dass diese Bestimmung für KMU bei der parlamentarischen Behandlung des Gesetzesentwurfes gelockert wird!

5.2.1.6.6 Mitwirkungspflicht bei der Steuerveranlagung

Gemäss DBG Art. 126 muss der Steuerpflichtige alles tun, um eine vollständige und richtige Veranlagung zu ermöglichen. Er muss auf Verlangen der Veranlagungsbehörde insbesondere mündlich oder schriftlich Auskunft erteilen, Geschäftsbücher, Belege und weitere Bescheinigungen sowie Urkunden über den Geschäftsverkehr vorlegen.

5.2.1.6.7 Bescheinigungspflicht Dritter (DBG Art. 127)
Reicht der Steuerpflichtige trotz Mahnung die nötigen Bescheinigungen nicht ein, so kann sie die Veranlagungsbehörde von Dritten einfordern, wobei das gesetzlich geschützte Berufsgeheimnis gewahrt bleiben muss.

5.2.1.6.8 Aufbewahrungspflicht (DBG Art. 126, Abs. 3)
Natürliche Personen mit Einkommen aus selbstständiger Erwerbstätigkeit und juristische Personen müssen alle Urkunden und sonstigen Belege, die mit ihrer Tätigkeit in Zusammenhang stehen, *während zehn Jahren* geordnet aufbewahren.

> **Steuertipp:**
> **Belege im Zusammenhang mit Käufen und wertvermehrenden Aufwendungen an Immobilien sind so lange aufzubewahren, bis die entsprechenden Objekte verkauft und steuerlich abgerechnet sind.**
> (Siehe auch 5.5. «Grundstückgewinne», speziell 5.5.4).

5.2.1.6.9 Veranlagung durch die Veranlagungsbehörde
Gemäss DBG Art. 130 ff. prüft die Veranlagungsbehörde die Steuererklärung und nimmt die erforderlichen Untersuchungen vor. Hat der Steuerpflichtige trotz Mahnung seine Verfahrenspflichten nicht erfüllt oder können die Steuerfaktoren mangels zuverlässiger Unterlagen nicht einwandfrei ermittelt werden, so nimmt die Veranlagungsbehörde eine *Veranlagung nach pflichtgemässem Ermessen* gemäss Art 130, Abs. 2 DBG vor. Sie kann dabei *Erfahrungszahlen, Vermögensentwicklung* und *Lebensaufwand* des Steuerpflichtigen berücksichtigen.
Die Veranlagungsbehörde setzt in der *Veranlagungsverfügung* die Steuerfaktoren (steuerbares Einkommen, steuerbarer Reingewinn und steuerbares Eigenkapital), den Steuersatz und die Steuerbeträge fest (DBG Art. 131, Abs. 1).

Abweichungen von der Steuererklärung sind dem Steuerpflichtigen spätestens bei der Eröffnung der Veranlagungsverfügung bekanntzugeben (DBG Art. 131, Abs. 2).

Die Veranlagungsbehörde darf zur Feststellung der Steuerfaktoren den Pflichtigen zur mündlichen *Einvernahme* vorladen und von ihm alle *Beweismittel* verlangen, die für die Veranlagung von Bedeutung sind.

Die Veranlagung endet mit der Zustellung der *Einschätzungsanzeige*. Eine schriftliche *Begründung* in der Veranlagungsverfügung ist zwingend, wenn Aufrechnungen vorgenommen wurden. Die genaue Kenntnis der Aufrechnungen ist Voraussetzung für die Beurteilung, ob gegen ungerechtfertigte Korrekturen Einsprache erhoben werden soll.

Mit der Zustellung der Veranlagungsverfügung beginnt auch die *Einsprachefrist* zu laufen.

> :) **Steuertipp:**
> **Veranlagungsverfügungen sind ohne Verzug auf Richtigkeit zu prüfen. Die Einsprachefrist beträgt in der Regel 30 Tage und ist strikte einzuhalten. Auf verspätet eingereichte Einsprachen brauchen die Behörden nur einzutreten, wenn wichtige Gründe die Verspätung rechtfertigen.**

Gegen *provisorische Einschätzungen* besteht grundsätzlich keine Einsprachemöglichkeit. Andererseits können säumige Steuerzahler aufgrund provisorischer Einschätzungen zwar gemahnt, aber nicht betrieben werden.

5.2.1.6.9.1 Aufrechnungen im Steuerveranlagungsverfahren
Die Veranlagungsbehörde wendet bei der Einschätzung von Unternehmen und Selbstständigerwerbenden *Branchenrichtzahlen* an und vergleicht die Zahlen der eingereichten Jahresrechnungen mit den entsprechenden Richtwerten. Werden nicht begründete Abweichungen festgestellt, erfolgen entsprechende Korrekturen. Folgende Korrekturen und Aufrechnungen sind in der Praxis anzutreffen:

5.2.1.6.9.2 Korrekturen beim Bruttoergebnis
Bei ausserordentlichen Abweichungen von den Richtzahlen, vor allem beim erzielten Bruttoergebnis 1 (Umsatz abzüglich Material- und Warenaufwand), nimmt die Veranlagungsbehörde entsprechende Aufrechnungen vor, wenn keine plausiblen Erklärungen seitens des Steuerpflichtigen vorliegen. Eine solche Aufrechnung ist indessen für den Steuerpflichtigen problematisch. Sie bedeutet nichts anderes, als dass der Einschätzungsbeamte davon ausgeht, dass das Verhältnis zwischen Umsatz und Warenaufwand nicht stimmt. Man könnte es auch so ausdrücken, dass in solchen Fällen von der Steuerbehörde angenommen wird, dass der Betriebsertrag nicht vollumfänglich deklariert worden ist.

> :) **Steuertipp:**
> **Bei Abweichungen des Bruttoergebnisses 1 von den Branchenrichtzahlen muss eine entsprechende Analyse vorgenommen werden. Das Ergebnis dieser Untersuchungen ist der Steuerbehörde als Beilage zur Steuererklärung einzureichen. In den meisten Fällen können auf diese Weise steuerliche Aufrechnungen vermieden werden. Damit entfallen aber auch zeitaufwändige Einspracheverfahren mit anschliessenden Buchprüfungen, meist verbunden mit Kostenfolgen. Über Richtzahlen verfügen oftmals die Berufsverbände, Branchen-Treuhandstellen, ERFA-Gruppen sowie Treuhänder, die der Konferenz gewerblicher Treuhandfirmen angeschlossen sind und damit über die Gewerbe-Statistik verfügen.**

5.2.1.6.9.3 Aufrechnungen übersetzter Spesenbezüge

Beliebt sind *Pauschalspesen,* die vor allem Kaderleuten zur Deckung ihrer *Repräsentationsverpflichtungen* ausgerichtet werden. Da solche Pauschalspesen beim Unternehmen abzugsberechtigter Geschäftsaufwand, beim Empfänger nicht steuerbarer Auslagenersatz darstellen, wacht die Steuerbehörde mit Argusaugen über die Angemessenheit solcher Vergütungen.

Bei übersetzten Spesenvergütungen mit verdecktem Lohncharakter, fehlenden Belegen, nicht belegbaren Vermögenszunahmen usw. erfolgen Aufrechnungen beim Einkommen des Spesenempfängers.

> **Steuertipp:**
> Zu einer solchen Aufrechnung muss es nicht kommen. Es besteht nämlich die Möglichkeit, Spesenreglemente von der Steuerbehörde genehmigen zu lassen. Damit ist Schluss mit der «Belegsammlerei». Besteht kein genehmigtes Spesenreglement, so kommt der Steuerpflichtige allerdings nicht darum herum, seine Spesenauslagen zu belegen oder zu begründen (z.B. geschäftliche Einladungen im Hause des Steuerpflichtigen).

5.2.1.6.9.4 Aufrechnungen aufgrund nicht belegter Vermögensentwicklungen

Ist eine Zunahme beim steuerbaren Vermögen nicht begründbar, z.B. durch ein entsprechend hohes Einkommen oder durch anderweitige Mittelzuflüsse, so erfolgen seitens der Veranlagungsbehörde entsprechende Aufrechnungen beim Einkommen. Auch dies sind problematische Aufrechnungen, da angenommen wird, die Vermögensvermehrung sei durch nicht versteuerte Mittelzuflüsse gebildet worden.

Beispiel einer nicht begründeten Vermögensvermehrung:

		Fr.
Steuerbares Vermögen am 1. Januar 2001		640 000.–
Steuerbares Vermögen am 1. Januar 1999		530 000.–
Vermögensvermehrung		110 000.–
Ausgewiesenes Einkommen 1999	100 000.–	
Ausgewiesenes Einkommen 2000	110 000.–	210 000.–
Privataufwand 1999 und 2000	100 000.–	
Steuern 1999 und 2000	40 000.–	140 000.–
Mögliche Vermögensbildung aus Einkommen		70 000.–
Tatsächliche Vermögensbildung		110 000.–
Nicht belegte Vermögensbildung		40 000.–
Aufrechnung beim Einkommen (im Jahresdurchschnitt)		20 000.–
(40 000 : 2 bei zweijähriger Vergangenheitsbesteuerung)		

> **Steuertipp:**
> Solche Aufrechnungen können vermieden werden, indem der Steuerpflichtige bzw. sein Steuervertreter die Vermögensentwicklung vor Abgabe der Steuererklärung kritisch würdigt. Kann eine Vermögensvermehrung nicht durch die erzielten Einkünfte begründet werden, so sind entsprechende Erklärungen als Beilage zur Steuererklärung unerlässlich, wie z.B. Erlass eines Darlehens als Schenkung, Erbanfall, steuerfreie Börsengewinne, Grundstückverkauf usw.

5.2.1.6.9.5 Aufrechnungen bei den Privatanteilen an den Fahrzeugspesen sowie am allgemeinen Geschäftsaufwand

Da es sich bei der Festsetzung dieser Pauschalanteile meist um Ermessensfragen handelt und eine genaue, d.h. frankenmässige Erfassung in der Praxis kaum durchführbar ist, gibt es in diesem Bereich oftmals Meinungsverschiedenheiten zwischen dem Steuerpflichtigen und den Einschätzungsbehörden. Aufrechnungen seitens der Steuerbehörde führen zu einer entsprechenden Erhöhung des steuerpflichtigen Einkommens.

> **Steuertipp:**
> Die Privatanteile an den Fahrzeugspesen und dem übrigen Geschäftsaufwand (Heizung, Beleuchtung, Reinigung, Telefone, Fax, Internet usw.) sind gemäss den steuerlichen Richtlinien zu verbuchen. Diese Ansätze sind moderat und für den Steuerpflichtigen in der Regel vorteilhaft. Kommt es dennoch zu einer Aufrechnung, so ist eine Einsprache wohl zu erwägen, handelt es sich doch meist um Bagatellaufrechnungen. Wird Einsprache erhoben, kann die gesamte Einschätzung neu aufgerollt werden, d.h. die Veranlagungsbehörde muss sich im Einspracheverfahren nicht auf die Überprüfung des angefochtenen Privatanteils beschränken, sondern darf alle Faktoren der Einschätzung überprüfen und neu beurteilen. Zu diesem Zweck werden oft Buchprüfungen vorgenommen. So kann eine Einsprache wegen einer unbedeutenden Aufrechnung dann letztendlich gar zu einer Erhöhung des steuerbaren Einkommens führen.

5.2.1.6.10 Steuerbezug

Aufgrund der rechtskräftigen Veranlagung werden die effektiven Steuerbeträge ermittelt, bezahlte Raten und rückforderbare Verrechnungssteuer in Abzug gebracht und der netto geschuldete Steuerbetrag in Rechnung gestellt.

Für verspätet bezahlte Raten und Abrechnungsbeträge werden *Verzugszinsen* in Rechnung gestellt, zuviel eingeforderte Beträge werden mit *Vergütungszins* zurückerstattet. Die Zinskonditionen sind kantonal unterschiedlich geregelt und werden periodisch der Situation am Kapitalmarkt angepasst.

Bei der *direkten Bundessteuer* erfolgt der Steuerbezug mit separater Rechnung jährlich per 15. März.

5.2.1.7 Doppelbesteuerung
Es ist zu unterscheiden zwischen wirtschaftlicher und rechtlicher Doppelbesteuerung.

5.2.1.7.1 Wirtschaftliche Doppelbesteuerung
Das schweizerische Steuersystem kennt die wirtschaftliche Doppelbesteuerung. Die von juristischen Personen (Aktiengesellschaften, GmbH, Genossenschaften) erzielten Gewinne unterliegen den Gewinnsteuern. Werden die erzielten (und von der Gesellschaft bereits versteuerten) Gewinne an die Anteilsinhaber ausgeschüttet, so werden sie dort ein zweites Mal steuerlich erfasst, und zwar als Ertragseinkommen natürlicher Personen. Damit wird, wirtschaftlich betrachtet, dasselbe Substrat zweimal besteuert. Da es sich aber um zwei verschiedene Steuersubjekte handelt – zuerst die Gesellschaft als juristische Person und dann der Anteilsinhaber als natürliche Person – liegt keine rechtliche sondern eben nur eine wirtschaftliche, vom Gesetzgeber gewollte, Doppelbesteuerung vor.

> **Steuerfalle:**
> Angesichts der in der Schweiz geltenden progressiv ausgestalteten Steuersätze für natürliche Personen resultieren oft *Steuerbelastungen* von 40 Prozent und mehr auf den ausgeschütteten Gewinnen.

Deshalb sind immer mehr Staaten dazu übergegangen, die wirtschaftliche *Doppelbelastung zu mildern*. Dabei sind grundsätzlich zwei Formen der Entlastung denkbar:
Erstens *auf der Stufe der Gesellschaft*, z.B. durch Abzug einer *Normaldividende* vom steuerbaren Gewinn oder durch Anwendung eines *gespaltenen Steuersatzes* auf den zurückbehaltenen und den ausgeschütteten Gewinnen.
Zweitens *auf der Stufe der Anteilsinhaber*, z.B. durch Anrechnung der durch die Gesellschaft bezahlten Steuern an diejenigen der Gesellschafter oder durch Milderung der Besteuerung der ausgeschütteten Gewinne beim Empfänger. Nur wenige Kantone haben in ihren Steuergesetzen entsprechende Milderungsmassnahmen vorgesehen und dies unbesehen davon, dass die Milderung der wirtschaftlichen Doppelbelastung eine langjährige Forderung aus Wirtschaftskreisen darstellt.

5.2.1.7.2 Rechtliche Doppelbesteuerung
Von der (zulässigen) wirtschaftlichen Doppelbesteuerung zu trennen ist die gemäss Verfassung verbotene rechtliche Doppelbesteuerung. Eine solche liegt vor, wenn zufolge Überschneidens von Steuerhoheiten (z.B. zwei verschiedene Kantone) das gleiche Steuersubjekt (z.B. eine natürliche Person) für das gleiche Steuerobjekt (z.B. das steuerbare Einkommen), in der gleichen Bemessungsperiode, zu gleichen oder gleichartigen Steuern herangezogen wird.

Je nach den beteiligten Gebietshoheiten gibt es Fälle *interkommunaler, interkantonaler oder internationaler Doppelbesteuerung*.

5.2.1.7.2.1 Fälle von Doppelbesteuerungen
Häufig sind Fälle von Doppelbesteuerungen bei der *Aufteilung des Gesamterfolges und des Eigenkapitals* von Unternehmen mit mehreren Betriebsstätten auf die entsprechenden Kantone oder Gemeinden.
Aber auch Unklarheiten über die *Voraussetzungen der Steuerpflicht* bei *Wohnsitzstreitigkeiten* und unrichtige *zeitliche Abgrenzung* der Steuerberechnung bei *Wohnsitzwechsel* können zu Doppelbesteuerungen führen.
Nicht selten sind Doppelbesteuerungsfälle auch beim *Besitz von Grundeigentum*. Bekanntlich wird Grundeigentum immer am Ort der Sache besteuert. Dabei gibt es aber eine *Sonderregelung bei den Schulden und Schuldzinsen*.

> Damit der Steuerpflichtige seine *Schulden* nicht einfach dort begründen kann, wo ihm der Abzug seiner *Schulden* und *Schuldzinsen* steuerlich am meisten nützt, hat das Bundesgericht eine erhärtete Praxis entwickelt, nach der sowohl die Schulden als auch die bezahlten Schuldzinse proportional zu den in den verschiedenen Gebietshoheiten gelegenen Aktiven zu verteilen sind.

5.2.1.7.2.2 Steuerausscheidungen
Damit unzulässige Doppelbesteuerungen vermieden werden können, sind die steuerauslösenden Sachverhalte nach möglichst objektiven Kriterien auf die beteiligten Gebietshoheiten aufzuteilen. Diesen Vorgang nennt man *Steuerausscheidung*.

Als Beispiel wählen wir ein Unternehmen, welches aufgrund der *Geschäftstätigkeit in verschiedenen Kantonen* steuerpflichtig ist. Da nach Verfassung keine Mehrfachbesteuerung desselben Steuerobjektes stattfinden soll, müssen Gesamtgewinn und Eigenkapital auf die betroffenen Kantone aufgeteilt werden *(interkantonale Steuerausscheidung)*. Dabei kommt eine quotenmässige Ausscheidungsmethode zur Anwendung. Es wird zwischen der direkten und indirekten Methode unterschieden.
Bei der *direkten Methode* erfolgt die Aufteilung aufgrund der individuellen Bilanzen und Erfolgsrechnungen der einzelnen Betriebsstätten. Oft werden aber von kleinen und mittleren Unternehmen nicht separate Jahresrechnungen für Hauptsitz und Betriebsstätten geführt, was dann zur Anwendung der *indirekten Methode* führt. Dabei kann die Ausscheidung nach den in den betreffenden Betriebsstätten erzielten *Umsätzen* (z.B. bei Handelsbetrieben) oder bei Produktionsbetrieben nach den sog. *Produktionsfaktoren* erfolgen.

Der Produktionsfaktor eines Unternehmens setzt sich aus den sich am betreffenden Standort befindlichen Aktiven, zuzüglich kapitalisierten Löhnen, zusammen. Durch den Miteinbezug der Lohnsummen wird bewirkt, dass nicht nur die investierten Kapitalwerte, sondern auch das Ausmass der am Ort geleisteten Arbeit bei der Steuerausscheidung ins Gewicht fallen.

Beispiel, Verteilung des Vermögens/Kapitals

Reinvermögen Fr. 960 000.–

Aktiven	Kanton BE	Kanton SO	Total
Flüssige Mittel	120 000	–	120 000
Forderungen	225 000	–	225 000
Warenvorräte	160 000	50 000	210 000
Angefangene Arbeiten	80 000	45 000	125 000
Beteiligungen	145 000	–	145 000
Mobile Sachanlagen	330 000	130 000	460 000
Immobilien	1 200 000	660 000	1 860 000
Total Bruttoaktiven	2 260 000	885 000	3 145 000
Verteilungsquote	71,9%	28,1%	100%

Aufteilung Reinvermögen:
Kanton BE: 71,9% von 960 000 = 690 240 ⎱
Kanton SO: 28,1% von 960 000 = 269 760 ⎰ Steuerbar zum Satz von 960 000!

Die Verteilung des Reinvermögens erfolgt somit *nach Lage der Aktiven* in den entsprechenden Kantonen.

Dabei erfolgt die Besteuerung der einzelnen Quoten *zum Satz des gesamten Reinvermögens.* Dadurch wird vermieden, dass Steuerpflichtige durch Verteilung des Vermögens auf verschiedene Kantone dem *Progressionseffekt* ausweichen können.

Die Quotenermittlung nach der indirekten Methode kann zu unsachgemässen Ergebnissen führen. So kann zum Beispiel der Tätigkeit der Geschäftsleitung und deren Auswirkung auf den Unternehmenserfolg ungenügend Rechnung getragen werden.

In solchen Fällen, bei denen z.B. die Bedeutung des Hauptsitzes bei der Quotenermittlung zuwenig Gewicht erhält, wird nach bundesgerichtlicher Rechtssprechung dieser Sachverhalt durch Zuweisung eines *Vorausanteils (Präzipuum)* korrigiert, d.h. dem Hauptsitz mehr Gewicht verleiht.

Beispiel Verteilung des Gewinns
Gesamtgewinn Fr. 420 000.–

Aktiven	Kanton BE	Kanton SO	Total
Flüssige Mittel	120 000	–	120 000
Forderungen	225 000	–	225 000
Warenvorräte	160 000	50 000	210 000
Angefangene Arbeiten	80 000	45 000	125 000
Beteiligungen	145 000	–	145 000
Mobile Sachanlagen	330 000	130 000	460 000
Immobilien	1 200 000	660 000	1 860 000
Kapitalisierte Löhne	3 000 000	900 000	3 900 000
Total	5 260 000	1 785 000	7 045 000
Verteilungsquote	74,7%	25,3%	100%

Aufteilung Gewinn:
Kanton BE: 74,7% von 420 000 = 313 740 ⎫
Kanton SO: 25,3% von 420 000 = 106 260 ⎬ Steuerbar zum Satz von 420 000!

Auch hier wird durch die *Besteuerung* der einzelnen Gewinnquoten *zum Satz des Gesamtgewinns* verhindert, dass Gewinne zersplittert und dadurch ungerechtfertigte Progressionsvorteile erwirkt werden können.

5.2.1.7.2.3 Rechtsweg bei Fällen von Doppelbesteuerung
Wer nun glaubt, er werde doppelt besteuert, kann entweder den kantonalen Instanzenweg benützen oder aber direkt an das Bundesgericht gelangen. Die staatsrechtliche *Beschwerde* muss spätestens 30 Tage nach Eröffnung der Taxation des letzten involvierten Kantons eingereicht werden.

5.2.1.8 Rechtsmittel
Nach diesem bewusst kurzen Abstecher ins Gebiet der Doppelbesteuerung kommen wir zurück auf die Rechtsmittel des Steuerpflichtigen im Rahmen des ordentlichen Veranlagungsverfahrens.

5.2.1.8.1 Einsprache
Der Bund und zahlreiche Kantone kennen als Vorstufe eines Rekurses das sog. *Einspracheverfahren,* das im Grunde eigentlich ein *Wiedererwägungsverfahren* ist.
Die Formvorschriften sind bei diesem Verfahren auf ein Mindestmass herabgesetzt.

Der Steuerpflichtige muss in einem Schreiben an die Veranlagungsbehörde deutlich bekunden, dass er *Einsprache* erheben will. Auch ist eine *Begründung* erforderlich, warum die Veranlagung nicht akzeptiert wird. Dabei ist die *Einsprachefrist* von (in der Regel) 30 Tagen zu beachten.

Daraufhin prüft die Veranlagungsbehörde die Einschätzung nochmals auf ihre Richtigkeit, wobei sie sich nicht auf die vom Steuerpflichtigen aufgeführten Punkte beschränken muss, sondern die gesamten, mit der Einschätzung zusammenhängenden Fragen neu aufrollen und beurteilen darf. Dabei kommt es immer wieder vor, dass Einschätzungen dann letztendlich noch erhöht werden, wenn anlässlich der oftmals auf Einsprachen hin erfolgenden Bücheruntersuchungen Unstimmigkeiten in der Buchführung festgestellt werden.

> **Steuertipp:**
> **Es ist deshalb empfehlenswert, vor Einreichung einer Einsprache die getroffene Veranlagung gesamtheitlich zu beurteilen. Wurden gewisse Ermessensfragen grosszügig behandelt, so lohnt sich die Einsprache gegen eine Bagatellaufrechnung sicher nicht. Im Zweifelsfall immer den Steuerspezialisten konsultieren. Ist die Einsprache erst einmal eingereicht, nimmt das Verfahren seinen Lauf.**

Einsprachen in kantonalen Steuerangelegenheiten betreffen in der Regel auch die direkte Bundessteuer, wird doch die Veranlagung für die Bundessteuer ebenfalls durch die Veranlagungsbehörde des Kantons getroffen.

5.2.1.8.2 Rekurs

Die nächste Stufe auf dem Rechtsweg ist beim Bund und in allen Kantonen das sogenannte Rekursverfahren. Die einzuhaltenden Formvorschriften sind strenger als bei der Einsprache. Der Rekurs ist innerhalb der vorgeschriebenen Frist von (in der Regel) 30 Tagen an die kantonale Rekurskommission zu richten. Im Gegensatz zum Einspracheverfahren, das von der gleichen Behörde durchgeführt wird, die auch die Veranlagung getroffen hat, wird beim Rekurs ein anderes Gremium des betreffenden Kantons angerufen.

> Der wesentliche *Inhalt eines Rekurses:*
> - Der Steuerpflichtige muss fristgerecht und schriftlich Rekurs erheben.
> - Der angefochtene Entscheid ist zu begründen und es ist darzulegen, warum dieser abzuändern sei.
> - Dazu sind *Anträge* zu stellen, in welcher Weise der angefochtene Entscheid abzuändern ist.
> - Die entsprechenden *Beweismittel* für die *Begründung* und die gestellten Anträge sind beizulegen oder zu bezeichnen.

Das Rekursverfahren ist kostenpflichtig. Besondere Kosten können bei *Buchprüfungen* und *Expertisen* entstehen. Die Kosten werden in der Regel nach Massgabe des Verfahrensausganges von den beteiligten Parteien getragen.

> **Steuertipp:**
> Beim Einspracheverfahren handelt es sich um ein kostenfreies Wiedererwägungsverfahren – nicht so der Rekurs. Der Beizug eines Steuerexperten ist deshalb zu empfehlen.

5.2.1.8.3 Beschwerde an das kantonale Verwaltungsgericht
Gegen den Entscheid der kantonalen Rekurskommission kann der Steuerpflichtige in kantonalen Steuerangelegenheiten beim kantonalen Verwaltungsgericht Beschwerde einlegen.
Bei Bundessteuerangelegenheiten führt der Rechtsweg vom Rekurs direkt zum Bundesgericht.

5.2.1.8.4 Beschwerde an das Bundesgericht
Gegen den Entscheid des kantonalen Verwaltungsgerichtes kann eine staatsrechtliche Beschwerde beim Bundesgericht eingereicht werden.

5.2.1.9 Widerhandlungen
Bei der direkten Bundessteuer ist das *Steuerstrafrecht* im DBG, Art. 174 ff. festgehalten. Die Kantone kennen in ihren Steuergesetzen unterschiedliche Formulierungen und Sanktionen bezüglich steuerlicher Widerhandlungen. Wir fassen an dieser Stelle die wichtigsten gängigen Begriffe kurz zusammen und verdeutlichen einige Sachverhalte mit Fällen aus der Praxis:

5.2.1.9.1 Steuerumgehung
Einleitend ist festzuhalten, dass eine Steuerumgehung kein Steuerdelikt ist. Trotzdem wollen wir den Begriff aber – der Vollständigkeit halber – hier erklären. Eine Steuerumgehung liegt immer dann vor, wenn – aus rein steuerlichen Erwägungen – betriebswirtschaftlich absonderliche Massnahmen getroffen werden, einzig in der Absicht Steuern einzusparen. Wie fliessend die Grenze zwischen legaler Steuereinsparung und Steuerumgehung sein kann, mag folgendes Beispiel verdeutlichen.

> *Beispiel einer Steuerumgehung:*
> Eine Einzelfirma verfügt über namhafte stille Reserven. Im Hinblick auf die Regelung der Geschäftsnachfolge wandelt der Einzelfirmeninhaber sein Unternehmen in eine Aktiengesellschaft um, dies nicht zuletzt auch im Wissen, dass er auf diese Weise einen hohen Liquidationsgewinn aus dem Verkauf der Einzelfirma vermeiden kann, wenn er später die Aktien verkauft und damit einen steuerfreien Kapitalgewinn realisiert.
> Weil nun die Sache mit dem Sohn als vorgesehenem Nachfolger nicht klappte, verkaufte der Inhaber, enttäuscht und desillusioniert, seine Firma, d.h. die Aktien, 3 Jahre nach erfolgter Umwandlung an seine Kadermitarbeiter. Anstatt eines steuerfreien Kapitalgewinnes erblickte die Steuerbehörde in dieser Transaktion eine Steuerumgehung und besteuerte die Realisierung der stillen Reserven rückwirkend auf den Zeitpunkt der Umwandlung, wie wenn die Einzelfirma mit Gewinn verkauft worden wäre. Das kleine aber entscheidende Kriterium war in diesem Fall die steuerliche Sperrfrist von 5 Jahren, die vom Zeitpunkt der Umwandlung bis zum Verkauf der Aktien hätte eingehalten werden müssen, damit der Aktienverkauf ohne steuerliche Folgen geblieben wäre und die Umwandlung als echte und legale Steuereinsparung gegolten hätte.

5.2.1.9.2 Einfache Steuerhinterziehung

Eine einfache Hinterziehung begeht, wer dem Staat eine Steuer dadurch vorenthält, dass er die ihm obliegenden Pflichten bei der Veranlagung nicht erfüllt und Tatsachen, die für den Bestand, Umfang oder Nachweis der Steuerpflicht von Bedeutung sind, ohne Vorsatz, z.B. aus Unachtsamkeit, nicht deklariert.

> *Beispiel einer einfachen Steuerhinterziehung:*
> Ein Steuerpflichtiger vergisst aus Unachtsamkeit, die Deklaration einer Briefmarkensammlung im Wert von 100 000 Franken, die er vor Jahren von einem Onkel geerbt hatte. Weil ihm die Sammlung nichts bedeutete, verkaufte er sie zu einem späteren Zeitpunkt und amortisierte mit dem Erlös die zweite Hypothek auf seiner Liegenschaft. Dadurch kam die Nichtdeklaration zum Vorschein. Es handelte sich jedoch um eine einfache Hinterziehung, weil der Steuerpflichtige nur aus Unachtsamkeit nicht deklarierte, die Sammlung lediglich steuerbares Vermögen darstellte und zudem in der Hausratsversicherungspolice – allerdings ungenügend – versichert und damit mindestens teilweise als Hausrat versteuert worden war.

5.2.1.9.3 Schwere Steuerhinterziehung

Eine schwere Hinterziehung begeht, wer eine namhafte Hinterziehung absichtlich, z.B. durch Täuschung oder Verheimlichung resp. Beseitigung von Beweismitteln, begeht.

Beispiel einer schweren Steuerhinterziehung:
Ein Inhaber eines kleineren Unternehmens führt im Einfamilienhaus seines Freundes grössere Umbauarbeiten aus und macht ihm dafür einen Freundschaftspreis von 100 000 Franken. Dieser Betrag wird aus Schwarzgeld bezahlt und deshalb vom Firmeninhaber auf ein Konto ausserhalb der Geschäftsbuchhaltung geleitet.
Im Rahmen eines Einspracheverfahrens bezüglich einer unakzeptablen steuerlichen Neubewertung des Einfamilienhauses kam die Sache später zum Vorschein und wurde als schwerwiegende Hinterziehung von steuerbarem Einkommen mit entsprechenden Nach- und Strafsteuern geahndet.

5.2.1.9.4 Steuerbetrug
Es ist die besonders schwerwiegende Form eines Steuerdeliktes, indem durch den Gebrauch falscher, verfälschter oder unwahrer Urkunden eine erhebliche, illegale Steuerverkürzung herbeigeführt wird.

Beispiel eines Steuerbetruges:
Ein Firmeninhaber stellt einem langjährigen Kadermitarbeiter auf dessen Drängen während Jahren unrichtige Lohnausweise aus, weil dieser der Meinung war, seine Steuerbelastung sei, nach dem Wiedereinstieg seiner Ehefrau ins Berufsleben, unerträglich hoch geworden.
Diese Falschbescheinigungen über Jahre hatten erhebliche Steuerverkürzungen zur Folge und wurden beim Arbeitgeber als Steuerbetrug geahndet. Logischerweise wurde aber auch der Kadermitarbeiter wegen Steuerhinterziehung und Anstiftung zur Rechenschaft gezogen.

Steuertipp:
Bei allem Trachten nach Steuerminimierung darf sich der Steuerpflichtige nicht auf das heikle Gebiet der Steuerhinterziehung drängen lassen. Das Spektrum legaler Steuereinsparungsmöglichkeiten ist gross, wie das Kapitel 6 «Steuerplanung» beweist.

5.2.1.9.5 Strafmass
Das Strafmass richtet sich nach der Schwere des Vergehens und kann zusätzlich zur *Nachsteuer,* welche in jedem Fall zu entrichten ist, *Strafsteuern* im Ausmass des Drei- bis zum Fünffachen des hinterzogenen Steuerbetrages zur Folge haben. Besonders schwer wiegen Uneinsichtigkeit, Wiederholung der Straftat, planmässiges Vorgehen und *betrügerische Handlungen,* die neben der Bestrafung wegen Steuerhinterziehung sogar mit *Gefängnis* bestraft werden können (DBG, Art. 186). Daneben sind immer auch die Bestimmungen des Strafgesetzbuches zu beachten.
Bei *leichtem Verschulden* kann die Strafsteuer bis auf einen Drittel ermässigt werden.

Weniger schwer geahndet werden *Verletzungen der Verfahrenspflichten,* z.B. das Einreichen mangelhafter oder unvollständiger Unterlagen, was beispielsweise bei der direkten Bundessteuer mit *Bussen* bis 1000 Franken, in schweren Fällen und bei Rückfall bis 10 000 Franken geahndet werden kann (DBG, Art. 174). Dazu kommen die Sanktionen des Kantons.

Bei *Selbstanzeige* wird z.B. bei der direkten Bundessteuer die Busse auf einen Fünftel der hinterzogenen Steuer reduziert (DBG Art. 175, Abs. 3).

Auch *versuchte Steuerhinterziehung* wird bestraft. Die Busse beträgt z.B. bei der direkten Bundessteuer zwei Drittel des Betrages, der bei vorsätzlicher und vollendeter Steuerhinterziehung zu bezahlen gewesen wäre (DBG, Art. 176).

5.2.1.9.6 Anstiftung, Gehilfenschaft, Mitwirkung
Wer vorsätzlich zu einer Steuerhinterziehung anstiftet, Hilfe leistet oder als Vertreter des Steuerpflichtigen eine Steuerhinterziehung bewirkt oder an einer solchen mitwirkt, wird ohne Rücksicht auf die Strafbarkeit des Steuerpflichtigen mit Busse bestraft und haftet überdies solidarisch für die hinterzogene Steuer. Die *Busse* beträgt bei der direkten Bundessteuer bis zu 10 000 Franken, in schweren Fällen oder bei Rückfall bis 50 000 Franken (DBG, Art. 177). Dazu kommen die Sanktionen des Kantons.

5.2.2 Vermögenssteuer natürlicher Personen

5.2.2.1 Einleitung
Alle *Kantone und Gemeinden* erheben von natürlichen Personen neben der Einkommensteuer als Hauptsteuer eine Vermögenssteuer als Ergänzungssteuer.

Der *Bund* erhebt *keine Vermögenssteuer.*

5.2.2.2 Art und Umfang der Steuerpflicht
In der Schweiz wird überall das *Gesamtvermögen* besteuert, d.h. alle beweglichen und unbeweglichen Vermögenswerte werden grundsätzlich zum *Verkehrswert* erfasst und der Steuer unterworfen. Dabei können aber sämtliche ausgewiesenen *Schulden* vom Bruttovermögen in Abzug gebracht werden. Dies bedeutet, dass nur das *Reinvermögen* oder Nettovermögen besteuert werden darf.
Auch bei der Vermögenssteuer gilt das Prinzip der *Familienbesteuerung,* d.h. dass die Vermögenswerte von Ehegatten zusammengerechnet und *Vermögen minderjähriger Kinder* dem Inhaber der elterlichen Gewalt zugerechnet werden. *Nutzniessungsvermögen* ist vom Begünstigten zu versteuern.
Die Vermögenssteuertarife sind fast durchwegs *progressiv* ausgestaltet.
Vom Reinvermögen können kantonal unterschiedliche *Abzüge* (Sozialabzüge) vorgenommen werden. Zudem gewähren die meisten Kantone bestimmte *Steuerfreibeträge.*

Direkte Steuern von Bund, Kantonen und Gemeinden 87

5.2.2.3 Bewertung der Vermögensbestandteile
Als Grundsatz gilt die Besteuerung sämtlicher Vermögenswerte zum *Verkehrswert* (Marktwert), wobei es von dieser Grundregel aber auch Ausnahmen gibt, wie wir gleich sehen werden.

5.2.2.3.1 Flüssige Mittel sind zum Nominalwert zu versteuern. Fremdwährungen sind zum Tageskurs am Bilanzstichtag umzurechnen.

5.2.2.3.2 Forderungen sind grundsätzlich zum Forderungsbetrag zu deklarieren, wobei für gefährdete Forderungen entsprechende Rückstellungen (Delkredere) gebildet werden können.
Die Höhe der Wertberichtigung richtet sich nach dem Grad der Gefährdung.

> **Steuertipp:**
> Die Steuerbehörde lässt pauschale Delkredere-Rückstellungen ohne Nachweis zu:
> Auf Inlandguthaben   5 Prozent
> Auf Auslandguthaben in Landeswährung   10 Prozent
> Auf Auslandguthaben in Fremdwährung   15 Prozent

5.2.2.3.3 Material- und Warenvorräte sind zu den Anschaffungs- oder Herstellungskosten zu bewerten oder, wenn der Marktwert geringer ist, zum tieferen Marktwert *(Niederstwertprinzip).*

> **Steuertipp:**
> Die Steuerbehörde lässt in der Regel eine Warenreserve von $33^{1}/_{3}$ Prozent zu (auf Pflichtlagern 50 Prozent).
> Es lohnt sich aus dieser Sicht, die Warenlager am steuerlich massgebenden Stichtag aufzufüllen, was eine höhere Reservenbildung ermöglicht.

5.2.2.3.4 Angefangene Arbeiten sind zu den Herstellungskosten zu bewerten. Ist der Marktwert am Bilanzstichtag tiefer, so gilt dieser tiefere Wert als Bewertungsgrundlage (Niederstwertprinzip).

5.2.2.3.5 Finanzanlagen sind unterschiedlich zu bewerten.

5.2.2.3.5.1 Kotierte Wertpapiere, d.h. an der Börse gehandelte Titel werden grundsätzlich zum Kurswert besteuert. Entsprechende Kurslisten werden regelmässig von der ESTV herausgegeben.

5.2.2.3.5.2 Nichtkotierte Wertpapiere sind zum Verkehrswert zu versteuern. Handelt es sich dabei um Beteiligungspapiere, wie z.B. Aktien eines KMU, so ist bei der Bewertung der Ertragswert und der Substanzwert des betreffenden Unternehmens angemessen zu berücksichtigen.

Die Steuerverwaltung stützt sich bei der Bewertung auf die *«Wegleitung zur Bewertung von Wertpapieren ohne Kurswert für die Vermögenssteuer»*. Für schlechte Zukunftsperspektiven können entsprechende Abzüge vorgenommen werden.

5.2.2.3.6 Mobile Sachanlagen sind technische Einrichtungen, die der Leistungserstellung dienen, wie z.B. Maschinen und Apparate zu Produktionszwecken, Mobiliar und Einrichtungen, Büromaschinen, EDV-Anlagen, Kommunikationssysteme, Fahrzeuge, Werkzeuge, Geräte usw. Diese geschäftlich genutzten Sachanlagen sind nach Massgabe ihrer Abnützung abzuschreiben (siehe auch 5.2.1.4.1.3 «Abschreibungen»). Werden die Abschreibungen gemäss steuerlichen Richtlinien, d.h. nach dem Merkblatt «Abschreibungen auf dem Anlagevermögen geschäftlicher Betriebe» vorgenommen, so gelten die entsprechenden Buchwerte (Bilanzwerte) auch für die Vermögensbesteuerung.

> **Steuertipp:**
> **Wurden übersetzte Abschreibungen steuerlich korrigiert, so können die Aufrechnungen in der Bilanz reaktiviert werden. Auf diesen Werten kann später wieder steuersenkend abgeschrieben werden.**

5.2.2.3.7 Immobile Sachanlagen, d.h. Liegenschaften (Grundstücke und Gebäude) werden bei der Bewertung unterteilt in nichtlandwirtschaftliche und landwirtschaftliche Liegenschaften.

5.2.2.3.7.1 Nichtlandwirtschaftliche Liegenschaften werden in der Regel zum Verkehrswert bewertet. Dazu wird der *Steuerwert* (auch *amtlicher Wert* oder *Katasterwert* genannt) periodisch von kantonalen Schätzungsgremien festgelegt. Dabei wird mehrheitlich auf den Verkehrswert unter Mitberücksichtigung des Ertragswertes (und Realwertes) abgestellt. Einige Kantone gewähren auf den Schätzwerten angemessene Abzüge.

5.2.2.3.7.2 Landwirtschaftliche Grundstücke werden in der Regel zum Ertragswert bewertet.

5.2.2.3.8 Immaterielle Anlagen wie Goodwill, Patente, Markenrechte, Lizenzen und Urheberrechte sind zum Kaufpreis zu bewerten, wobei die geschäftsmässig begründeten Abschreibungen abgezogen werden können.

5.2.2.3.9 Rückkaufsfähige Lebens- und Rentenversicherungen unterliegen der Vermögenssteuer zum *Rückkaufswert*. Rückkaufsfähig sind jene Versicherungen, bei welchen die Auszahlung der Versicherungsleistung gewiss ist. Rentenversicherungen haben nur dann einen Rückkaufswert, wenn eine Leistungspflicht des Versicherers von Anfang an feststeht und die Rente noch nicht zu laufen begonnen hat.

> **Steuertipp:**
> Kapitalversicherungen der beruflichen Vorsorge und der gebundenen Selbstvorsorge sind in allen Kantonen bis zum Zeitpunkt der Auszahlung von der Vermögenssteuer befreit.

5.2.2.3.10 **Hausrat** ist in den meisten Kantonen steuerfrei.

> **Steuertipp:**
> Gemäss Steuerharmonisierungsgesetz Artikel 13, Absatz 4, sind sowohl Hausrat als auch persönliche Gebrauchsgegenstände ab 1. Januar 2001 grundsätzlich nicht mehr als Vermögen zu versteuern.

5.2.2.4 Abzüge
Vom Gesamtvermögen können sämtliche Schulden abgezogen werden. Zusätzlich werden kantonal unterschiedliche Sozialabzüge gewährt.

5.2.2.4.1 Schuldenabzug
Vom Bruttobetrag der Vermögenswerte können die nachgewiesenen Schulden abgezogen werden. Dies ergibt das *Reinvermögen*.

Unter *Schulden* sind sämtliche nachweisbaren *Verbindlichkeiten* zu verstehen. Dazu gehören u.a.
- Verbindlichkeiten aus Lieferungen und Leistungen;
- kurzfristige Finanzverbindlichkeiten (z.B. Bankkredite);
- Verbindlichkeiten gegenüber der Steuerbehörde;
- passive Rechnungsabgrenzung;
- langfristige Finanzverbindlichkeiten;
- Leasingverbindlichkeiten, wenn das Leasinggut aktiviert ist – Darlehensverbindlichkeiten;
- Hypothekarverbindlichkeiten;
- Rückstellungen für Verpflichtungen, drohende Verluste sowie Aufwendungen, deren Fälligkeit gewiss ist.

Bürgschaftsverbindlichkeiten dürfen erst dann abgezogen werden, wenn der Hauptschuldner zahlungsunfähig ist und der Bürge für die Schuld aufkommen muss.

5.2.2.4.2 Sozialabzüge
Werden vom Reinvermögen noch die Sozialabzüge abgezogen, so erhält man das *steuerbare Vermögen,* welches für die Berechnung der Vermögenssteuer massgebend ist.

Der Zweck der *Sozialabzüge* besteht darin, die persönlichen und wirtschaftlichen Verhältnisse des Steuerpflichtigen und seiner Familie bei der Bemessung der Steuerlast angemessen zu berücksichtigen.
Mit den Sozialabzügen werden die Unterschiede in Bezug auf Zivilstand, Alter, Gesundheitszustand, Kinderzahl, unterstützte Personen usw. berücksichtigt.

Einzelne Kantone befreien Steuerpflichtige von der Vermögenssteuer, wenn das steuerbare Vermögen eine gewisse Höhe nicht überschreitet. Durch diese sogenannten *Steuerfreibeträge* soll vermieden werden, dass Personen mit bescheidenem Vermögen überhaupt eine Vermögenssteuer bezahlen müssen.

Bezüglich Sozialabzüge und Steuerfreibeträge sind die Regelungen in den Kantonen unterschiedlich.

Einige Kantone kennen *Indexklauseln* für die Vermögenssteuer, die dazu dienen, die durch Teuerung entstandene steuerliche Mehrbelastung ganz oder teilweise auszugleichen.

5.2.2.5 Zeitliche Bemessung
Für die *Bemessung des Vermögens* ist der Wert massgebend, der diesem an einem bestimmten *Stichtag* zukommt. Er fällt bei Kantonen mit zweijähriger Vergangenheitsbesteuerung in der Regel auf den ersten Tag der (neuen) Veranlagungsperiode; bei Kantonen mit jährlicher Gegenwartsbesteuerung in der Regel auf den letzten Tag der betreffenden Bemessungsperiode. Dies bedeutet, dass für die Vermögenssteuer des Jahres 2001 das steuerbare Vermögen am 31. Dezember 2001 massgebend ist. Die entsprechende Veranlagung kann logischerweise erst im Jahr 2002 getroffen werden (Postnumerandosystem).

Bei *Selbstständigerwerbenden* gilt die *Bilanz* des entsprechenden Bemessungsjahres als Grundlage für die Vermögensbesteuerung. Dabei gilt der gewählte Bilanztermin als steuerlicher Stichtag für die Vermögensbesteuerung, auch wenn der Abschlusstag nicht mit dem 31. Dezember übereinstimmt.

5.2.2.6 Steuerveranlagung und Steuerbezug
Die Veranlagung des Vermögens und der Bezug der Vermögenssteuer erfolgt für natürliche Personen in allen Kantonen zusammen mit der Veranlagung und dem Bezug der Einkommenssteuer. (Siehe auch 5.2.1.6 «Steuerveranlagung und Steuerbezug».)

Bezüglich *Rechtsmittel* verweisen wir auf die entsprechenden Ausführungen unter 5.2.1.8 bei der Einkommenssteuer natürlicher Personen.

5.2.2.7 Stundung der Steuer
Bei vorübergehender Zahlungsunfähigkeit besteht die Möglichkeit, mit der Inkassostelle des betreffenden Kantons Kontakt aufzunehmen, um der finanziellen Situation des Steuerpflichtigen angepasste Zahlungsmodalitäten festzulegen.

5.2.2.8 Steuererlass

Steuererlass kann gewährt werden, wenn das Bezahlen der Steuer für die steuerpflichtige Person eine offenbare und unzumutbare Härte bedeutet, z.B. bei wesentlichen und dauernden Einkommenseinbussen oder bei ausserordentlichen Familienlasten und Unterhaltsverpflichtungen bei geringem Einkommen.

Das *Erlassgesuch* muss schriftlich *begründet,* zusammen mit den nötigen Beweismitteln, in der Regel bei der zuständigen Gemeinde oder bei der kantonalen Verwaltung eingereicht werden (gilt auch für die direkte Bundessteuer). Das Erlassverfahren ist grundsätzlich kostenfrei. Dem Gesuchsteller können aber die Kosten ganz oder teilweise auferlegt werden, wenn er ein offensichtlich unbegründetes Gesuch eingereicht hat.

5.2.3 Besteuerung juristischer Personen

Unter juristischen Personen sind Gesellschaften und Körperschaften zu verstehen, denen das Zivilrecht eine eigene Rechtspersönlichkeit und damit die Fähigkeit verleiht, selbstständig Rechte auszuüben und Pflichten zu übernehmen. Das Steuerrecht trägt diesem Umstand Rechnung und behandelt juristische Personen als selbstständige Steuersubjekte, deren eigene finanzielle Leistungsfähigkeit steuerlich nicht unbeachtet bleiben darf. Dies rechtfertigt sich auch aus der Sicht, dass diese Unternehmen Leistungen des Staates in Anspruch nehmen, wie z.B. öffentliche Sicherheit, Justiz, Transportwesen, Kommunikationsmittel usw.

Es werden im Steuerrecht zwei Gruppen juristischer Personen unterschieden:
- *Kapitalgesellschaften* (Aktiengesellschaften, Gesellschaften mit beschränkter Haftung, Kommanditaktiengesellschaften) sowie Genossenschaften;
- *übrige juristische Personen* (v.a. Vereine und Stiftungen).

5.2.3.1 Einleitung

Die Steuer ist ähnlich aufgebaut wie die Einkommens- und Vermögensteuer natürlicher Personen; nur spricht man bei den juristischen Personen nicht von Einkommen und Vermögen, sondern von *Gewinn* und *Kapital.*

Sowohl der Bund wie auch die Kantone und Gemeinden besteuern juristische Personen aufgrund der von ihnen erzielten Gewinne mit der sogenannten *Gewinnsteuer* (siehe auch 5.1.3 «Besteuerung juristischer Personen», Kurzfassung direkte Bundessteuer).

Nur die Kantone und Gemeinden erfassen auch das Eigenkapital juristischer Personen mit der *Kapitalsteuer.*

> Infolge Reform der Unternehmensbesteuerung verzichtet der Bund seit 1. Januar 1998 auf die Erhebung der *Kapitalsteuer* juristischer Personen.

5.2.3.2 Art und Umfang der Steuerpflicht

Wie bei den natürlichen Personen unterscheidet man auch bei den juristischen Personen die unbeschränkte und die beschränkte Steuerpflicht (siehe auch 5.1.3.2 «Kurzfassung direkte Bundessteuer»).

Unbeschränkt steuerpflichtig sind juristische Personen, deren Sitz in der Schweiz, bzw. im betreffenden Kanton, in der betreffenden Gemeinde liegt. Solche Unternehmen werden aufgrund ihres gesamten Gewinnes und Kapitals besteuert.

Die *unbeschränkte Steuerpflicht beginnt* mit der zivilrechtlichen Entstehung (Eintrag im Handelsregister) oder mit dem Zuzug im besteuernden Gemeinwesen und endet mit der Auflösung (Liquidation) bzw. mit dem Wegzug.

Beschränkt steuerpflichtig sind juristische Personen, die ihren Sitz im Ausland oder ausserhalb des besteuernden Kantons haben, aber im Inland oder betreffenden Kanton über bestimmte Einkommensquellen oder Vermögenswerte (z.B. Betriebsstätten oder Grundbesitz) verfügen *(wirtschaftliche Zugehörigkeit)*.

Die *beschränkte Steuerpflicht beginnt* z.B. mit der Eröffnung einer Betriebsstätte bzw. mit dem Erwerb von Grundeigentum und endet mit dem Wegfall des steuerauslösenden Sachverhalts.

5.2.3.2.1 Steuererleichterungen für neu gegründete Unternehmen
Die meisten Kantone kennen solche Erleichterungen. Der Zweck solcher Massnahmen besteht darin, den Zuzug von Unternehmen zu fördern, die für den Kanton von wirtschaftlicher Bedeutung sind. Die Unternehmen können ganz oder teilweise von der Steuerpflicht befreit werden. Die Massnahmen sind nach StHG auf maximal 10 Jahre zu befristen.[1)]

5.2.3.3 Gewinnsteuer
Die Gewinnsteuer juristischer Personen kann mit der Einkommenssteuer natürlicher Personen verglichen werden.
Steuerobjekt ist der *Reingewinn*, der sich als Resultat aus der Erfolgsrechnung ergibt. Anders ausgedrückt ergibt sich der Gewinn nach folgender Formel:

Summe aller Erträge
  – Summe aller geschäftsmässig begründeten Aufwendungen
  = Unternehmenserfolg (Gewinn/Verlust)

5.2.3.3.1 Steuerbarer Ertrag
Alle Arten von Erträgen bilden Bestandteil des steuerbaren Unternehmenserfolges und zwar ungeachtet, ob es sich dabei um ordentlichen Ertrag aus Leistungserstellung, Finanzertrag, Nebenerfolg (z.B. Mieterträge von Personalwohnungen), ausserordentlichen Ertrag (z.B. ausserordentliche Währungs- oder Börsengewinne) handelt.

5.2.3.3.2 Abzugsfähiger Aufwand
Bezüglich Geschäftsaufwand wird auf 5.2.1.4.1.2 «Geschäftsaufwand Selbstständigerwerbender» verwiesen.

[1)] Dabei dürfen aber für bestehende Unternehmen keine ungerechtfertigten Konkurrenznachteile entstehen.

Der gesamte mit der Leistungserstellung im Zusammenhang stehende Geschäftsaufwand inkl. ausserordentliche Aufwendungen (z.B. ausserordentliche Debitorenverluste, Börsenverluste usw.) können steuerlich geltend gemacht werden.

Betreffend *Abschreibungen* siehe 5.2.1.4.1.3.

Betreffend *Rückstellungen* siehe 5.2.1.4.1.4.

Betreffend *Ersatzbeschaffungen* siehe 5.2.1.4.1.5.

Betreffend *Geschäftsverluste* siehe 5.2.1.4.1.6.

Bezüglich *Schuldzinsen* wird auf 5.2.1.4.1.7 verwiesen.
Bei juristischen Personen gilt aber die Beschränkung des Schuldzinsenabzuges gemäss Stabilisierungsprogramm nicht. Die bezahlten und nachgewiesenen Schuldzinsen können als Finanzaufwand geltend gemacht werden.

Betreffend *Zuwendungen an Vorsorgeeinrichtungen* siehe 5.2.1.4.1.8.

Freiwillige Geldleistungen, auch *Vergabungen* genannt, für öffentliche oder ausschliesslich gemeinnützige Zwecke, können im Rahmen von 10 Prozent des Reingewinnes als Geschäftsaufwand geltend gemacht werden.

Im Gegensatz zu den natürlichen Personen können juristische Personen die bezahlten und die geschuldeten *Gewinn- und Kapitalsteuern* (Bund, Kanton und Gemeinde) der Gesellschaft *als Geschäftsaufwand* verbuchen.

5.2.3.3.3 Das Massgeblichkeitsprinzip
Nach dem Grundsatz der Massgeblichkeit der Handelsbilanz bildet die nach den zwingenden Vorschriften des Handelsrechts ordnungsgemäss erstellte Bilanz und Erfolgsrechnung Anknüpfungspunkt und Grundlage der steuerrechtlichen Gewinnermittlung. Dies vor allem deshalb, weil das Steuerrecht keine eigenen Rechnungslegungsvorschriften erlassen hat.
Eine *Abweichung von der Handelsbilanz* aus Sicht des Steuerrechts ist nur dann zulässig, wenn offensichtliche Verstösse gegen zwingendes Handelsrecht vorliegen, wenn steuerrechtliche Bestimmungen missachtet wurden, oder wenn bei groben Mängeln der *Handelsbilanz* gar die Beweiskraft abgesprochen werden muss.
Bei KMU wird die Jahresrechnung aus Folge des Massgeblichkeitsprinzips seit jeher steuerorientiert erstellt. Danach bildet der handelsrechtliche Abschluss die Basis für die steuerrechtliche Gewinnermittlung, wobei seitens des Fiskus Korrekturen in der Regel nur zulasten und nicht zugunsten des Steuerpflichtigen vorgenommen werden.

5.2.3.3.3.1 Korrekturen beim Saldo der Erfolgsrechnung
Der Saldo der Erfolgsrechnung muss nicht in jedem Fall dem steuerbaren Gewinn entsprechen, z.B. bei
- Geschäftsmässig nicht begründeten Aufwendungen;
- Geschäftsmässig nicht begründeten Abschreibungen;
- Geschäftsmässig nicht begründeten Rückstellungen;
- Aufwendungen für die Anschaffung, Herstellung oder Wertvermehrungen von Gegenständen des Anlagevermögens;
- verdeckten Gewinnausschüttungen

usw.

Der *Saldo der Erfolgsrechnung* wird um solche nicht geschäftsmässig begründeten Aufwendungen *korrigiert*, d.h. (in der Regel) erhöht.

5.2.3.3.3.2 Verdeckte Gewinnausschüttungen
In 5.2.1.7.1 wurde der Begriff der *wirtschaftlichen Doppelbesteuerung* erläutert. Diese bewirkt, dass der von der Gesellschaft (juristische Person) ausgeschüttete (und bereits versteuerte) Teil des Reingewinnes beim Empfänger (natürliche Person) nochmals als Einkommen zu versteuern ist.
Logischerweise wird in der Praxis immer wieder versucht, dem Doppelbesteuerungseffekt entgegenzuwirken oder auszuweichen.
Von einer *verdeckten Gewinnausschüttung* spricht man, wenn einem Anteilsinhaber oder einer nahestehenden Person Leistungen ohne entsprechenden Gegenwert erbracht werden (z.B. übersetzte Lohnzahlungen, Naturalleistungen, geldwerte Leistungen aller Art).

> **Steuerfalle:**
> Solche Leistungen unterliegen der Gewinnsteuer bei der Gesellschaft, der Verrechnungssteuer der Gesellschaft und der Einkommensteuer des Empfängers der Leistung.

Steuertipp:
Es gibt steuergünstigere Möglichkeiten, aus einer Kapitalgesellschaft Mittel zu entnehmen, als Gewinnentnahmen, die zwingend zur Doppelbesteuerung führen:
- **Spesenbezüge,** die beim Empfänger nicht besteuert werden. Der Spielraum ist allerdings beschränkt und die Verwendung der Spesengelder muss vom Empfänger belegt werden können.
- **Fringe Benefits** sind Zusatzleistungen, die von der Gesellschaft an Mitarbeiter abgegeben werden (z.B. Geschäftsauto für Privatzwecke, Aus- und Weiterbildung, zinsgünstige Darlehen, Mitgliederbeiträge von Fitness- oder Service-Clubs, wie Lions, Rotary usw.)

  Bei den meisten Arten von Fringe Benefits handelt es sich um geldwerte Leistungen, die nur so lange «steuerfrei» bleiben, als sie vom Fiskus nicht erkannt und dann als Gehaltsnebenleistungen aufgerechnet werden.
  Handelt es sich beim Empfänger um einen Aktionär, so kann die Gehaltsnebenleistung als verdeckte Gewinnausschüttung erfasst werden.
- **Aktionärsdarlehen:** Dabei ist es wichtig, dass entsprechende Darlehensverträge abgeschlossen und die Darlehen innert angemessener Frist amortisiert werden. Auch ist auf eine marktkonforme Verzinsung zu achten (gemäss Merkblatt der ESTV «Zinssätze für die Berechnung geldwerter Leistungen»).
- **Mietzins für Geschäftslokalitäten,** die der Firmeninhaber seiner Gesellschaft zur Verfügung stellt. Zwar stellen diese Mietzinserträge für den Vermieter steuerbares Einkommen dar, aber immerhin sind auf diesen Beträgen nicht zusätzlich noch Sozialversicherungsabgaben zu leisten.
- **Erhöhung Saläre** für den Firmeninhaber und dessen im Unternehmen mitarbeitenden Ehepartner. Die Saläre unterliegen der Einkommenssteuer und den Beiträgen an die Sozialversicherung. Aber immerhin entsteht hier nicht eine unerwünschte Doppelbesteuerung, wie bei den Gewinnentnahmen.

Allerdings, und das bringt uns zurück auf die *verdeckten Gewinnausschüttungen,* nur solange nicht, als die Saläre nicht ein unübliches Ausmass erreichen, d.h., in einer Höhe ausgerichtet werden, wie sie einem unbeteiligten Dritten nicht bezahlt würden (Drittvergleich). Bei der Beurteilung der Angemessenheit sind vor allem folgende Kriterien wesentlich:
- Berufserfahrung (Ausbildung, Berufsdiplome, Alter);
- Verantwortung (Unternehmensgrösse, Anzahl Mitarbeiter);
- Arbeitspensum (geleistete Arbeitsstunden/Überzeit);
- Höhe des erzielten Unternehmensgewinns.

5.2.3.3.3.3 Zinsen auf verdecktem Eigenkapital
Es handelt sich um Finanzierungen von Kapitalgesellschaften, die allgemein anerkannte Finanzierungsregeln sprengen.

Die Steuerbehörde untersucht das Finanzierungsverhältnis und wägt ab, ob vom Hauptaktionär oder anderen nahestehenden Personen gewährte Darlehen an das Unternehmen tatsächlich der Charakter von Fremdkapital zukommt, oder ob es sich um unüblich hohe Fremdfinanzierung von nahestehenden Personen handelt. Dabei wird das steuerbare *Eigenkapital* um den Teil des Fremdkapitals *erhöht,* dem wirtschaftlich die Bedeutung von Eigenkapital zukommt. Damit verbunden ist auch die Umqualifizierung der *Schuldzinsen,* die auf jenen Teil des Fremdkapitals entfallen, dem wirtschaftlich die Bedeutung von Eigenkapital zukommt. Diese «unechten Schuldzinsen» werden dem steuerbaren Gewinn der Gesellschaft zugerechnet (siehe auch 5.2.3.7.2).

5.2.3.3.4 Erfolgsneutrale Vorgänge
Beim Bund und in den meisten Kantonen entsteht *kein steuerbarer Gewinn:*
- bei Kapitaleinlagen von Anteilseigentümern (einschliesslich Aufgelder und Leistungen à fonds perdu);
- bei Verlegung des Sitzes oder der Verwaltung einer Gesellschaft innerhalb der Schweiz, soweit keine Veräusserungen oder buchmässigen Aufwertungen vorgenommen werden;
- bei Kapitalzuwachs aus Erbschaft, Vermächtnis oder Schenkung (Erbschafts- und Schenkungssteuern vorbehalten).

5.2.3.3.5 Umwandlungen, Zusammenschlüsse, Teilungen
Beim Bund und in den Kantonen werden stille Reserven einer Kapitalgesellschaft oder Genossenschaft in der Regel nicht besteuert, wenn die Steuerpflicht in der Schweiz fortbesteht und die bisher für die Gewinnsteuer massgeblichen Werte übernommen werden, bei:

- *Umwandlung* in eine andere Kapitalgesellschaft oder Genossenschaft, wenn der Geschäftsbetrieb unverändert weitergeführt wird und die Beteiligungsverhältnisse grundsätzlich gleich bleiben;

- *Unternehmungszusammenschluss* durch Übertragung sämtlicher Aktiven und Passiven auf eine andere Kapitalgesellschaft oder Genossenschaft *(Fusion)* oder *Geschäftsübernahme* nach OR 181;

- *Aufteilung* einer Unternehmung durch Übertragung von in sich geschlossenen Betriebsteilen auf andere Kapitalgesellschaften oder Genossenschaften, wenn die übernommenen Geschäftsbetriebe unverändert weitergeführt werden.

Die Besteuerung von *buchmässigen Aufwertungen* und von *Ausgleichsleistungen* bleibt vorbehalten.

5.2.3.4 Zeitliche Bemessung

In Gegensatz zu den natürlichen Personen, bei welchen gemäss Steuerharmonisierungsgesetz die Kantone zwischen der jährlichen Gegenwartsbesteuerung und der zweijährigen Vergangenheitsbesteuerung wählen können, gibt es für die juristischen Personen seit dem 1. Januar 2001 nur noch ein Bemessungssystem: Die *jährliche Gegenwartsbesteuerung*.
Die Steuern vom Reingewinn und vom Eigenkapital werden für jede Steuerperiode festgesetzt und erhoben.

Als *Steuerperiode* gilt das Geschäftsjahr. Dabei spielt der gewählte Abschlusszeitpunkt keine Rolle.

Die Steuerpflichtigen müssen jedes Jahr (ausgenommen im Gründungsjahr) einen *Jahresabschluss* erstellen. Umfasst ein Geschäftsjahr mehr oder weniger als 12 Monate, so bestimmt sich der *Steuersatz für die Gewinnsteuer* nach dem auf 12 Monate berechneten Reingewinn.

Der *steuerbare Reingewinn* bemisst sich nach dem Ergebnis der Steuerperiode, oder anders ausgedrückt: Die Bemessungsperiode entspricht der Steuerperiode.

Das *steuerbare Eigenkapital* bemisst sich nach dem Stand am Ende der Steuerperiode.

Die *Veranlagung* kann erst im Folgejahr, d.h. nach Vorliegen der für die Einschätzung benötigten Unterlagen, vorgenommen werden (Postnumerandosystem).

Bemessungsperiode 2001	Veranlagungsperiode 2002
Steuerperiode/-jahr 2001	
Stichtag für die Bemessung des steuerbaren Eigenkapitals: 31.12.2001	

5.2.3.5 Arten der Besteuerung

Die Besteuerungsregeln bei den *Kantonen* sind uneinheitlich. Folgende Besteuerungssysteme werden angewendet:

- *Besteuerung nach der Ertragsintensität*. Bei diesem System wird für die Bestimmung des Steuermasses der erzielte Reingewinn ins Verhältnis zum Eigenkapital gesetzt, was zu einer progressiven Besteuerung führt;

- *Besteuerung nach der Höhe des Gewinns*. Auch bei dieser Art der Besteuerung ist der Progressionseffekt spürbar;

- *Gemischtes System*, d.h. eine Verbindung der Systeme der Ertragsintensität und der Höhe des Gewinnes, was ebenfalls zu einer progressiven Besteuerung führt;

- *Proportionale Steuer* in einem festen Prozentsatz vom steuerbaren Reingewinn.

Der Trend in den Kantonen läuft wie beim Bund in Richtung proportionaler Besteuerung. Die Kantone sind aber trotz Steuerharmonisierung weiterhin frei bezüglich Anwendung von Steuertarifen und Steuersätzen (keine materielle Steuerharmonisierung).

5.2.3.6 Steuermass
Der *Bund* erhebt für juristische Personen eine proportionale Gewinnsteuer. Diese beträgt für:
- *Kapitalgesellschaften* (Aktiengesellschaften, Gesellschaften mit beschränkter Haftung) und Genossenschaften *8,5 Prozent* des steuerbaren Reingewinnes;
- *übrige juristische Personen* (Vereine und Stiftungen) *4,25 Prozent*.

In den *Kantonen* ist das Steuermass abhängig von der Art der Besteuerung.

Betreffend Entlastungen für Gesellschaften, welche Beteiligungen halten, wird auf 5.1.3.5 sowie 5.2.4 und 5.2.5 verwiesen.

5.2.3.7 Kapitalsteuer
Der Bund verzichtet seit dem 1. Januar 1998 auf die Kapitalbesteuerung von juristischen Personen (siehe auch 5.1.3.7).
Nicht so die Kantone. Nach Artikel 2, Abs. 1, Bst. b des Bundesgesetzes über die Steuerharmonisierung (StHG) sind die Kantone verpflichtet, von den juristischen Personen eine Kapitalsteuer zu erheben. Aus Gründen der Steuerkonkurrenz haben eine Anzahl Kantone die Steuersätze für die Kapitalsteuer im Rahmen von Steuergesetzrevisionen auf den 1. Januar 2001 auf ein Minimum herabgesetzt.

5.2.3.7.1 Berechnung des steuerbaren Kapitals
Das steuerbare Kapital von Kapitalgesellschaften und Genossenschaften setzt sich wie folgt zusammen:
- *einbezahltes Grund- oder Stammkapital*;
- *offene Reserven* (gesetzliche Reserve, Spezialreserven, statutarische Reserven, d.h. Reserven, die in der Bilanz auf der Passivenseite unter Kontengruppe 290 erscheinen);
- *aus versteuertem Gewinn gebildete stille Reserven* (dabei handelt es sich um Reserven, die aus der Handelsbilanz nicht ersichtlich sind. Sie stammen aus Abschreibungen und Rückstellungen, die geschäftsmässig nicht begründet sind und deshalb steuerlich aufgerechnet, d.h. dem steuerbaren Gewinn zugeschlagen wurden. Versteuerte stille Reserven entstehen also dann, wenn eine Gesellschaft trotz steuerlichen Aufrechnungen ihre Handelsbilanz nicht korrigiert).

5.2.3.7.2 Verdecktes Eigenkapital

Darunter ist jener Teil des Fremdkapitals einer Gesellschaft zu verstehen, dem wirtschaftlich betrachtet die Bedeutung von Eigenkapital zukommt. Es muss sich dabei aber um eine offensichtliche Unterkapitalisierung handeln.

In der Praxis entsteht die *Unterkapitalisierung* oft dadurch, dass der Hauptaktionär der Gesellschaft Darlehen gewährt, die aus rechtlicher Sicht zum Fremdkapital gehören. Grundsätzlich ist die Gesellschaft zwar frei, wie sie sich finanzieren will. Ist jedoch die Finanzierung durch die Anteilsinhaber ungewöhnlich hoch, so kann die Steuerbehörde eine Aufrechnung des übersetzten Teils des Gesellschafterdarlehens beim steuerbaren Eigenkapital vornehmen.

> Für den Entscheid, ob Fremdkapital wirtschaftlich die Bedeutung von Eigenkapital zukommt, ist der Drittvergleich massgebend. Eine Verschuldung gegenüber der Gesellschaft nahestehenden Personen ist grundsätzlich in dem Ausmass zulässig, als sie in der Praxis auch gegenüber Banken möglich wäre.

5.2.3.7.3 Steuerbemessung

Bei den juristischen Personen gilt seit dem 1. Januar 2001 in allen Kantonen die jährliche Gegenwartsbesteuerung. Bei diesem Verfahren entspricht das Steuerjahr dem Geschäftsjahr.

Dabei wird bei der Bemessung grundsätzlich auf das Kapital am Ende des Geschäftsjahres abgestellt. Die Veranlagung und definitive Abrechnung der Steuer kann erst im darauffolgenden Jahr, nach Vorlage der für die Veranlagung relevanten Unterlagen, vorgenommen werden (Postnumerando-Veranlagung).

5.2.3.7.4 Steuermass

Wie bereits festgehalten, verzichtet der Bund seit dem 1. Januar 1998 auf die Erhebung einer Kapitalsteuer von juristischen Personen.

Die meisten Kantone erheben die Kapitalsteuer zu proportionalen Sätzen. Die Gesamtbelastung liegt in der Regel unter 5 Promille, mit sinkender Tendenz.

> **Es bestehen berechtigte Hoffnungen, dass die Kapitalsteuer in absehbarer Zeit auch in den Kantonen verschwindet, was allerdings eine entsprechende Änderung des Steuerharmonisierungsgesetzes erforderlich machen würde.**

5.2.3.8 Rechtsmittel

Es wird auf 5.2.1.8 «Rechtsmittel» bei den Einkommenssteuern natürlicher Personen hingewiesen.

5.2.3.9 Widerhandlungen
Werden zum Vorteil einer juristischen Person Verfahrenspflichten verletzt, Steuern hinterzogen oder Steuern zu hinterziehen versucht, so wird die *juristische Person gebüsst*.

Die *handelnden Organe* oder *Vertreter* können zudem bestraft werden für die Verletzung von Verfahrenspflichten, Anstiftung, Gehilfenschaft oder Mitwirkung an Steuerhinterziehungen. Siehe auch 5.2.1.9 «Widerhandlungen» bei den Einkommensteuern natürlicher Personen.

5.2.3.10 Änderung rechtskräftiger Verfügungen und Entscheide
Eine rechtskräftige Verfügung oder ein rechtskräftiger Entscheid kann auf Antrag oder von Amtes wegen *zu Gunsten des Steuerpflichtigen* revidiert werden:
- wenn erhebliche Tatsachen oder entscheidende Beweismittel entdeckt werden;
- wenn die erkennende Behörde erhebliche Tatsachen oder entscheidende Beweismittel, die ihr bekannt gewesen sind oder hätten bekannt sein müssen, ausser Acht gelassen oder in anderer Weise wesentliche Verfahrensgrundsätze verletzt hat;
- wenn ein Verbrechen oder ein Vergehen den Entscheid beeinflusst hat.

Die Revision ist ausgeschlossen, wenn als Revisionsgrund vorgebracht wird, was bei zumutbarer Sorgfalt schon im ordentlichen Verfahren hätte geltend gemacht werden können.

> Das *Revisionsbegehren* muss innert *90 Tagen* nach Entdeckung des Revisionsgrundes, spätestens aber innert *10 Jahren* nach Eröffnung der Verfügung oder des Entscheids schriftlich eingereicht werden.

5.2.3.11 Nachsteuerverfahren
Ergibt sich auf Grund von Tatsachen oder Beweismitteln, die der Steuerbehörde nicht bekannt waren, dass eine Veranlagung zu Unrecht unterblieben oder eine rechtskräftige Veranlagung unvollständig ist, oder ist eine unterbliebene oder unvollständige Veranlagung auf ein Verbrechen oder ein Vergehen zurückzuführen, so wird die nicht erhobene Steuer samt Zins als *Nachsteuer* eingefordert.
Hat die steuerpflichtige Person Einkommen, Vermögen, Reingewinn oder Eigenkapital in ihrer Steuererklärung vollständig und genau angegeben und waren der Steuerbehörde die für die Bewertung der einzelnen Bestandteile erforderlichen Grundlagen bekannt, so kann wegen ungenügender Bewertung *keine Nachsteuer* erhoben werden.

> Das Recht, ein *Nachsteuerverfahren* einzuleiten erlischt *10 Jahre* nach Ablauf der Steuerperiode, für die eine Veranlagung zu Unrecht unterblieben oder eine rechtskräftige Veranlagung unvollständig ist.

Die Eröffnung der *Strafverfolgung wegen Steuerhinterziehung* oder *Steuervergehens* gilt zugleich als Einleitung des *Nachsteuerverfahrens*.

> **Das Recht, die Nachsteuer festzusetzen, erlischt 15 Jahre nach Ablauf der Steuerperiode, auf die sie sich bezieht.**

5.2.3.12 Verjährung

Das Recht, eine Steuer zu veranlagen verjährt 5 Jahre nach Ablauf der Steuerperiode. Die Verjährung beginnt nicht oder steht still:
- während eines Einsprache-, Beschwerde- oder Revisionsverfahrens;
- solange die Steuerforderung sichergestellt oder gestundet ist;
- solange weder der Steuerpflichtige noch eine mithaftende Person in der Schweiz steuerrechtlichen Wohnsitz oder Aufenthalt haben.

Die Verjährungsfrist beginnt neu mit:
- jeder auf Feststellung oder Geltendmachung der Steuerforderung gerichteten Amtshandlung;
- jeder ausdrücklichen Anerkennung der Steuerforderung durch die steuerpflichtige oder eine mithaftende Person;
- der Einreichung eines Erlassgesuchs;
- der Einleitung einer Strafverfolgung wegen vollendeter Steuerhinterziehung oder wegen eines Steuervergehens.

> **Das Recht, eine Steuer zu veranlagen, ist 15 Jahre nach Ablauf der Steuerperiode in jedem Fall verjährt.**

5.2.4 Besteuerung von Gesellschaften mit Beteiligungen (gemischte Holdinggesellschaften)

Ist eine Kapitalgesellschaft oder eine Genossenschaft zu mind. zwanzig Prozent am Grund- oder Stammkapital anderer Gesellschaften beteiligt oder macht ihre Beteiligung an solchem Kapital einen Verkehrswert von mind. zwei Millionen Franken aus, so ermässigt sich die Gewinnsteuer im Verhältnis des Nettoertrages aus diesen Beteiligungen zum gesamten Reingewinn. Man spricht dann vom sog. *Beteiligungsabzug*.

Mit der Reform der Unternehmensbesteuerung 1998 wurde der Beteiligungsabzug auch auf Kapitalgewinne ausgedehnt, allerdings muss es sich dann zwingend um eine Beteiligung von zwanzig Prozent handeln. Zudem sind die Übergangsbestimmungen gemäss DBG bis ins Jahr 2006 zu beachten.

Den Kantonen wurde im Rahmen des Steuerharmonisierungsgesetzes offengelassen, ob sie Kapitalgewinne ebenfalls dem Beteiligungsabzug unterstellen wollen. Die meisten Kantone sind der Bundessteuerlösung gefolgt.

5.2.5 Besteuerung von reinen Holdinggesellschaften

Kapitalgesellschaften und Genossenschaften sowie bestimmte Formen ausländischer Gesellschaften, die hauptsächlich die Beteiligung an anderen Unternehmen zum Zweck haben, entrichten anstelle der Gewinnsteuer eine besondere Kapitalsteuer, sofern die Beteiligungen oder die Erträge daraus längerfristig mind. zwei Drittel der gesamten Aktiven oder Erträge ausmachen. Dabei handelt es sich um ein kantonales Privileg. Der Bund kennt lediglich den *Beteiligungsabzug*, nicht aber das *Holdingprivileg*. Allerdings ist zu beachten, dass Erträge und Gewinne aus Grundeigentum auch beim Kanton der Gewinnsteuer (Ertragssteuer oder Grundstückgewinnsteuer) unterliegen.

5.2.6 Besteuerung von Verwaltungsgesellschaften (früher Domizilgesellschaften)

Dabei handelt es sich um Gesellschaften, die im Kanton zwar ihren Sitz haben und dort auch eine Verwaltungstätigkeit, nicht aber eine eigentliche Geschäftstätigkeit ausüben. Dabei werden Einkünfte aus schweizerischen Quellen den ordentlichen Steuern unterstellt und Einkünfte aus ausländischen Quellen lediglich im Rahmen der Verwaltungstätigkeit in der Schweiz besteuert. Diese Art der Besteuerung hat aber nur in den kantonalen Gesetzen Eingang gefunden. Beim Bund, insbesondere bei der Verrechnungssteuer, wird die seit Jahren praktizierte «Fifty-Fifty-Methode» weitergeführt. Beispielsweise unterliegen Gesellschaften, deren Firmenzweck einzig in der Fakturierung von Warenhandelsgeschäften zwischen ausländischen Staaten besteht (sog. Ausland-Ausland-Geschäfte), in den Kantonen einer marginalen Steuerbelastung. Beim Bund findet eine ordentliche Besteuerung statt, wobei im Sinne einer Pauschalierung 50 Prozent des Bruttogewinns als geschäftsmässig begründete Kosten zugelassen werden.

5.2.7 Besteuerung von Personengesellschaften

Es handelt sich vor allem um *Kollektiv- und Kommanditgesellschaften,* die keine eigene Steuerrechtspersönlichkeit besitzen. Steuerpflichtig sind somit nicht die Gesellschaften, sondern die Gesellschafter oder Teilhaber, die als natürliche Personen ihre Anteile am Gewinn und Vermögen der Gesellschaft in ihrer persönlichen Steuererklärung zu deklarieren haben.

Grundsätzlich wird jeder Gesellschafter am Geschäftssitz beschränkt steuerpflichtig, auch wenn er nicht dort wohnt (Einkommen aus selbstständiger Erwerbstätigkeit).

5.2.8 Besteuerung von Erbengemeinschaften

Es herrscht im Steuerrecht der Grundsatz, dass jeder Erbe seinen Anteil am Ertrag und Vermögen einer Erbengemeinschaft in seiner persönlichen Steuererklärung zu deklarieren hat. Nur wenige Kantone besteuern die Erbengemeinschaft zusätzlich mit einer sog. *Nachlasssteuer.*

5.2.9 Besteuerung nach dem Aufwand (Pauschalbesteuerung)

In der Schweiz unterliegen etwa 2500 Personen der Aufwandbesteuerung. Diese Art der Besteuerung gelangt vorwiegend bei ausländischen Steuerpflichtigen zur Anwendung, die zwar in der Schweiz leben, aber hier keiner Erwerbstätigkeit nachgehen, z.B. Ausländer, die sich im Ruhestand befinden und ihren Lebensabend in der Schweiz verbringen. Der Grundsatz der Besteuerung des Gesamteinkommens ist in diesem Personenkreis meistens schwer durchsetzbar, weil

insbesondere deren ausländische Einkommen von den Schweizer Steuerbehörden kaum nachprüfbar sind.
Aus diesen Gründen haben diese Personen beim Bund und in den meisten Kantonen schon seit mehreren Jahrzehnten die Möglichkeit, unter bestimmten Voraussetzungen anstelle der ordentlichen Steuer eine *Pauschalsteuer*, auch *Steuer nach dem Aufwand* genannt, zu entrichten.

Dabei handelt es sich um ein *vereinfachtes Veranlagungsverfahren,* bei dem sich die Steuerbehörden auf gewisse Faktoren stützen, z.B. Mietzins bzw. Eigenmietwert.

Anspruch auf die Pauschalbesteuerung haben nur diejenigen natürlichen Personen, welche
- erstmals oder nach mindestens zehnjähriger Landesabwesenheit steuerrechtlichen Wohnsitz oder Aufenthalt in der Schweiz nehmen, und
- hier keine Erwerbstätigkeit ausüben.

Es kann sich also grundsätzlich sowohl um *ausländische Staatsangehörige* als auch um *Schweizer Bürger* handeln.

Die *Dauer* der Pauschalbesteuerung ist bei *Schweizer Bürgern* auf die laufende Steuerperiode beschränkt.
Ausländischen Staatsangehörigen dagegen kann das Recht auf Pauschalbesteuerung zeitlich unbegrenzt eingeräumt werden.

Die *Berechnung der Steuer nach dem Aufwand* richtet sich nach den *Lebenshaltungskosten* des Steuerpflichtigen und der von ihm unterhaltenen, in der Schweiz lebenden Personen. Dabei sind sämtliche Kosten zu berücksichtigen, unabhängig davon, ob sie im In- oder Ausland anfallen.

Zu den *Aufwendungen,* die für die Berechnung der Steuer in Betracht gezogen werden, gehören:
- die Kosten für Verpflegung und Bekleidung;
- die Kosten für Unterkunft (einschliesslich Nebenkosten);
- die gesamten Aufwendungen für das Personal, das dem Steuerpflichtigen dient;
- die Auslagen für Bildung, Kultur und Unterhaltung;
- die Kosten der Haltung aufwändiger Haustiere (z.B. Pferde);
- die Aufwendungen für Reisen, Ferien, Kuraufenthalte usw.;
- die Kosten für den Unterhalt und Betrieb von Autos, Booten, Flugzeugen usw.;
- alle anderen Kosten der Lebenshaltung, einschliesslich der direkten Steuern.

> Die Summe dieser tatsächlichen Aufwendungen muss aber bei der direkten Bundessteuer und in den meisten Kantonen für die einen eigenen Haushalt führenden Steuerpflichtigen *mindestens dem Fünffachen des Mietzinses bzw. des Eigenmietwertes* der Wohnung oder des Hauses entsprechen, für die übrigen Steuerpflichtigen mindestens dem *doppelten Pensionspreis* für Unterkunft und Verpflegung in Hotels, Pensionen, Altersheimen usw.

Für jede Steuerperiode sind sowohl der tatsächliche jährliche Aufwand des Steuerpflichtigen als auch der massgebende Mietzins bzw. Eigenmietwert oder der Pensionspreis für ein Jahr zu ermitteln. Vom steuerbaren (= höheren) Betrag können keine Abzüge vorgenommen werden.

5.3 Kirchensteuern

5.3.1 *Einleitung*

Gemäss bundesstaatlicher Kompetenzausscheidung *obliegt die Kirchenhoheit den Kantonen*, die das Verhältnis zwischen Staat und Kirche im Rahmen der Bundesverfassung frei bestimmen können.

Die Kantone haben denn auch die Kirchenhoheit innerhalb der Schranken des Bundesrechts sehr unterschiedlich ausgeübt, so dass man heute von *26 unterschiedlichen Gestaltungsformen* auszugehen hat.

In den meisten Kantonen sind die *evangelisch-reformierte* und die *römisch-katholische* Kirche öffentlich-rechtlich anerkannt und damit zur Erhebung der Kirchensteuer berechtigt. Einige Kantone haben dieses Recht auch der *christkatholischen* Kirche und der *israelitischen Kultusgemeinschaft* eingeräumt.

Die Kirchensteuer bildet immer wieder Gegenstand engagierter Diskussionen. Dabei bildet die vollständige *Trennung von Staat und Kirche* ein gewichtiges Dauertraktandum.

Auf heftige Ablehnung stösst in Wirtschaftskreisen verständlicherweise die *Kirchensteuerpflicht juristischer Personen* (siehe auch 5.3.3 und 5.3.4).

5.3.2 *Gegenstand der Kirchensteuer (Steuerobjekt)*

Die Kirchensteuer bemisst sich in den meisten Kantonen nach dem *Grundtarif der Kantonssteuer* (einfache Steuer). Einige Kantone stellen bei der Steuerbemessung auf die einfache Gemeindesteuer ab.

Grundsätzlich richtet sich die Besteuerung somit nach der *Einkommens- und Vermögenssteuer* des Kantons oder der Gemeinde. Damit gehört die Kirchensteuer zu den direkten Steuern, welche dem Progressionseffekt unterliegen. Einzig der Kanton VD erhebt überhaupt keine Kirchensteuer.

5.3.3 *Abgabeschuldner (Steuersubjekt)*

Folgende Steuerpflichtige sind abgabepflichtig:

- *natürliche Personen* mit Wohnsitz im Kanton/Gemeinde: Besteuerung in allen Kantonen;
- *juristische Personen* mit Sitz im Kanton/Gemeinde: Besteuerung in allen Kantonen mit Ausnahme von AG, AR, BS, GE, SH. Die Kantone SG und SO kennen eine Sonderregelung;
- *quellenbesteuerte ausländische Arbeitnehmer* mit Saison- oder Aufenthaltsbewilligung Typus A bzw. B.;
- *natürliche Personen mit wirtschaftlicher Zugehörigkeit* (z.B. Grundbesitz);
- *juristische Personen mit wirtschaftlicher Zugehörigkeit* (z.B. Betriebsstätten).

5.3.4 Obligatorische oder fakultative Entrichtung der Kirchensteuer

Wie bei anderen Steuerarten ist auch die Bezahlung der Kirchensteuer in der Regel *obligatorisch*. Nur NE und GE bilden hier eine Ausnahme, indem es den Steuerpflichtigen dieser beiden Kantone *freisteht,* die Kirchensteuer zu bezahlen oder nicht.

Da in der Schweiz die *Glaubens- und Gewissensfreiheit* in der Bundesverfassung (Art. 49) garantiert wird, ist der Bürger frei, sich zu irgendeiner religiösen Überzeugung zu bekennen, oder auf eine solche ganz zu verzichten.

> **Steuertipp:**
> Somit steht jedem Bürger das Recht zu, aus der Landeskirche auszutreten, womit auch die Kirchensteuerpflicht entfällt. Wer will, kann den eingesparten Betrag für gemeinnützige Zwecke einsetzen. Solche Vergabungen können – im Gegensatz zur bezahlten Kirchensteuer – vom steuerbaren Einkommen in Abzug gebracht werden (Begrenzung beachten! Max. Abzug bei der direkten Bundessteuer: 10% des Reineinkommens).

Dieses Recht steht indessen nur den natürlichen Personen zu.

Juristische Personen können sich nicht auf den Artikel 49, Absatz 6 der Bundesverfassung berufen, um sich von der Kirchensteuerpflicht zu befreien.

> **Den juristischen Personen bleibt der billige Trost, die bezahlten Kirchensteuern als Geschäftsaufwand verbuchen zu können.**

5.3.5 Steuermass
Wie bereits erwähnt, bemessen sich die Kirchensteuern in den meisten Kantonen in einer Prozentzahl oder im Vielfachen der einfachen Kantons- oder Gemeindesteuern.
Die *Steuersätze* weichen je nach Gebietshoheit erheblich voneinander ab und bewegen sich zwischen 0,5–30 Prozent der einfachen Steuer.

5.4 Kapitalgewinne

5.4.1 *Einleitung*

Kapitalgewinne werden auch *Zuwachs- oder Vermögensgewinne* genannt. Es sind Gewinne, die bei der Veräusserung von Vermögenswerten (z.B. Immobilien, mobile Sachanlagen, Wertschriften usw.) erzielt werden.

Die *Wertsteigerung* des Anlagegutes kann auf verschiedene Einflüsse zurückgeführt werden, so z.B. auf die Verbesserung der Konjunkturlage, Teuerung, Börsenentwicklung, Verbesserung der Verkehrslage von Immobilien, Wertvermehrung infolge Investitionen, buchmässige Aufwertung usw.

> Der Gewinn berechnet sich nach folgender Formel: Verkaufserlös abzüglich Anlagewert (Gestehungskosten).

Der *Anlagewert* des verkauften Vermögenswertes setzt sich zusammen aus dem *Anschaffungspreis* zuzüglich *wertvermehrende Aufwendungen.*

Da Kapitalgewinne unregelmässig auftreten und auf verschiedenen Anlageobjekten erzielt werden können, lässt sich ihre steuerliche Erfassung nicht in ein festes Schema zwingen.
Die steuerliche Behandlung der Kapitalgewinne ist denn auch im schweizerischen Steuerrecht sehr unterschiedlich geregelt.
Wichtig ist die Unterscheidung, ob der veräusserte Vermögensgegenstand zum *Geschäfts- oder Privatvermögen* gehört und ob es sich um *bewegliche oder unbewegliche Vermögenswerte* handelt.

Zudem bestehen Unterschiede bei der Besteuerung von Kapitalgewinnen zwischen der *direkten Bundessteuer* und den Regelungen einzelner *Kantone*.

Der *direkten Bundessteuer* unterliegen nur diejenigen Kapitalgewinne, die aus Veräusserung, Verwertung oder buchmässiger Aufwertung von Geschäftsvermögen stammen. Kapitalgewinne auf Privatvermögen sind steuerfrei.

In allen *Kantonen* bleiben *Kapitalgewinne auf beweglichem Privatvermögen* ebenfalls grundsätzlich steuerfrei.
Gewinne auf unbeweglichem Privatvermögen unterliegen dagegen der Grundstückgewinnsteuer (siehe auch 5.5 «Grundstückgewinne»).

Die folgende Seite zeigt als schematische Übersicht die verschiedenen *Formen von Kapitalgewinnen* und ihre grundsätzliche steuerliche Behandlung. Daraus wird ersichtlich, dass in der Schweiz alle geschäftsmässig erzielten Kapitalgewinne generell besteuert werden.
Unterschiedlich geregelt ist aber je nach Art der erzielten Gewinne deren Besteuerung beim Bund und in den Kantonen.

5.4.2 Besteuerung von Kapitalgewinnen

Schematische Übersicht

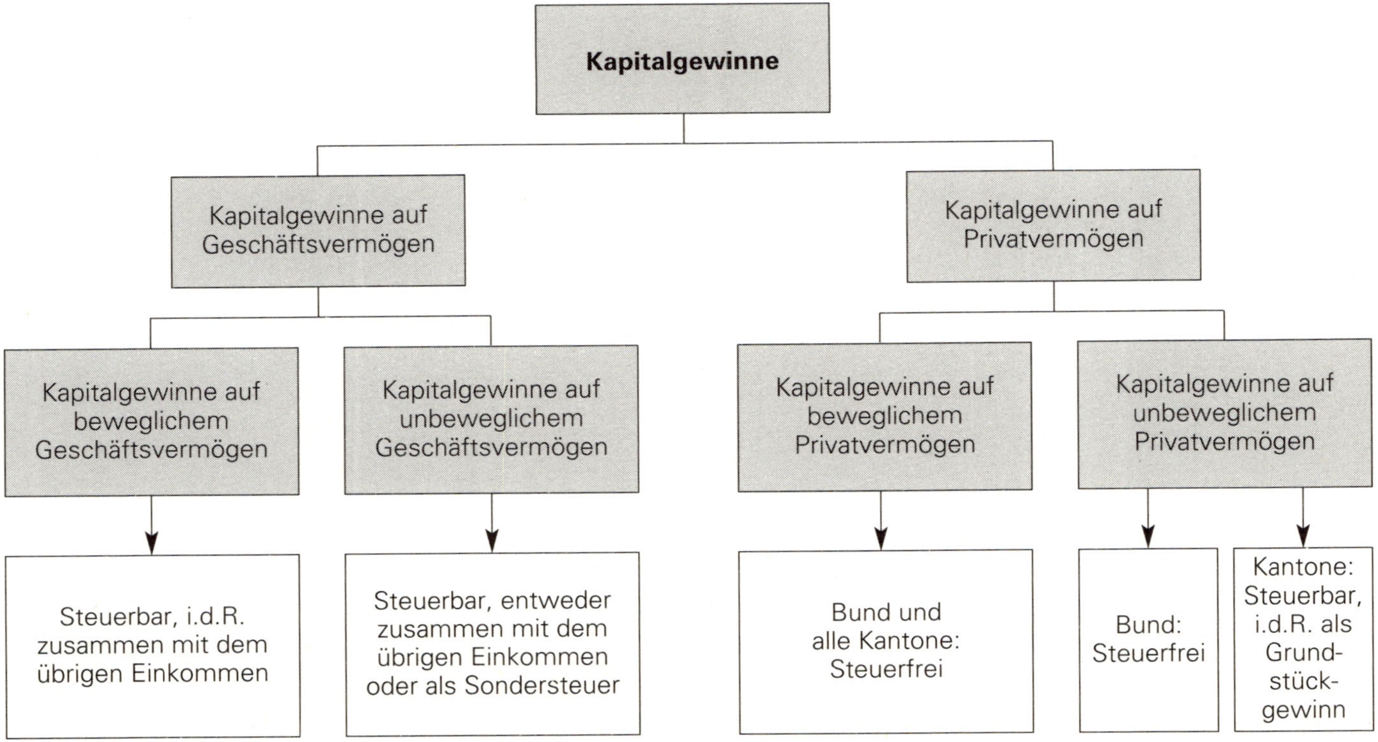

Kapitalgewinne

- **Kapitalgewinne auf Geschäftsvermögen**
  - Kapitalgewinne auf beweglichem Geschäftsvermögen → Steuerbar, i.d.R. zusammen mit dem übrigen Einkommen
  - Kapitalgewinne auf unbeweglichem Geschäftsvermögen → Steuerbar, entweder zusammen mit dem übrigen Einkommen oder als Sondersteuer

- **Kapitalgewinne auf Privatvermögen**
  - Kapitalgewinne auf beweglichem Privatvermögen → Bund und alle Kantone: Steuerfrei
  - Kapitalgewinne auf unbeweglichem Privatvermögen
    - → Kantone: Steuerbar, i.d.R. als Grundstückgewinn
    - → Bund: Steuerfrei

5.4.3 Grundsätze bei der Besteuerung von Kapitalgewinnen

> Es gilt der Grundsatz, dass geschäftliche Kapitalgewinne immer steuerbar sind, und zwar unabhängig davon, ob der Gewinn auf beweglichem oder unbeweglichem Geschäftsvermögen erzielt wurde. Dafür können die erlittenen Verluste abgezogen werden.

Zum *Geschäftsvermögen einer Personenfirma* gehören alle Vermögenswerte, die ganz oder vorwiegend der Geschäftstätigkeit bzw. der selbstständigen Erwerbstätigkeit dienen.
Werden gewisse Vermögenswerte, z.B. eine *Liegenschaft*, teils geschäftlich, teils privat genutzt, so spricht man von *gemischter Nutzung*. Die steuerliche Zuordnung solcher Vermögenswerte erfolgt beim Bund und ab 1. Januar 2001 auch in den Kantonen nach der sog. *Präponderanzmethode*.
Bei diesem Verfahren wird die Liegenschaft nach objektiven Nutzungskriterien beurteilt. Überwiegt die *geschäftliche Nutzung* (mehr als 50 Prozent), so gehört die Liegenschaft zum *Geschäftsvermögen* und ist entsprechend zu bilanzieren. Überwiegt jedoch die private Nutzung, so wird die Liegenschaft dem *Privatvermögen* des Steuerpflichtigen zugeordnet.

> Diese Zuordnung ist von steuerlicher Brisanz, weil der Bund nur geschäftlich erzielte Kapitalgewinne auf Grundeigentum besteuert.

Doch nun zu den *Kapitalgewinnen auf beweglichem Privatvermögen*. Dabei geht es vor allem um Wertpapiere aller Art, Edelmetalle, Schmuck, Antiquitäten, Sammlungen von Kunstgegenständen, Briefmarken, Münzen usw.

> Sowohl beim Bund wie in allen Kantonen werden Kapitalgewinne auf beweglichem Privatvermögen grundsätzlich nicht besteuert!

Aber eben nur grundsätzlich. Im komplizierten schweizerischen «Steuerdschungel» gilt regelmässig die Devise: «Keine Regel ohne Ausnahme». So auch hier.

Es leuchtet durchaus ein, dass ein *Wertschriftenhändler* oder ein *Kunsthändler* solche Verkaufsgewinne versteuern muss, stellen doch diese Gewinne logischerweise sein Erwerbseinkommen dar.

Doch auch für *Privatpersonen* kann eine Steuerpflicht dann resultieren, wenn die Tätigkeit über die normale Bewirtschaftung bzw. Nutzung des Privatvermögens hinausgeht.
Solche Situationen können durchaus vorkommen, z.B. wenn Privatpersonen mit besonderen Kenntnissen ihre Wertschriftenportefeuilles mit professioneller Systematik bewirtschaften und die Steuerbehörde darin eine *Gewerbsmässigkeit* (Nebenerwerbstätigkeit) erblickt.

> **Achtung Steuerfalle:**
> *Bei systematischer Vorgehensweise kann die Steuerbehörde auf Gewerbsmässigkeit schliessen und Kapitalgewinne auf beweglichem Privatvermögen besteuern!*
> *In diesem Fall unterliegen die erzielten Gewinne in der Regel auch der AHV-Pflicht.*
>
> Folgende *Kriterien* werden nach Bundesgerichtspraxis beurteilt:
> – systematisches oder planmässiges Vorgehen;
> – Häufigkeit der Transaktionen;
> – kurze Besitzdauer;
> – Wiederanlage erzielter Gewinne;
> – Verwendung spezifischer Kenntnisse (Banker, Börsenmakler);
> – Eingehen überdurchschnittlicher Risiken (Finanzderivate, welche über die Depotabsicherung hinausgehen);
> – Einsatz von Fremdkapital.
>
> Besonders heikel und stärkstes Indiz für Gewerbsmässigkeit ist der *Einsatz erheblicher fremder Mittel*. Aber auch das Eingehen überdurchschnittlicher Risiken sowie Häufigkeit der Transaktionen in Verbindung mit sehr kurzer Haltedauer und Berufsnähe können – vor allem bei Kumulation dieser Kriterien – zur Besteuerung führen. Nicht von Bedeutung ist hingegen der Beizug einer fachkundigen Person, da die Anlage in Wertschriften in der Regel mit professioneller Beratung verbunden ist.

> **Liegt Gewerbsmässigkeit vor und werden die erzielten Kapitalgewinne besteuert, so müssen auf der anderen Seite konsequenterweise auch die erlittenen Verluste zum Abzug zugelassen werden.**

Grundsätzlich bleiben private Kapitalgewinne auf Wertschriftenverkäufen *steuerfrei*, solange es sich dabei um die *reine Verwaltung und optimale Anlage des Privatvermögens* handelt. Dabei ist es logischerweise auch erlaubt, sein Vermögen möglichst gewinnbringend zu bewirtschaften.

> **Dies bedeutet, dass eine dynamische private Vermögensverwaltung auch in Zukunft steuerfrei bleiben wird!**

Kritisch wird es immer dann, wenn *Fremdkapital* in erheblichem Umfang eingesetzt wird. Zusätzlich ist darauf hinzuweisen, dass seit dem 1. Januar 2001 beim *Schuldenabzug* eine *Beschränkung* im Rahmen des Vermögensertrages brutto, zuzüglich 50 000 Franken, eingeführt wurde. Die Beschränkung gilt aber nur für Privatpersonen und nicht für geschäftliche Fremdkapitalzinsen, die weiterhin ohne Beschränkung als Geschäftsaufwand abgezogen werden können.

Bei *unbeweglichen privaten Vermögenswerten* (Immobilien) ist die Regelung beim Bund und bei den Kantonen unterschiedlich.

> **Der Bund verzichtet grundsätzlich auf die Besteuerung von Kapitalgewinnen auf privatem Grundeigentum.**

Dagegen erfassen sämtliche Kantone solche Gewinne, in der Regel mit einer separaten *Grundstückgewinnsteuer*, wie das im Steuerharmonisierungsgesetz, Artikel 2, Buchstabe d, vorgeschrieben wird (siehe auch 5.5 «Grundstückgewinne»).

> **Achtung Steuerfalle:**
> Auch beim *Bund* können *Kapitalgewinne auf privatem Grundeigentum besteuert werden, wenn Gewerbsmässigkeit vorliegt.* Dies erfordert allerdings, dass die Gewinne nicht im Rahmen der blossen privaten Vermögensverwaltung erzielt werden, sondern aufgrund einer systematischen Vorgehensweise. Dabei werden zur Beurteilung, ob Gewerbsmässigkeit vorliegt, ähnliche Kriterien wie beim Wertschriftenhandel untersucht.

Dies bedeutet, dass der Verkauf eines Einfamilienhauses oder einer Eigentumswohnung durch eine Privatperson bei der direkten Bundessteuer ohne steuerliche Konsequenzen bleibt. Alle Kantone erfassen dagegen solche Gewinne mit einer separaten Grundstückgewinnsteuer.

Wenn eine Privatperson ein grösseres Landstück erschliesst und parzelliert, um darauf eine Überbauung zu erstellen und die einzelnen Objekte mit Gewinn zu verkaufen, so muss damit gerechnet werden, dass diese Tätigkeit als gewerbsmässig taxiert wird.
In diesem Fall unterliegen die erzielten Gewinne sowohl der direkten Bundessteuer als auch der AHV-Beitragspflicht. Zudem erfassen alle Kantone solche Verkaufsgewinne entweder mit der Grundstückgewinnsteuer oder als Erwerbseinkommen.

An dieser Stelle ist noch auf den *Liquidationsgewinn* hinzuweisen, der steuersystematisch den Kapitalgewinnen zuzuordnen ist. Dabei handelt es sich um eine steuerliche Schlussabrechnung auf den unversteuerten *stillen Reserven* eines Unternehmens, die beim Verkauf oder der Liquidation realisiert werden.

Auch wenn der Liquidationsgewinn grundsätzlich in allen Unternehmensformen anzutreffen ist, so kommt er doch vor allem bei den *Personenfirmen* (Einzelfirma oder Personengesellschaft) vor, wo die Geschäftsaufgabe/-übergabe grundsätzlich zur Besteuerung des Liquidationsgewinnes führt. Die Besteuerung erfolgt je nach Bemessungssystem als ordentliches Einkommen (beim System der jährlichen Gegenwartsbesteuerung) oder als Sondersteuer (Jahressteuer) beim

System der zweijährigen Vergangenheitsbesteuerung. Die Belastung durch Bund, Kanton, Gemeinde, Kirche und AHV kann gut und gerne 30 bis 40 Prozent des Liquidationsgewinnes wegfressen, ein Betrag, der dann oft bei der Altersvorsorge fehlt!

Anders bei den *Kapitalgesellschaften,* wo die Regelung der Geschäftsnachfolge fast immer durch den Verkauf bzw. die Übertragung der betreffenden Beteiligungspapiere vollzogen wird. Dies ist denn auch einer der steuerlichen Hauptvorteile dieser Rechtsformen.

> **Der Titelverkauf stellt in den allermeisten Fällen einen steuerfreien Kapitalgewinn dar!**

Auf weitere steuerliche und andere Vor- und Nachteile von Rechtsformen wird im Kapitel 7 «Rechtsformwahl für KMU» eingegangen. Für steueroptimierte Nachfolgeregelungen sei ferner auf das Kapitel 6 «Steuerplanung», speziell 6.5 und 6.6 «Steuerplanung rechtzeitig vor bzw. anlässlich der Geschäftsnachfolgeregelung» hingewiesen.

Dem *Liquidationsgewinn* sind zudem die Ausführungen unter 5.6 gewidmet.

5.5 Grundstückgewinne

5.5.1 Einleitung

Grundstückgewinne werden beim Verkauf von Grundeigentum erzielt. Dazu zählen nach ZGB Art. 655 u.a. Liegenschaften, Grundstücke, Miteigentumsanteile an Liegenschaften und Grundstücken sowie im Grundbuch aufgenommene selbstständige und dauernde Rechte.
Ein Gewinn entsteht beim Verkauf eines Grundstückes, wenn der realisierte Verkaufserlös den Anlagewert übersteigt.
Die Besteuerung erfolgt somit im Zeitpunkt der Realisierung auf unterschiedliche Weise, wie nachfolgende Ausführungen verdeutlichen.

5.5.2 Steuerhoheit

Gemäss Bundesgesetz über die Harmonisierung der direkten Steuern der Kantone und Gemeinden (StHG) Art. 2, Bst. d sind alle *Kantone* verpflichtet, eine Grundstückgewinnsteuer zu erheben.
Der *Bund* kennt weder eine separate Grundstückgewinnsteuer, noch besteuert er Kapitalgewinne auf unbeweglichem Privatvermögen. Dabei gibt es allerdings Ausnahmen, wie z.B. *Immobilienhändler,* für welche die erzielten Gewinne aus Liegenschaftsverkäufen in der Regel Erwerbseinkommen darstellen. Aber auch *Privatpersonen* können steuerpflichtig werden, wenn die erzielten Verkaufsgewinne als gewerbsmässig taxiert werden (siehe auch 5.4 «Kapitalgewinne»). Erzielt eine *juristische Person* (z.B. eine Aktiengesellschaft) einen Gewinn auf unbeweglichem Anlagevermögen, so wird dieser als Teil des Reingewinns besteuert.

Die *Besteuerung der Grundstückgewinne* ist somit grundsätzlich den Kantonen und Gemeinden vorbehalten. *Alle Kantone* machen von diesem Recht Gebrauch. Meistens erfolgt die Besteuerung ausschliesslich durch den Kanton. In einigen Kantonen erheben sowohl der Kanton wie auch die Gemeinden eine Sondersteuer auf Grundstückgewinnen. Dort, wo die Grundstückgewinnsteuer ausschliesslich vom Kanton erhoben wird, partizipieren die Gemeinden in der Regel am Ertrag der kantonalen Steuer.

5.5.3 Art der Besteuerung

Die Besteuerung ist verschiedenartig und richtet sich nach der Person, die den Gewinn realisiert und nach der Art, wie der Grundstückgewinn entstand. *Privatpersonen* unterliegen in der Regel einer Sondersteuer, eben der Grundstückgewinnsteuer. Für *Liegenschaftshändler* stellen Grundstückgewinne ordentliches Einkommen dar. Wird der Gewinn in einem *Unternehmen* erzielt, so bildet er in der Regel Bestandteil des steuerbaren Unternehmenserfolges.

Die Gründe, weshalb beim Verkauf von Immobilien Gewinne erzielt werden, sind vielfältig z.B.
- Nachfrageüberhang;
- Unvermehrbarkeit des vorhandenen Grund und Bodens;
- Attraktivität des Bodens als wertbeständige Kapitalanlage;
- Wertsteigerung infolge Teuerung;
- Wertsteigerung infolge wertvermehrender Aufwendungen;
- Verbesserung der Verkehrslage/Wohnlage;
- Wertvermehrung durch Änderungen in der Zonenplanung;
- Standortattraktivität (Steueroase).

Bei der Besteuerung spielen die Gründe für die Wertsteigerung meistens keine Rolle, da die Berechnung des steuerbaren Grundstückgewinnes nach festem Schema abläuft. Einzig für die seit dem Kauf aufgelaufene Teuerung kennen die meisten Kantone eine Ermässigung in Form eines Besitzesdauerabzuges.

5.5.4 Berechnung des steuerbaren Grundstückgewinnes

Die Berechnung des steuerbaren Grundstückgewinnes geschieht in der Regel nach folgender Formel:

```
  Erlös der verkauften Liegenschaft
  – Erwerbspreis und Erwerbskosten
  – nachweisbare wertvermehrende Aufwendungen
  – Verkaufskosten
  = Grundstückgewinn brutto
  – Besitzesdauerabzug (kantonal verschieden)
  = steuerbarer Grundstückgewinn
```

Bei *Privatliegenschaften* erfolgt die Gewinnberechnung aufgrund der Kaufverträge und Originalbelege.

Bei *Geschäftsliegenschaften* ist die Gewinnberechnung einfach, wenn eine ordnungsgemäss geführte Buchhaltung vorliegt. Der Gewinn ergibt sich in den meisten Fällen aus der Differenz des aktuellen Bilanzwertes (Buchwert) zum Verkaufserlös.
Die Art der Besteuerung ist in den Kantonen unterschiedlich geregelt. Entweder werden die erzielten Gewinne der *ordentlichen Einkommens- oder Gewinnsteuer* zugerechnet, oder aber sie werden mit einer *Sondersteuer*, eben der Grundstückgewinnsteuer, erfasst. Dabei besteht aber meistens eine Sonderregelung für die früher zum Abzug zugelassenen *Abschreibungen*, die beim Verkauf «*wiedereingebracht*» werden. Sie unterliegen nicht der Grundstückgewinnsteuer, sondern werden der Einkommens- bzw. der Gewinnsteuer unterworfen.

Werden Liegenschaften teils privat, teils geschäftlich genutzt, so spricht man von *gemischter Nutzung*. Beim Bund und ab 1. Januar 2001 gilt auch in den Kantonen für solche Immobilien die sog. *Präponderanzmethode*. Dabei wird die Liegenschaft aufgrund der überwiegenden Nutzung entweder dem Geschäfts- oder dem Privatvermögen zugeordnet.

Bei der Nutzung ist auf objektive Kriterien abzustellen (z.B. benutzte Fläche, realistische Mietwerte, Protokoll der steueramtlichen Schatzung). Überwiegt die geschäftliche Nutzung (mehr als 50 Prozent), so gehört die Liegenschaft zum *Geschäftsvermögen* und ist somit zu bilanzieren. Überwiegt dagegen die private Nutzung, so ist die Liegenschaft dem *Privatvermögen* zuzuordnen. *Abschreibungen* können allerdings nur auf Immobilien des Geschäftsvermögens vorgenommen werden.

Der steuerbare Gewinn wird entsprechend grösser, wenn in früheren Jahren vorgenommene Renovationen einseitig als Unterhaltkosten verbucht wurden, anstatt sie – mindestens teilweise – auf dem Immobilienkonto zu aktivieren. Die Steuerbehörden einiger Kantone publizieren Merkblätter mit Ausscheidungskriterien, welche Aufwendungen als abzugsberechtigte *Unterhaltskosten* und welche als wertvermehrende *Anlagekosten* zu behandeln sind.

Für die Steuerplanung sind diese Ausscheidungskiterien von Bedeutung, führen doch *Unterhaltskosten* zu einer Verminderung des steuerbaren Einkommens bzw. Gewinnes des betreffenden Jahres, wogegen *wertvermehrende Aufwendungen* eine Reduktion des steuerbaren Grundstückgewinnes im Zeitpunkt des Verkaufs bewirken.

> **Steuertipp:**
> Die Belege für wertvermehrende Aufwendungen sind geordnet während der gesamten Besitzesdauer aufzubewahren, damit sie beim Verkauf der Liegenschaft für die Berechnung des steuerbaren Grundstückgewinnes zur Verfügung stehen. Je höher die wertvermehrenden Aufwendungen, desto tiefer der steuerbare Grundstückgewinn!

5.5.4.1 Erwerbspreis

Massgebend ist der verurkundete Kaufpreis. Bei ererbten Grundstücken gilt meist der für die Erbschaftssteuer seinerzeit angerechnete Wert oder der amtliche Steuerwert als Erwerbspreis. Sind diese Werte nicht mehr feststellbar, muss zu Schätzungen gegriffen werden.

5.5.4.2 Wertvermehrende Aufwendungen

Darunter sind Ausgaben zu verstehen, die mit dem Erwerb, der Verbesserung, Wertvermehrung oder Veräusserung der Liegenschaft verbunden sind. Dazu gehören insbesondere Neubauten, Anbauten, Aufwendungen die zur Hebung der Wohnqualität führen, Erschliessungskosten, Umgebungsarbeiten, Bodenverbesserungen, Verschreibungs- und Handänderungsabgaben, Provisionen.

Davon abzugrenzen sind die *werterhaltenden Aufwendungen,* die der Werterhaltung der Liegenschaft dienen. Dazu gehören vor allem Reparaturen, Revisionen und der Ersatz ausgedienter Anlagen.

Diese Aufwendungen werden steuerlich auch als *Liegenschaftsunterhalt* bezeichnet und sie werden vom steuerbaren Einkommen abgezogen. Damit gehören sie nicht in die Berechnung des Grundstückgewinns.

> **Steuertipp:**
> Wurden Liegenschaftsaufwendungen von der Steuerbehörde nicht zum Abzug zugelassen, sondern als Wertvermehrung aufgerechnet, so kann der Steuerpflichtige diese Beträge bei der Berechnung des Grundstückgewinnes in Abzug bringen.

Solche Aufrechnungen werden häufig in den ersten fünf Besitzesjahren vorgenommen. Die sog. *Dumont-Praxis* hat dazu geführt, dass werterhaltende Aufwendungen und *Instandstellungskosten* von Liegenschaften – die während den ersten fünf Besitzesjahren ausgeführt werden – als *anschaffungsnahe Aufwendungen* betrachtet und deshalb grundsätzlich den *Anlagekosten* zugerechnet werden. Als Begründung wird ausgeführt, dass die Liegenschaft durch solche Aufwendungen in einen besseren Zustand gebracht wurde, als im Zeitpunkt des Erwerbs. Aus dieser Sicht können sogar klassische *Unterhaltskosten* zu wertvermehrenden Aufwendungen uminterpretiert werden. Die Dumont-Praxis ist durch neuere Gerichtsentscheide abgeschwächt worden, so dass heute in den meisten Kantonen nur noch *aufgestauter Nachholbedarf von vernachlässigten Liegenschaften* während den ersten fünf Besitzesjahren unter die Abzugsbeschränkung fällt. Diese vom Steuerabzug ausgeschlossenen Aufwendungen sind dann aber später bei der Berechnung des steuerbaren Grundstückgewinnes zum Abzug zuzulassen.

5.5.4.3 Berücksichtigung eigener Arbeit

Der Steuerpflichitge kann durch *eigene Arbeiten* zur Werterhöhung seiner Liegenschaft beitragen, wenn er Bau- oder Umbauarbeiten selber ausführt. Dies trifft oft zu bei Baufachleuten. Bei der Berechnung des steuerbaren Grundstückgewinnes ist es natürlich verlockend, den Anlagewert der Liegenschaft um den *Wert der Eigenarbeit* zu erhöhen und dadurch den steuerbaren Grundstückgewinn zu reduzieren.

Steuerrechtlich sind solche Begehren durchaus vertretbar, wenn der Nachweis der geleisteten Arbeiten erbracht werden kann.

Die Steuerbehörde wird aber solche durch Eigenarbeit geschaffenen Mehrwerte beim Arbeitsleistenden als Einkommen taxieren und als solches besteuern. Bei selbstständigerwerbenden Baufachleuten sind die Eigenleistungen im Jahr der Ausführung zu verbuchen, was sich im Gewinn auswirkt. In Jahren mit schlechter Auslastung fällt die Eigenleistung steuerlich nicht so sehr ins Gewicht. Dafür kann der höhere Buchwert der Liegenschaft bei einem späteren Verkauf mithelfen, den steuerbaren Grundstückgewinn zu reduzieren.

> **Steuertipp:**
> **Die Anrechnung von Eigenarbeit bei der Berechnung des steuerbaren Grundstückgewinnes kann trotz Erfassung als Einkommen interessant sein, wenn dadurch ein hoher und von der Progression her stark belasteter Gewinn reduziert und die Progressionsspitze gebrochen werden kann. Zudem gewähren einige Kantone bei der Besteuerung von Eigenarbeit unterschiedlich hohe Freibeträge.**

5.5.4.4 Erlös

Massgebend ist grundsätzlich der verurkundete Preis. Zum Erlös gehören neben dem Kaufpreis alle weiteren Leistungen, welche der Veräusserer aus dem Verkauf des Objektes erzielt (z.B. Zusicherung eines Wohnrechtes, reduzierter d.h. nicht marktkonformer Mietzins, Naturalleistungen, Rentenzahlung usw.).

Muss ein Verkäufer an seine Miterben Anteile an seinem Gewinn abliefern, so sind diese von seinem Gewinn abzuziehen und grundsätzlich durch die Begünstigten selber zu versteuern.

> **Achtung Steuerfalle:**
> Wird Grundeigentum unentgeltlich oder unter dem Steuerwert übertragen, so kann dies beim Begünstigten eine *Schenkungssteuerpflicht* auslösen, die vor allem bei entfernten Verwandten oder bei Nichtverwandten ins Gewicht fallen kann. Wird Grundeigentum zu einem Vorzugspreis aus einer Kapitalgesellschaft an eine nahestehende Person (Gesellschafter) verkauft, so stellt dies für den Begünstigten eine steuerbare, geldwerte Leistung dar.

5.5.4.5 Zuschlag für kurzfristig realisierte Gewinne

Gemäss StHG, Art. 12, Abs. 5 haben die Kantone dafür zu sorgen, dass kurzfristig realisierte Grundstückgewinne stärker besteuert werden. Die Kantone kommen diesem Begehren des Gesetzgebers mit Zuschlägen nach, die bei einer Besitzesdauer von weniger als fünf Jahren erhoben werden. Diese können bei sehr kurzer Besitzesdauer von einem Jahr oder weniger bis 70 Prozent betragen. Mit diesem System sollen Spekulanten steuerlich härter angefasst werden.

5.5.4.6 Besitzesdauerabzug

Auf der anderen Seite wird es als stossend empfunden, Gewinne versteuern zu müssen, die auf die Geldentwertung zurückzuführen sind. Deshalb kennen fast alle Kantone Regelungen, die bei längerer Besitzesdauer zu Steuerermässigungen führen. In der Regel werden Ermässigungen durch prozentuale Reduktionen der ordentlicherweise geschuldeten Grundstückgewinnsteuer gewährt, wobei die Regelungen der Kantone unterschiedlich sind.

Die Ermässigungen können bei langer Besitzesdauer in einigen Kantonen erheblich sein und es lohnt sich, die Regelung des Liegenschaftskantones vor dem Verkauf genau zu prüfen.

Für die Berechnung des Besitzesdauerabzugs wird grundsätzlich auf die Eintragung im Grundbuch abgestellt.

> **Steuertipp:**
> Im Zweifelsfalle vergewissere man sich beim Grundbuchamt über den genauen Erwerbszeitpunkt. Bei der Berechnung der Besitzesdauerabzüge werden nur volle Jahre berücksichtigt, wobei auf den Tag genau gerechnet wird. Ein zusätzliches Besitzesjahr kann bei einem hohen Gewinn eine willkommene Steuerreduktion bewirken.

5.5.4.7 Verrechnung von Verlusten

Werden Grundstückgewinne als ordentliches Einkommen besteuert, so ist die Verrechnung von Verlusten im allgemeinen zulässig. Erfolgt die Erfassung dagegen als Sondersteuer, so ist die Verlustverrechnung stark eingeschränkt. Dies aus der Sicht, dass es sich bei der Grundstückgewinnsteuer um eine eigentliche Objektsteuer handelt, bei der die wirtschaftliche Leistungsfähigkeit des Veräusserers nicht berücksichtigt werden muss. Immerhin gewähren einige Kantone die Möglichkeit, erlittene Verluste mit erzielten Grundstückgewinnen während einer beschränkten Periode zu verrechnen. Im konkreten Fall ist die geltende Regelung des betreffenden Liegenschaftskantones rechtzeitig abzuklären.

5.5.5 Abgabeschuldner (Steuersubjekt)
Steuerpflichtig ist immer der Veräusserer, ungeachtet einer anderslautenden Vereinbarung. Übernimmt der Käufer die Steuerlast, so wird der Betrag für die Steuerberechnung dem Verkaufserlös zugeschlagen. Als Veräusserer gilt grundsätzlich diejenige Person, die als zivilrechtlicher Eigentümer im Grundbuch eingetragen ist.

5.5.6 Veräusserungsfälle
Die Steuerpflicht wird durch jede Veräusserung eines Grundstückes begründet. Als Veräusserung gelten auch:
- Rechtsgeschäfte, die in Bezug auf die Verfügungsgewalt über ein Grundstück wirtschaftlich wie eine Veräusserung wirken;
- Überführung eines Grundstückes sowie Anteilen daran vom Privatvermögen ins Geschäftsvermögen des Steuerpflichtigen;
- Belastung eines Grundstückes mit Dienstbarkeiten oder Eigentumsbeschränkungen;
- Übertragung von Beteiligungsrechten des Privatvermögens des Steuerpflichtigen an Immobiliengesellschaften;
- Planungsmehrwerte, sofern sie nach kantonalem Recht der Grundstückgewinnsteuer unterstellt sind.

5.5.6.1 Veräusserung von Beteiligungen an Immobiliengesellschaften
Dabei handelt es sich meistens um Aktiengesellschaften, deren Zweck ausschliesslich oder überwiegend in der Nutzung von Immobilien besteht (Gebrauch, Vermietung, Verpachtung, Veräusserung). Wird die Mehrheit der Anteile an solchen Gesellschaften verkauft, so handelt es sich wirtschaftlich gesehen um eine Handänderung. Solche Transaktionen lösen denn in der Regel auch die Grundstückgewinnsteuer aus. Betreffend *Liquidation von Immobiliengesellschaften* wird auf 5.6.7 verwiesen.

5.5.7 Steuerbefreiungsfälle und Steueraufschubtatbestände
Nicht jede Veräusserung von Grundstücken löst ohne weiteres die Besteuerung aus. Alle Kantone kennen Ausnahmebestimmungen, deren Anwendung von der besonderen Art des Rechtsgeschäftes und den daran beteiligten Parteien abhängt. Die nachfolgende Aufzählung führt nur die häufigsten *Steuerbefreiungsfälle* und *Steueraufschubtatbestände* auf und gilt nicht für jeden Kanton, da die Regelungen von Kanton zu Kanton unterschiedlich sind:
- Handänderungen infolge Erbgang (Erbfolge, Erbteilung, Vermächtnis, Erbvorbezug);
- Handänderungen aufgrund von Schenkungen;

- Handänderungen infolge Begründung, Änderung oder Aufhebung des ehelichen Güterstandes;
- Handänderungen infolge Tausch ohne Aufgeld;
- Landumlegungen zwecks Güterzusammenlegung, Quartierplanung, Grenzbereinigung oder Enteignung;
- Steueraufschub bei Veräusserung einer selbstbewohnten Liegenschaft mit anschliessender Ersatzbeschaffung im gleichen oder in einem anderen Kanton;
- Steueraufschub bei Überführungen von Grundeigentum zum Buchwert vom Privatvermögen ins Geschäftsvermögen;
- Steueraufschub bei Übertragungen von Grundeigentum zum Buchwert, im Zusammenhang mit Firmenumwandlungen usw.

Achtung Steuerfalle:
Seit dem 1. Januar 2001 werden Verkäufe von Liegenschaften an Ehepartner und Kinder in den meisten Kantonen neu der Grundstückgewinnsteuer unterstellt. Diese familienunfreundliche Neuregelung steht im Zusammenhang mit den Anpassungen der kantonalen Steuergesetze an das Harmonisierungsgesetz.

Steuertipp:
Es ist wichtig, die gültige Regelung des betreffenden Liegenschaftskantons rechtzeitig abzuklären, damit unerwünschte Überraschungen vermieden werden können! In den meisten Fällen ist der Rat des Steuerspezialisten unerlässlich.

5.6 Liquidationsgewinne

5.6.1 Einleitung

Liquidationsgewinne sind eine besondere Gruppe der *geschäftlichen Kapitalgewinne* (siehe auch 5.4 «Kapitalgewinne»).
Liquidationsgewinne entstehen vor allem bei der teilweisen oder gänzlichen Auflösung bzw. Veräusserung eines Unternehmens und sind die Folge von:
- früheren Abschreibungen, Rückstellungen und (stillen) Reserven, die sich als überhöht herausstellen;
- Wertvermehrungen auf Geschäftsaktiven, die in der Bilanz bisher nicht zum Ausdruck kamen, weil der Steuerpflichtige nach gültiger Rechnungslegungspraxis nicht verpflichtet ist, solche z.B. durch verbesserte Konjunkturlage entstandenen Mehrwerte zu verbuchen;
- Verwertung bzw. Realisierung bisher nicht bilanzierter immaterieller Aktiven (z.B. Goodwill).

Bei der Liquidation treten dann diese Reserven zutage und die früher unterbliebene Besteuerung als Einkommen bzw. Gewinn wird nun nachgeholt.

> Der Liquidationsgewinn ist eine steuerliche Schlussabrechnung über die bei der Regelung der Geschäftsnachfolge oder Geschäftsaufgabe (Liquidation) realisierten stillen Reserven.

5.6.2 Steuerhoheit
Liquidationsgewinne werden grundsätzlich vom Bund und den Kantonen besteuert.

5.6.3 Art der Besteuerung
Die Besteuerung kann bei Kanton und Bund unterschiedlich ausfallen und richtet sich nach der Art des erzielten Gewinnes und nach der Person, die den Gewinn erzielt hat.

Bei *juristischen Personen* wird der Liquidationsgewinn im Jahr der Realisierung zum Reingewinn des betreffenden Jahres gerechnet und unterliegt zusammen mit diesem der ordentlichen Gewinnsteuer (Normalfall).

Wird der Liquidationsgewinn durch eine *natürliche Person* (Selbstständigerwerbender) erzielt, so richtet sich die Besteuerung nach dem Bemessungssystem des betreffenden Kantons. Seit dem 1. Januar 2001 gilt für natürliche Personen in 23 Kantonen das Prinzip der *jährlichen Gegenwartsbesteuerung*. Dies hat zur Folge, dass der Liquidationsgewinn im Jahr der Realisierung zusammen mit dem übrigen (ordentlichen) Einkommen besteuert wird.

Anders beim System der *zweijährigen Vergangenheitsbesteuerung,* welches in den Kantonen TI, VD und VS praktiziert wird. Hier soll vermieden werden, dass der Liquidationsgewinn in die Bemessungslücke fällt, die durch die Aufgabe der selbstständigen Erwerbstätigkeit entsteht. Dies wird dadurch erreicht, dass der Liquidationsgewinn in diesen Kantonen einer Sonderbesteuerung (Jahressteuer) unterworfen wird.
Bleibt anzufügen, dass Liquidationsgewinne aus selbstständiger Erwerbstätigkeit auch der *AHV-Beitragspflicht* unterstehen.

Damit kann der Liquidationsgewinn bei Selbstständigerwerbenden zu einer ins Gewicht fallenden Steuerbelastung werden.

> **Steuertipp:**
> Durch geeignete Planungsmassnahmen, wie beispielsweise rechtzeitige und gezielte Auflösung von stillen Reserven, Masshalten bei den Abschreibungen und beim Bilden von Rückstellungen in den letzten Jahren vor der Geschäftsübergabe, oder durch rechtzeitige Umwandlung einer Einzelfirma oder Personengesellschaft in eine Kapitalgesellschaft, kann der Liquidationsgewinn reduziert oder gar vermieden werden (siehe auch 6.5 und 6.6 «Steuerplanung rechtzeitig vor bzw. anlässlich der Geschäftsübergabe/-aufgabe»).

5.6.4 Steuerauslösende Sachverhalte

Folgende Tatbestände können u.a. zur Besteuerung eines Liquidationsgewinnes führen:
- *Veräusserung* eines Unternehmens;
- *Austritt* eines *Teilhabers* aus einer Kollektiv- oder Kommanditgesellschaft;
- *Verkauf* einer wesentlichen *Beteiligung;*
- *Übertragung* einzelner Geschäftsvermögensteile *ins Privatvermögen;*
- *Verlegung* des Sitzes eines Unternehmens ins Ausland.

5.6.5 Steuerfreie bzw. steueraufschiebende Sachverhalte

- *Sitzverlegungen* von Unternehmen innerhalb der Schweiz, sofern keine Veräusserungen oder buchmässigen Aufwertungen vorgenommen werden;
- *Umwandlungen, Zusammenschlüsse, Teilungen* von Unternehmen, sofern die Steuerpflicht in der Schweiz fortbesteht, die bisher für die Gewinnsteuer massgeblichen Werte übernommen werden und die Beteiligungsverhältnisse grundsätzlich gleich bleiben;
- *Ersatzbeschaffung* beim Verkauf ganzer Unternehmen oder Teilen davon. Wird mit dem Erlös ein gleichartiges Ersatzobjekt erworben, so bleibt dieser Vorgang ohne steuerliche Konsequenzen. Dies bedeutet, dass die stillen Reserven verkaufter Unternehmen oder Unternehmensteile auf ein entsprechendes Ersatzobjekt übertragen werden können. Findet die Ersatzbeschaffung nicht im gleichen Geschäftsjahr statt, so kann im Umfang der *stillen Reserven* eine *Rückstellung* gebildet werden, welche innerhalb einer angemessenen Frist für den *Erwerb des Ersatzobjektes* zu verwenden oder zugunsten der Erfolgsrechnung aufzulösen ist. Diese Regelung gilt ab 1. Januar 2001 für alle Kantone. Ausgeschlossen ist die steuerfreie Ersatzbeschaffung bei Übertragungen von Vermögenswerten ausserhalb der Schweiz.

> **Steuertipp:**
> Bei Geschäftsumwandlungen und Ersatzbeschaffungen gilt beim Bund und in allen Kantonen seit dem 1. Januar 2001 der Steueraufschub, mit der Möglichkeit, stille Reserven ohne steuerliche Konsequenzen zu übertragen.

5.6.6 Berechnung des Liquidationsgewinns

Ein Liquidationsgewinn ergibt sich, wenn der Erlös aus dem Verkauf geschäftlicher Vermögenswerte deren in der Liquidationsbilanz ausgewiesene Buchwerte übersteigt.

Zum Liquidationsgewinn gehören ferner die Erlöse von *immateriellen Vermögenswerten,* die bisher in der Bilanz nicht aufgeführt waren, wie z.B. die Realisierung eines *Goodwills* im Rahmen der Geschäftsnachfolgeregelung.

Teil des Liquidationsgewinns bilden zudem die im Rahmen der Geschäftsauf- resp. -übergabe *realisierten Reserven auf dem Warenlager* und auf *angefangenen Arbeiten.* Diese bewirken in der Regel ein ausserordentliches Ansteigen des Bruttogewinns.

> **Steuertipp:**
> Die Auflösung stiller Reserven sollte kontinuierlich und über mehrere Jahre verteilt erfolgen. So können überdurchschnittliche Gewinnentwicklungen vermieden werden. Dies gilt ganz besonders für Selbstständigerwerbende, welche den Liquidationsgewinn zusammen mit dem übrigen Einkommen zu hohen Grenzsteuersätzen abzurechnen haben.

122 Liquidationsgewinne

Berechnungsbeispiel eines Liquidationsgewinns:
Verkauf einer Personenunternehmung (Einzelfirma), nach dem Prinzip der zweijährigen Vergangenheitsbesteuerung:

Verkaufserlöse:		
Material- und Warenvorräte	120 000.–	
Angefangene Arbeiten	60 000.–	
Mobile Sachanlagen	180 000.–	360 000.–
Buchwerte:		
Material- und Warenvorräte	80 000.–	
Angefangene Arbeiten	40 000.–	
Mobile Sachanlagen	90 000.–	210 000.–
		150 000.–
Goodwill		200 000.– a
Übermarge beim Bruttogewinn		60 000.– b
Beim Verkauf der Geschäftsliegenschaft wiedereingebrachte Abschreibungen		180 000.– c
Liquidationsgewinn		590 000.– e

a) Der *Goodwill* ergibt sich als immaterieller Geschäftswert in der Regel dann, wenn ein ertragsstarkes Unternehmen veräussert wird, bei dem der *Ertragswert* über dem *Substanzwert* liegt.

b) *Bruttogewinnsprünge,* die nicht oder nur unzureichend begründet werden, können als *Reservenauflösungen* oder sog. *Übermarge* taxiert und als Teil des Liquidationsgewinnes besteuert werden. Dies aber nur beim System der Vergangenheitsbesteuerung; sonst bildet der erhöhte Bruttogewinn Bestandteil des (ordentlichen) Reingewinnes.

c) Die Besteuerung von Grundstückgewinnen auf geschäftlich genutzten Liegenschaften erfolgt beim Bund und bei der Mehrheit der Kantone als Bestandteil des Geschäftseinkommens. Demgegenüber unterwirft eine Minderheit der Kantone den Wertzuwachs auf unbeweglichem Geschäftsvermögen einer Sondersteuer (Grundstückgewinn). In diesem Fall werden nur die *wieder eingebrachten Abschreibungen* als Teil des Liquidationsgewinnes erfasst, währenddem der verbleibende Betrag als Grundstückgewinn besteuert wird.

e) Ein Liquidationsgewinn von Fr. 590 000.–, wie im vorstehenden Berechnungsbeispiel, kann je nach Steuerdomizil alles in allem (Bund, Kanton, Gemeinde, Kirche und AHV-Beitrag) gut und gerne 40 Prozent des Gewinns aufzehren!

Beim System der jährlichen Gegenwartsbemessung wird der Liquidationsgewinn im Jahr der Realisierung als ausserordentliches Einkommen, zusammen mit dem übrigen (ordentlichen) Einkommen, besteuert.

> **Steuertipp:**
> Erfreulich ist die Tatsache, dass einige Kantone eine milde Sonderbesteuerung für Liquidationsgewinne kennen. Dies ist zu begrüssen, stellt doch der Erlös aus dem Verkauf des Unternehmens für viele Selbstständigerwerbende ein bedeutender Teil ihrer Altersvorsorge dar. Eine genaue Klärung der Situation im betreffenden Kanton muss frühzeitig erfolgen, damit gegebenenfalls rechtzeitig Steuerplanungsmassnahmen eingeleitet werden können, wie z.B. die Umwandlung eines Personenunternehmens in eine Kapitalgesellschaft (siehe auch 6.5 «Steuerplanungsmöglichkeiten rechtzeitig vor der Geschäftsnachfolgeregelung»).

5.6.7 Sonderfall Liquidation von Immobiliengesellschaften

Seit Inkrafttreten des DBG können Immobiliengesellschaften, die sich hauptsächlich mit dem Erwerb, der Überbauung, der Verwaltung und Nutzung oder der Veräusserung von Liegenschaften befassen, die von ihnen gehaltenen Liegenschaften *steuerbegünstigt* in den Privatbesitz der Anteilseigentümer (Aktionäre) überführen.

Bei der direkten Bundessteuer wird der dabei entstehende *Kapitalgewinn* einer vor 1995 gegründeten Immobiliengesellschaft um 75 Prozent gekürzt.

Die Steuer auf dem *Liquidationsergebnis,* das dem Aktionär zufliesst, wird ebenfalls um 75 Prozent gekürzt.

Mehrere Kantone haben diese oder ähnlich lautende Bestimmungen in ihre Steuergesetze übernommen.

> **Steuertipp:**
> Die Vergünstigungen bei der direkten Bundessteuer sind zeitlich befristet bis Ende 2003. Bevor die Liquidation eingeleitet wird, sind aber unbedingt auch die kantonalen Regelungen zu prüfen, damit unerfreuliche Überraschungen vermieden werden können. Leider haben sich nicht alle Kantone der Vorzugsregelung des Bundes angeschlossen!

5.6.8 Abgabeschuldner

Steuerpflichtig ist beim Liquidationsgewinn immer der Veräusserer. Bei natürlichen Personen ist es der Einzelfirmeninhaber, bei Personengesellschaften die voll haftenden Gesellschafter und bei juristischen Personen die realisierende Gesellschaft.

K Indirekte Steuern

5.7 Mehrwertsteuer

5.7.1 Einleitung

Seit dem 1. Januar 1995 verfügt die Schweiz über eine europakompatible Mehrwertsteuer. Auf diesen Zeitpunkt ist auch die dem alten *WUST-System* anhaftende *Taxe occulte* verschwunden. Diese beruhte auf dem Umstand, dass die bezahlte Warenumsatzsteuer auf Investitionen und Betriebsmitteln als *Schattensteuer* im Unternehmen hängen blieb. Beim Mehrwertsteuersystem sorgt das Prinzip des *Vorsteuerabzuges* dafür, dass die auf Gütern und Dienstleistungen bezahlten Vorsteuern zurückgefordert werden können.
Soweit die gute Botschaft.

Doch das Mehrwertsteuersystem verbreitet – und das muss hier betont werden – nicht nur Freude. Immer lauter werden, nach der Anfangseuphorie, die kritischen Stimmen, welche auf Nachteile und Gefahren des Mehrwertsteuersystems hinweisen:

- *tendenziell steigende Steuersätze,* vor allem zur Absicherung unserer Sozialwerke. Der Seitenblick auf das heute noch höhere europäische Satzniveau und die vermeintliche *Wettbewerbsneutralität* des Mehrwertsteuersystems verleiten fälschlicherweise zur Sorglosigkeit;
- *eine neue Taxe occulte,* die sich für jene Unternehmen ergibt, die von der Mehrwertsteuerpflicht ausgenommen sind und somit auf ihren bezahlten Vorsteuern sitzen bleiben;
- *zunehmender Margendruck* bei weiteren Satzerhöhungen, die systembedingt arbeitsintensive und inlandorientierte KMU stärker belasten als die automatisierte und exportorientierte Grosskonkurrenz;
- *verstärkter Wettbewerbsdruck,* der dazu führt, dass bei Satzerhöhungen die Steuer aus Konkurrenzgründen nicht mehr, oder nicht im vollen Umfang auf die Preise überwälzt werden kann und somit als unerwünschte *schleichende Schattensteuer* in den Unternehmen hängen bleibt und deren Gewinnkraft schmälert;
- *Auseinandersetzungen mit der Steuerbehörde* betreffend Fragen der Steuerpflicht und Abgrenzungsprobleme beim Vorsteuerabzug mit hohen rückwirkenden Steuernachforderungen nach durchgeführten Buchprüfungen;
- *stark steigender Administrationsaufwand,* verbunden mit der bitteren Erkenntnis, dass das Steuersystem eben doch nicht so unkompliziert ist, wie im Rahmen der Abstimmungskampagne vorausgesagt.

Siehe auch 4.3 «EU-konforme Mehrwertsteuer, Taxe occulte inbegriffen».

Vom Zeitpunkt der Einführung am 1. Januar 1995 bis am 31. Dezember 2000 diente die *Mehrwertsteuerverordnung* (MWSTV) als Grundlage für die Steuererhebung. Auf den 1. Januar 2001 trat dann das *Mehrwertsteuergesetz* (MWSTG) in Kraft, auf welchem die nachfolgenden Ausführungen basieren.

5.7.1.1 Systematik der Mehrwertsteuer

Das Mehrwertsteuersystem basiert grundsätzlich auf zwei Arten von Steuern. Die *Umsatzsteuer* ist geschuldet auf den vom Unternehmen erbrachten Leistungen. Die *Vorsteuer* auf eingekauften Gütern und Dienstleistungen kann zurückgefordert werden.

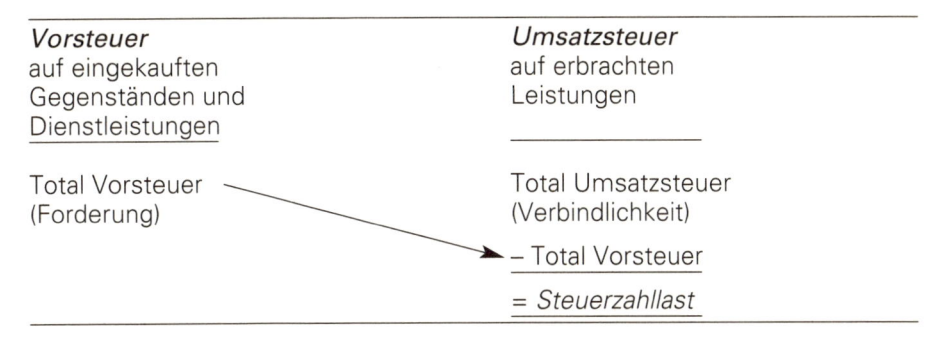

Vorsteuer	*Umsatzsteuer*
auf eingekauften Gegenständen und Dienstleistungen	auf erbrachten Leistungen
Total Vorsteuer (Forderung)	Total Umsatzsteuer (Verbindlichkeit)
	− Total Vorsteuer
	= *Steuerzahllast*

Nur der Saldo, *Steuerzahllast* genannt, ist an die Steuerbehörde zu überweisen. Übersteigt die Vorsteuerforderung den Betrag der geschuldeten Umsatzsteuer, so wird der Saldo dem Steuerpflichtigen zurückerstattet.

Nach Meinung des Gesetzgebers soll die *Mehrwertsteuer als Konsumsteuer* vom Endverbraucher getragen werden. In der Praxis ist dies jedoch nur dann zutreffend, wenn die Marktsituation die *Überwälzung der Steuer* zulässt. Dass dies nicht immer der Fall ist, haben die letzten beiden Satzerhöhungen gezeigt.

Aus sozialen Überlegungen werden *Güter des täglichen Bedarfs* (z.B. Nahrungsmittel, Zeitschriften, Medikamente usw.) mit einem *reduzierten Satz* belastet. Gewisse Leistungen im Bereich Gesundheit, Sport, Kultur, Sozialfürsorge usw. werden sogar ganz *von der Steuerpflicht ausgenommen*. Man spricht hier von einer *unechten Steuerbefreiung*, weil die in diesen Bereichen tätigen Unternehmen zwar keine Umsatzsteuer abzuliefern haben, andererseits aber auch keine Vorsteuerabzüge geltend machen können.

Im Gegensatz dazu die *echte Steuerbefreiung*, die z.B. Unternehmen zusteht, die ihre Güter und Dienstleistungen ins Ausland exportieren, dies aber bei vollem Vorsteuerabzug. Aus wirtschaftlichen Überlegungen und zur Förderung des Tourismus in der Schweiz wird für das *Beherbergungsgewerbe* ein zeitlich befristeter *Sondersatz* gewährt.

5.7.2 Steuerpflicht (MWSTG, Art. 21 ff.)

> **Steuerpflichtig sind Unternehmen, deren Jahresumsatz 75 000 Franken übersteigt.**

Die Steuerpflicht erstreckt sich auf alle Unternehmensformen, ungeachtet ihrer *Rechtsform*, sogar auf Privatpersonen.

Die Steuerpflicht entsteht unabhängig davon, ob hinter der Tätigkeit eines Unternehmens eine *Gewinnabsicht* steht oder nicht.

Für die *Abklärung der Steuerpflicht* ist der Gesamtumsatz aus allen steuerbaren Tätigkeiten, mit Einschluss der Exporte, massgebend.

Steuerpflichtig ist auch, wer im Kalenderjahr für mehr als 10 000 Franken *Dienstleistungen aus dem Ausland* bezieht (MWSTG, Art. 24).

Nicht zum massgeblichen Umsatz zählen die *von der Steuerpflicht ausgenommenen Tätigkeiten* (siehe auch 5.7.2.1)

5.7.2.1 Ausnahmen von der Steuerpflicht (MWSTG, Art. 25)
Von der Steuerpflicht sind ausgenommen:
- **Unternehmen mit einem Jahresumsatz bis zu 250 000 Franken,** sofern die nach Abzug der Vorsteuer verbleibende Steuer regelmässig nicht mehr als 4000 Franken pro Jahr beträgt;
- **Landwirte, Forstwirte und Gärtner** für Lieferungen der im eigenen Betrieb gewonnenen Erzeugnisse der Landwirtschaft, der Forstwirtschaft und der Gärtnerei; *Viehhändler* für die Umsätze von Vieh; *Milchsammelstellen* für die Umsätze von Milch an Milchverarbeiter;
- **Unternehmen mit Sitz im Ausland,** die im Inland ausschliesslich Dienstleistungen erbringen. Die Ausnahme gilt aber nicht für ausländische Telekommunikationsfirmen, die ihre Leistungen in der Schweiz anbieten;
- Nichtgewinnstrebige, ehrenamtlich geführte **Sportvereine** und **gemeinnützige Institutionen** mit einem Jahresumsatz von bis zu 150 000 Franken.

5.7.2.2 Von der Steuer ausgenommene Umsätze (MWSTG, Art. 18)
Der Gesetzgeber nimmt gewisse Tätigkeiten in den Bereichen Gesundheitswesen, Sozialfürsorge, Wohltätigkeit, Kinder- und Jugendbetreuung, Erziehung, Bildungsförderung, Kultur, Sport, Versicherungen, Geld- und Kapitalverkehr usw. bewusst von der Steuerpflicht aus. Diese Unternehmen müssen auf ihren erbrachten Leistungen zwar keine Mehrwertsteuer abrechnen, dürfen aber andererseits auch ihre bezahlten Vorsteuern nicht in Abzug bringen *(unechte Steuerbefreiung).*

Von der Steuerpflicht ausgenommene Umsätze
- Postversand (aber ohne Paketpost);
- Gesundheitswesen;
- Sozialfürsorge und soziale Sicherheit;
- Kinder- und Jugendbetreuung;
- Kultur- und Bildungsförderung Jugendlicher;
- Erziehung und Unterricht, Aus- und Weiterbildung;
- nichtgewinnstrebige Einrichtungen mit politischer, religiöser, weltanschaulicher, kultureller, patriotischer oder wirtschaftlicher Zielsetzung;
- Kultur (Theater, Kinos, Konzerte, Ausstellungen, Museen, Zoologische Gärten, Bibliotheken usw.);

- sportliche Anlässe;
- Versicherungen und Rückversicherungen;
- Geld- und Kapitalverkehr;
- Handel und Vermietung von Immobilien;
- Lotterie und Glücksspiel;
- Lieferung gebrauchter Gegenstände (falls Vorsteuer nicht abzugsfähig war);
- Überlassung von Grundstücken und Anteilen an Grundstücken zum Gebrauch oder zur Nutzung;
- Übertragung und Bestellung von dinglichen Rechten an Grundstücken.

> **Achtung Steuerfalle:**
> Die nach MWSTG, Art. 18 und 25 von der Mehrwertsteuerpflicht ausgenommenen Umsätze stellen eine *unechte Steuerbefreiung* dar. Solche Unternehmen bezahlen zwar auf den von der Steuerpflicht ausgenommenen Umsätzen keine Mehrwertsteuer, können aber auf der anderen Seite auch die bezahlten Vorsteuern nicht zurückfordern.

Dies bedeutet beispielsweise für ein Kinounternehmen, dass auf den Kinoeintritten keine Mehrwertsteuer abgerechnet werden muss. Anderseits bleibt das Unternehmen auf den namhaften bezahlten Vorsteuern sitzen, die es z.B. für den Ersatz der Einrichtungen (Sessel, Projektionsanlagen, Soundsysteme usw.) bezahlt hat.

> **Steuertipp:**
> **Das Kinounternehmen kann sich der freiwilligen Mehrwertsteuerpflicht unterstellen (Option) und erhält so die Möglichkeit, die bezahlten Vorsteuern zurückzufordern, muss allerdings dann Mehrwertsteuer auf seinen Eintrittseinnahmen abrechnen. Die freiwillige Unterstellung gilt für mindestens 5 Jahre.** Siehe auch 5.7.2.4

5.7.2.3 *Von der Steuer befreite Umsätze* (MWSTG, Art. 19)
Die nachstehende Aufzählung umfasst Lieferungen und Leistungen, die von der Steuerpflicht freigestellt sind.
Weil aber der Vorsteuerabzug geltend gemacht werden kann, spricht man von einer *echten Steuerbefreiung*.

Von der Steuer sind *befreit*:
- Lieferung von Gegenständen, die unmittelbar ins Ausland befördert oder versandt werden;
- Inlandlieferungen von Gegenständen ausländischer Herkunft, die nachweislich bis zur Wiederausfuhr unter Zollkontrolle standen;

- Überlassung zum Gebrauch oder zur Nutzung, namentlich die Vermietung und Vercharterung von Schienen- und Luftfahrzeugen, sofern diese vom Lieferungsempfänger überwiegend im Ausland genutzt werden;
- nicht im Zusammenhang mit einer Ausfuhrlieferung stehendes Befördern oder Versenden von Gegenständen ins Ausland, namentlich das Verbringen von Werkzeugen ins Ausland;
- im Zusammenhang mit einem Export oder Import von Gegenständen stehendes Befördern oder Versenden von Gegenständen über die Grenze und alle damit zusammenhängenden sonstigen Leistungen;
- Beförderungen von Gegenständen im Inland und alle damit zusammenhängenden sonstigen Leistungen, wenn die Gegenstände unter Zollkontrolle stehen und zur Ausfuhr bestimmt sind (unverzollte Transitwaren);
- Lieferungen, Umbauten, Instandsetzungen, Wartungen, Vercharterungen und Vermietungen von Luftfahrzeugen, die von Unternehmen verwendet werden, die gewerbsmässige Luftfahrt im Beförderungs- oder Charterverkehr betreiben und deren Umsätze aus internationalen Flügen jene aus dem Binnenluftverkehr überwiegen;
- Dienstleistungen von in fremdem Namen und für fremde Rechnung handelnden Vermittlern, wenn der vermittelte Umsatz entweder nach diesem Artikel steuerfrei ist oder ausschliesslich im Ausland bewirkt wird. Wird der vermittelte Umsatz sowohl im Inland als auch im Ausland bewirkt, so ist nur der Teil der Vermittlung von der Steuer befreit, der auf den Umsatz im Ausland entfällt;
- in eigenem Namen erbrachte Dienstleistungen von Reisebüros, so weit sie Lieferungen und Dienstleistungen Dritter in Anspruch nehmen, die von diesen im Ausland bewirkt werden. Werden diese Umsätze sowohl im Inland als auch im Ausland getätigt, so ist nur der Teil der Dienstleistung des Reisebüros steuerfrei, der auf die Umsätze im Ausland entfällt.

Der Bundesrat kann zur Wahrung der Wettbewerbsneutralität Beförderungen im grenzüberschreitenden Luft- und Eisenbahnverkehr von der Steuer befreien.

> **Steuertipp:**
> **Unternehmen, die ihre Güter und Dienstleistungen ins Ausland exportieren, werden vom Mehrwertsteuersystem begünstigt. Ihre im Auslandgeschäft erzielten Umsätze sind in der Schweiz von der Mehrwertsteuerpflicht befreit, und trotzdem können sie sämtliche bezahlten Vorsteuern zurückfordern.**

5.7.2.4 Optionen für die freiwillige Steuerpflicht
Unternehmen, die gemäss 5.7.2.1 und 5.7.2.2 von der Mehrwertsteuerpflicht ausgenommen sind, können sich zur Wahrung der Wettbewerbsneutralität der Steuerpflicht freiwillig unterstellen.
Das Mehrwertsteuergesetz lässt die *Option* für fast alle von der Steuerpflicht ausgenommenen Umsätze zu. Ausnahmen sind einzig die Umsätze von Versicherungsleistungen und des Kapitalverkehrs, wo die Option ausgeschlossen ist.

> **Steuertipp:**
> Die freiwillige Unterstellung unter die Mehrwertsteuerpflicht kann sich lohnen, wenn sonst grosse Vorsteuerbeträge nicht geltend gemacht werden können, z.B. bei der Erstellung von geschäftlich genutzten Immobilien. Das gleiche gilt im Bereich Kultur und Sport, weil hier der Umsatz zum reduzierten Satz von 2,4% abgerechnet, die Vorsteuer aber mit 7,6% zurückgefordert werden kann.

Der Steuerpflichtige muss bei der Eidg. Steuerverwaltung ein entsprechendes *Gesuch* stellen, welchem in der Regel entsprochen wird, wenn der Antragsteller *Gewähr* bietet, dass er alle Verpflichtungen als steuerpflichtige Person erfüllen kann. Dazu gehören u.a. die korrekte Buchführung, Selbstveranlagung und Abrechnung der Steuer sowie die fristgerechte Bezahlung der Steuerlast.

Die freiwillige Unterstellung dauert *mindestens fünf Jahre*.

> **Achtung Steuerfalle:**
> Die *freiwillige Unterstellung* muss sich somit längerfristig lohnen. Es kann sich als trügerisch erweisen, wegen der Vorsteuer auf einer einmaligen Investition die *Option* zu beantragen, wenn dann während mindestens fünf Jahren auf den erzielten Umsätzen Mehrwertsteuer abzurechnen ist. Es sind vor dem Entscheid immer realistische Vergleichsrechnungen für die ganze *Optionsdauer* vorzunehmen, die aufzuzeigen haben, ob sich eine Option auch wirklich lohnt. Bei *Beendigung der Option* bleibt die *Versteuerung des Eigenverbrauchs* vorbehalten, was nicht selten zu namhaften Steuerforderungen führen kann.

Die *Option* gilt für *sämtliche Umsätze* einer von der Steuerpflicht ausgenommenen Tätigkeit.

Bei *Grundeigentum* kann für jedes Objekt, ja sogar für jede Einheit, einzeln optiert werden.

5.7.2.5 Gruppenbesteuerung (MWSTG, Art. 22)

Juristische Personen, Personengesellschaften sowie natürliche Personen mit Sitz oder Betriebsstätte in der Schweiz, welche eng miteinander verbunden sind, werden auf Antrag gemeinsam als eine einzige steuerpflichtige Person behandelt. Die Wirkungen der Gruppenbesteuerung sind auf die Innenumsätze beschränkt, welche buchmässig zu erfassen sind. Leistungen innerhalb der zur Gruppe gehörenden Gesellschaften werden wie Leistungen zum Nullsatz behandelt. Damit muss im Endeffekt nur über die Umsätze an aussenstehende Dritte abgerechnet werden. Die *Organschaftsoption* bringt vor allem für Unternehmen in *Konzernstruktur* Vorteile.

5.7.2.5.1 Bildung von Subgruppen (MWSTG, Art 22, Abs. 3)
Die Bildung einer oder mehrerer Subgruppen ist zulässig, sofern alle unter einheitlicher Leitung zusammengefassten Subgruppengesellschaften in die Subgruppe einbezogen werden. Um den tatsächlichen unternehmenswirtschaftlichen Umständen und organisatorischen Strukturen und Abläufen Rechnung zu tragen, kann die Eidg. Steuerverwaltung für die Gruppen- oder Subgruppenbildung Ausnahmen bewilligen.

5.7.3 Steuerobjekte (MWSTG, Art. 5 ff.)
Der Steuer unterliegen folgende durch Steuerpflichtige ausgeführte Umsätze:

5.7.3.1 Im Inland gegen Entgelt erbrachte Lieferungen von Gegenständen
Als Gegenstände gelten bewegliche und unbewegliche Sachen sowie Elektrizität, Gas, Wärme, Kälte und Ähnliches. Als Lieferung gilt auch die Ablieferung eines für fremde Rechnung hergestellten Gegenstandes. Als Herstellung gelten alle Arbeiten an Gegenständen, auch wenn diese dadurch nicht verändert, sondern bloss geprüft, geeicht, reguliert, in der Funktion kontrolliert oder in anderer Weise behandelt werden. Ebenfalls als Lieferung gilt die Überlassung eines Gegenstandes zum Gebrauch oder zur Nutzung.

5.7.3.2 Im Inland gegen Entgelt erbrachte Dienstleistungen
Als *Dienstleistung* gilt jede Leistung, die keine Lieferung eines Gegenstandes ist. Darunter fallen beispielsweise auch die Abtretung immaterieller Werte und Rechte sowie die Verpflichtung, eine Handlung zu unterlassen oder eine Handlung oder einen Zustand zu dulden.

5.7.3.3 Eigenverbrauch im Inland
Eigenverbrauch liegt vor, wenn die steuerpflichtige Person aus ihrem Unternehmen Gegenstände dauernd oder vorübergehend entnimmt, die sie zum vollen oder teilweisen Vorsteuerabzug berechtigt haben, und die
- sie für *unternehmensfremde Zwecke,* insbesondere für ihren privaten Bedarf oder für den Bedarf ihres Personals verwendet;
- sie für eine *von der Steuer ausgenommene Tätigkeit* verwendet;
- sie unentgeltlich abgibt; ausgenommen sind *Geschenke bis 300 Franken* pro Empfänger und Jahr und *Warenmuster* zu Unternehmenszwecken;
- sich bei Wegfall der Steuerpflicht noch in ihrer Verfügungsmacht befinden.

Eigenverbrauch liegt auch vor, wenn die steuerpflichtige Person an bestehenden oder neu zu erstellenden *Bauwerken,* die zur entgeltlichen Veräusserung oder Nutzung bestimmt sind, Arbeiten vornimmt oder vornehmen lässt und hiefür nicht für die Versteuerung optiert. Davon ausgenommen sind die durch die steuerpflichtige Person oder durch deren Angestellte erbrachten ordentlichen Reinigungs-, Reparatur- und Unterhaltsarbeiten. Als Eigenverbrauch gelten die oben genannten Tätigkeiten, wenn sie für private Zwecke oder für eine von der Steuer ausgenommene Tätigkeit ausgeführt werden, für die nicht optiert wurde.

Als *Eigenverbrauch* gilt auch, wenn der steuerpflichtige Lieferungs- oder Dienstleistungsempfänger bei der entgeltlichen oder unentgeltlichen *Übertragung eines Gesamt- oder Teilvermögens* die von ihm übernommenen Gegenstände oder Dienstleistungen nicht für einen steuerbaren Zweck verwendet.

5.7.3.4 Bezug von Dienstleistungen gegen Entgelt von Unternehmen mit Sitz im Ausland
Solche Bezüge sind von Steuerpflichtigen in der Schweiz zu versteuern, wenn sie im Kalenderjahr den Betrag von 10 000 Franken übersteigen.

> **Grundsätzlich untersteht somit jede Art von Lieferung und Dienstleistung der Steuerpflicht bei der Mehrwertsteuer, es sei denn, sie würden nach Art. 18 oder 25 des MWSTG von der Steuerpflicht ausgenommen oder aber nach Art. 19 des MWSTG von der Steuerpflicht befreit.**

5.7.4 Steuersätze (MWSTG, Art. 36)
Die Steuersätze wurden auf den 1. Januar 2001 linear um 0,1 Prozent erhöht. Drei verschiedene Sätze kommen zur Anwendung:

Der Normalsatz beträgt 7,6 Prozent. Dieser Satz ist für alle Lieferungen und Leistungen sowie Importe immer dann anzuwenden, wenn nicht der reduzierte Satz von 2,4 Prozent, der Sondersatz von 3,6 Prozent oder die gänzliche Steuerbefreiung vorgesehen ist.

Der reduzierte Satz beträgt 2,4 Prozent, wurde aus sozial-politischen Überlegungen geschaffen und gilt für *Güter des täglichen Bedarfs,* wie
- Wasser in Leitungen;
- Ess- und Trinkwaren, ausgenommen alkoholische Getränke sowie konsumfertig zubereitete Mahlzeiten an Endverbraucher in Form von gastgewerblichen Leistungen. Als solche gilt die Abgabe von Ess- und Trinkwaren nicht nur dann, wenn der Steuerpflichtige für deren Konsum an Ort und Stelle besondere Vorrichtungen bereithält, sondern auch dann, wenn er sie beim Kunden zubereitet oder serviert;
- Vieh, Geflügel, Fische;
- Getreide;
- Sämereien, lebende Pflanzen, Schnittblumen und Zweige;
- Futtermittel, Silagesäuren, Streumittel für Tiere, Düngstoffe;
- Pflanzenschutzstoffe, Mulch, pflanzliches Abdeckmaterial;
- Medikamente;
- Zeitungen, Zeitschriften, Bücher und andere Druckerzeugnisse ohne Reklamecharakter;
- Dienstleistungen der Radio- und Fernsehgesellschaften (mit Ausnahme solcher mit gewerblichem Charakter).

Ein Sondersatz von 3,6 Prozent gilt für die Leistungen des *Beherbergungsgewerbes*. Der Sondersatz ist befristet bis 31. Dezember 2003. Die Bundesversammlung kann diese Frist mit einem Bundesgesetz verlängern. Der Sondersatz wurde geschaffen, um den Tourismus in der Schweiz zu fördern. Dieser gilt für *Beherbergungsleistungen* (Übernachtungen mit Frühstück) in der Hotellerie (Hotel- und Kurbetriebe) und in der Parahotellerie.

> **Steuertipp:**
> **Speziell für KMU wurde die Möglichkeit geschaffen, die Mehrwertsteuer zu sogenannten Saldosteuersätzen abzurechnen. Es handelt sich dabei um ein vereinfachtes Verfahren, bei dem die Mehrwertsteuer zu einem reduzierten Pauschalsatz, sozusagen als Netto-Umsatzsteuer abgerechnet werden kann.**
> Für Details siehe auch 5.7.7.3

5.7.5 Berechnung und Überwälzung der Steuer (MWSTG, Art. 33 ff.)

5.7.5.1 Bemessungsgrundlage bei Lieferungen und Dienstleistungen

Die Steuer wird vom *Entgelt* berechnet. Dazu gehören auch die in Rechnung gestellten Nebenkosten, wie z.B. Fracht, Porto, Verpackung, Kleinmengenzuschlag usw. Zum Entgelt gehört auch der Ersatz aller Kosten, selbst wenn diese gesondert in Rechnung gestellt werden.
Im Falle einer Lieferung oder Dienstleistung an eine nahestehende Person gilt als Entgelt der Wert, der einem unbeteiligten Dritten in Rechnung gestellt würde.

Im Falle von *Leistungen an das Personal* gilt als Bemessungsgrundlage das vom Personal tatsächlich geleistete Entgelt. Die steuerpflichtige Person schuldet jedoch *mindestens* den Steuerbetrag, der im Falle von *Eigenverbrauch* geschuldet wäre.

Beim *Tausch* von Gegenständen gilt der Wert jeder Lieferung oder Dienstleistung als Entgelt für die andere Lieferung oder Dienstleistung.

5.7.5.2 Bemessungsgrundlage beim Eigenverbrauch

Werden *bewegliche Gegenstände* dauernd zum Eigenverbrauch entnommen oder endet die Steuerpflicht, so wird die Steuer berechnet:
- bei neuen Gegenständen vom Einkaufspreis;
- bei in Gebrauch genommenen Gegenständen vom Zeitwert im Zeitpunkt der Entnahme. Zur Ermittlung des Zeitwertes wird für jedes abgelaufene Jahr linear ein Fünftel abgeschrieben.

Werden *unbewegliche Gegenstände* dauernd zum Eigenverbrauch entnommen oder endet die Steuerpflicht, so wird die Steuer vom Zeitwert (ohne Wert des Bodens) berechnet. Zur Ermittlung des Zeitwertes wird für jedes abgelaufene Jahr linear ein Zwanzigstel abgeschrieben.

> Die Steuer darf jedoch höchstens vom Wert derjenigen Aufwendungen berechnet werden, die seinerzeit zu Vorsteuerabzügen geführt haben.

5.7.5.3 Margenbesteuerung (MWSTG Art. 35)

Hat die steuerpflichtige Person einen gebrauchten, individualisierbaren, beweglichen Gegenstand für den Wiederverkauf bezogen, so kann sie für die Berechnung der Steuer auf dem Verkauf den Ankaufspreis vom Verkaufspreis abziehen. Dies allerdings nur unter der Voraussetzung, dass auf dem Ankaufspreis keine Vorsteuer abgezogen wurde.

Als *gebrauchte, individualisierbare, bewegliche Gegenstände* gelten neben gebrauchten *Motorfahrzeugen* auch *Kunstgegenstände, Sammlungsstücke* und *Antiquitäten,* nicht jedoch Edelmetalle und Edelsteine. Der Administrationsaufwand bei der Margenbesteuerung ist nicht zu unterschätzen.

5.7.5.4 *Rechnungsstellung und Überwälzung der Steuer* (MWSTG Art. 37)

Nach dem Willen des Gesetzgebers ist die Mehrwertsteuer auf den Abnehmer der steuerbaren Leistung zu überwälzen. Die Bezahlung der Steuer durch den Endverbraucher ist ein typisches Wesensmerkmal einer *Konsumsteuer.*
Soweit die Theorie. In der Praxis sieht die Sache allerdings anders aus. Der Endabnehmer (Konsument) befindet sich in einem freien Markt in der für ihn vorteilhaften Situation, frei entscheiden zu können, wo er seine Einkäufe tätigt.

> In der Praxis entscheidet somit der Markt, ob die Steuer auf den Preis der Leistung überwälzt werden kann oder nicht.

Ist der Empfänger einer Leistung selber eine steuerpflichtige Person, so sind an die an ihn ausgestellten Rechnungen gewisse Anforderungen zu stellen, damit er die von ihm bezahlten Vorsteuerbeträge zurückfordern kann.

5.7.5.5 *Anforderungen an eine ausgestellte Rechnung*

Der steuerpflichtige Empfänger einer Lieferung oder Dienstleistung hat Anspruch auf eine Rechnung, die folgende Angaben enthalten muss:
- Name und Adresse des Lieferanten oder Leistungserbringers (es genügen die im Geschäftsverkehr zulässigerweise verwendeten Bezeichnungen);
- MWST-Register-Nummer;
- Name und Adresse des Empfängers der Lieferung oder Dienstleistung, wie er im Geschäftsverkehr zulässigerweise auftritt;
- Datum oder Zeitraum der Lieferung oder Dienstleistung;
- Art, Gegenstand und Umfang der Lieferung oder Dienstleistung;
- Entgelt für die Lieferung oder Dienstleistung;
- Steuersatz und den vom Entgelt geschuldeten Steuerbetrag (schliesst das Entgelt die Steuer ein, so genügt die Angabe des Steuersatzes).

Enthalten Rechnungen Lieferungen oder Dienstleistungen mit *unterschiedlichen Steuersätzen,* so ist anzugeben, wie sich das Entgelt auf die unterschiedlich besteuerten Umsätze verteilt.

Wer nicht im *Register* der steuerpflichtigen Personen eingetragen ist, darf weder in Preisanschriften, Preislisten und sonstigen Angeboten, noch in Rechnungen auf die Steuer hinweisen.

Der Gegenstand der Lieferung oder die Art der Dienstleistung kann auch in Form von *Schlüsselzahlen, Codes oder Symbolen* angegeben werden, wenn sich deren Bedeutung sowohl beim Aussteller als auch beim Empfänger der Rechnung eindeutig feststellen lässt (z.B. durch Artikelverzeichnisse, Kataloge, Preislisten, Dienstleistungstarife usw.).

Die dem Kunden in Rechnung gestellten *Nebenkosten,* wie z.B. Fracht, Porto, Verpackung, Kleinmengenzuschlag usw., gehören stets zum steuerbaren *Entgelt.*

Für *Barverkäufe* an Nichtsteuerpflichtige und an Privatpersonen können Kassazettel und Coupons in beliebiger Form abgegeben werden.

> **Steuertipp:**
> **Sofern der Kunde indessen steuerpflichtig ist, hat er auch bei Bareinkäufen für eine steuerbare Tätigkeit Anspruch auf eine Rechnung oder Quittung, die ihm den Vorsteuerabzug ermöglicht.**

Kassazettel und Coupons von Registrierkassen berechtigen nur dann zum Vorsteuerabzug, wenn sie alle erforderlichen Angaben enthalten. Einzig bei Beträgen *bis zu 200 Franken* pro Kassenzettel oder Coupon kann aus Gründen der Einfachheit auf die Angabe des Namens und der Adresse des Kunden verzichtet werden. Ferner kann die Bezeichnung der Leistungen mit allgemein verständlichen *Abkürzungen* erfolgen.

5.7.6 Vorsteuerabzug (MWSTG, Art. 38 ff.)

Das System der Mehrwertsteuer funktioniert nach dem Allphasenprinzip. Die Steuer erfasst den auf jeder Stufe geschaffenen Mehrwert. Besteuert wird somit die eigentliche *Wertschöpfung.* Um Steuerkumulationen zu vermeiden, können die auf dem Einkauf von Waren und Dienstleistungen bezahlten Mehrwertsteuerbeträge als *Vorsteuern* abgezogen werden.

> **Achtung Steuerfalle:**
> Zum Vorsteuerabzug zugelassen werden aber nur Vorsteuern auf Gegenständen und Dienstleistungen im Zusammenhang mit geschäftlichen Zwecken.

5.7.6.1 Berechtigung zum Vorsteuerabzug
Zum Vorsteuerabzug berechtigen folgende Zwecke:
- steuerbare Lieferungen;
- steuerbare Dienstleistungen;
- Umsätze, für deren Versteuerung optiert wurde;
- unentgeltliche Zuwendung von Geschenken bis 300 Franken pro Empfänger und Jahr und von Warenmustern zu Geschäftszwecken;
- Arbeiten an Gegenständen, die im Eigenverbrauch versteuert werden;
- Dienstleistungsbezug aus dem Ausland für geschäftliche Zwecke.
- Hat die steuerpflichtige Person bei nicht steuerpflichtigen Landwirten, Forstwirten, Gärtnern, Viehhändlern und Milchsammelstellen Erzeugnisse der Landwirtschaft, Forstwirtschaft, Gärtnerei, Vieh oder Milch für Zwecke bezogen, die zum Vorsteuerabzug berechtigen, so kann sie als Vorsteuer 2,4 Prozent des ihr in Rechnung gestellten Betrages abziehen.

5.7.6.2 Ausschluss vom Vorsteuerabzug
Vom Vorsteuerabzug ausgeschlossen sind:
- von der Steuer ausgenommene Umsätze;
- Anschaffungen für private Zwecke, sofern nicht im Eigenverbrauch abgerechnet;
- Dienstleistungsbezug aus dem Ausland, sofern für nicht geschäftliche Zwecke verwendet.

Weiss die steuerpflichtige Person oder hätte sie bei sorgfältiger Prüfung wissen können, dass der *Rechnungsaussteller keine steuerpflichtige Person* ist, so berechtigt diese Rechnung nicht zum Vorsteuerabzug.

Wendet die steuerpflichtige Person für die Versteuerung von gebrauchten beweglichen Gegenständen die *Margenbesteuerung* an, so ist sie nicht berechtigt, die ihr auf dem Ankauf solcher Gegenstände in Rechnung gestellte oder bei der Einfuhr entrichtete Steuer in Abzug zu bringen.

5.7.6.3 Teilweiser Ausschluss vom Vorsteuerabzug
Vom Vorsteuerabzug ausgeschlossen sind 50 Prozent der Steuerbeträge auf Ausgaben für *Verpflegung und Getränke*.

5.7.6.4 Vorsteuerabzug bei gemischter Verwendung (MWSTG, Art. 41)
Werden steuerbelastete Gegenstände oder Dienstleistungen beim Bezüger sowohl für geschäftliche als auch für andere (z.B. steuerbefreite oder private) Zwecke verwendet, so ist der Vorsteuerabzug nach dem Verhältnis der Verwendung zu kürzen.
Wird der Gegenstand oder die Dienstleistung zu einem überwiegenden Teil (mehr als 50 Prozent) für geschäftliche Zwecke verwendet, so kann die Vorsteuer ungekürzt abgezogen und der Eigenverbrauch jährlich einmal versteuert werden.

> Zur Kürzung des Vorsteuerabzuges bei gemischter Verwendung hat die ESTV eine Sonderbroschüre Nr. 610.530-06 herausgegeben, die sich mit dieser komplizierten Materie auseinandersetzt.

Bei Betrieben, die sowohl steuerbare wie auch von der Steuer ausgenommene Leistungen erbringen – und davon gibt es mehr als man auf den ersten Blick annehmen könnte –, wird eine den tatsächlichen Umständen gerecht werdende *Aufteilung der Vorsteuerabzüge* sowohl die Finanzverantwortlichen und Treuhänder dieser Betriebe als auch die Fiskalbehörde gleichermassen beschäftigen. Im Unternehmen wird verständlicherweise danach getrachtet, den Vorsteuerabzug zu maximieren; demgegenüber ist es Aufgabe der ESTV zu kontrollieren, dass der Staat nicht zu kurz kommt.

Vom *Administrationsaufwand* her wird sich die steuerliche Behandlung des Vorsteuerabzuges ohne Zweifel zu einem der *aufwendigsten Probleme des Mehrwertsteuersystems* entwickeln. Diese Befürchtungen werden genährt durch die im Ausland gesammelten Erfahrungen. Dass die Mehrwertsteuer eine umfassende Besteuerung des Konsums sicherstellen soll, ist unbestritten, darf aber die Steuerbehörde nicht dazu verleiten, beim Vorsteuerabzug willkürliche Einschränkungen in Bezug auf die Frage der Geschäftsmässigkeit vorzunehmen. Der Vorsteuerabzug steht den Unternehmen bei geschäftlichem Verwendungszweck von der Verfassung her zu, und dieses Recht darf nicht durch eine den Willen des Gesetzgebers einschränkende Steuerpraxis im Nachhinein geschmälert werden.

5.7.6.5 Spätere Entstehung des Anspruchs auf Vorsteuerabzug
(MWSTG, Art. 42)

Dank dem am 1. Januar 2001 in Kraft getretenen Mehrwertsteuergesetz ist die sogenannte *Einlageentsteuerung*, d.h. der nachträgliche Vorsteuerabzug, möglich geworden.

Waren die Voraussetzungen des Vorsteuerabzugs beim Empfang der Lieferung, der Dienstleistung oder bei der Einfuhr nicht gegeben, treten sie jedoch später ein, so kann der Vorsteuerabzug grundsätzlich in der Abrechnungsperiode nachgeholt werden, in welcher die Voraussetzungen dafür eingetreten sind.

Wurde der Gegenstand in der Zeit zwischen seiner Anschaffung und dem späteren Eintritt der Voraussetzung für den Vorsteuerabzug in Gebrauch genommen, so vermindert sich die abziehbare Vorsteuer für jedes in dieser Zeitspanne abgelaufene Jahr

- linear um einen Fünftel bei beweglichen Gegenständen;
- linear um einen Zwanzigstel bei unbeweglichen Gegenständen.

Bei Dienstleistungen, die vor dem Eintritt der Voraussetzungen für den Vorsteuerabzug teilweise genutzt wurden, berechnet sich die abziehbare Vorsteuer vom Wert des noch nicht genutzten Teils.

5.7.7 Abrechnung der Mehrwertsteuer

5.7.7.1 Entstehen der Steuerforderung (MWSTG, Art. 43)
Bei Lieferungen und Dienstleistungen entsteht die Steuerforderung im Falle der Abrechnung nach vereinbarten Entgelten mit der Rechnungsstellung, welche spätestens *3 Monate* nach Erbringen der Lieferung oder Dienstleistung zu erfolgen hat. Im Falle der Abrechnung nach vereinnahmten Entgelten mit der Vereinnahmung des Entgeltes.

5.7.7.2 Abrechnungsart (MWSTG, Art. 44)
Die Steuer ist grundsätzlich *nach vereinbarten Entgelten* abzurechnen. Sofern es für das steuerpflichtige Unternehmen aus Gründen des Rechnungswesens einfacher ist, kann die Eidg. Steuerverwaltung auf Antrag hin bewilligen, über die Steuer *nach vereinnahmten Entgelten abzurechnen.*

5.7.7.3 Abrechnung zu Saldosteuersätzen (MWSTG, Art. 59)
Als Entgegenkommen an KMU ist das Pauschalabrechnungsverfahren mit Saldosteuersätzen zu verstehen. Mit der Anwendung dieser Methode werden die administrativen Arbeiten im Bereich der Buchführung und Steuerabrechnung wesentlich vereinfacht, weil die an die Umsatzsteuer anrechenbare *Vorsteuer* nicht mehr ermittelt und die *Steuerabrechnung* nur halbjährlich vorgenommen werden muss. Es wird auf die Spezialbroschüre «Saldosteuersätze» Nr. 610.530-03, herausgegeben von der Eidg. Steuerverwaltung, hingewiesen, welcher einige der nachstehenden Ausführungen entnommen sind.

Bei der *Festlegung der Saldosteuersätze* wurde den besonderen Verhältnissen der einzelnen Branchen (z.B. Normalsatz, reduzierter Satz, Sondersatz, Anteil Warenaufwand, übriger Aufwand) Rechnung getragen, so dass die Nettosteuerschuld (Steuerzahllast) von derjenigen aus der effektiven Abrechnungsmethode nicht oder nur geringfügig abweichen dürfte.

Betriebsindividuelle Saldosteuersätze sind nicht möglich.

In der Regel benötigt ein Steuerpflichtiger zur Versteuerung seiner Umsätze lediglich *einen Saldosteuersatz*. Steuerpflichtigen, deren Tätigkeiten verschiedenen Saldosteuersätzen unterliegen, werden höchstens *zwei Saldosteuersätze* bewilligt.

Bei den Saldosteuersätzen handelt es sich nicht um die Steuersätze, wie sie in den Fakturen anzugeben sind, sondern lediglich um *Hilfsmittel,* die KMU die Steuerberechnung in der Semesterabrechnung erleichtern sollen. Die Saldosteuersätze wurden in der Weise ermittelt, dass sie bei der Steuerberechnung im Sinne von *Multiplikatoren* anzuwenden sind. In der Steuerabrechnung muss deshalb der steuerbare Totalumsatz einschliesslich Steuer deklariert und mit dem Saldosteuersatz multipliziert werden.

> **Beispiel:** Ein Architekt, der die von ihm geschuldete Steuer zum bewilligten Saldosteuersatz von 6 Prozent berechnet, hat während eines Semesters 400 000 Franken inkl. MWST vereinnahmt. Er deklariert in der Abrechnung einen Umsatz von 400 000 Franken zu 6 Prozent, was eine geschuldete Steuer von 24 000 Franken ergibt.

Es sind keine weiteren Rechenoperationen notwendig. Die Ermittlung der Vorsteuer entfällt. In den Rechnungen darf der Architekt keinen Hinweis auf den Saldosteuersatz machen, sondern muss den gesetzlichen Steuersatz (hier 7,6 Prozent) ausweisen.

5.7.7.3.1 Wer darf Saldosteuersätze anwenden?
Mit Saldosteuersätzen abrechnen können diejenigen Steuerpflichtigen, welche nachfolgende Bedingungen kumulativ erfüllen:
- der steuerbare *Jahresumsatz* (inkl. Steuer) darf nicht mehr als *3 Millionen Franken* betragen;
- die *Steuerzahllast* darf nicht mehr als *60 000 Franken pro Jahr* betragen.

5.7.7.3.2 Wer darf nicht Saldosteuersätze anwenden?
Von der Anwendung der Saldosteuersätze ausgeschlossen sind:
- Steuerpflichtige mit einem steuerbaren Jahresumsatz von mehr als 3 Millionen Franken;
- Steuerpflichtige mit einer Steuerzahllast von mehr als 60 000 Franken pro Jahr;
- Steuerpflichtige, die für die Versteuerung von ausgenommenen Umsätzen optiert haben;
- Steuerpflichtige, welche die Gruppenbesteuerung anwenden;
- Steuerpflichtige der Talschaften Samnaun und Sampuoir.

5.7.7.3.3 Beginn und Ende der Unterstellung
Der Steuerpflichtige kann ab Beginn seiner Steuerpflicht mit Hilfe von Saldosteuersätzen abrechnen. Er hat zu diesem Zweck fristgerecht eine Unterstellungserklärung einzureichen. Die Frist beträgt *30 Tage* nach Zustellung der MWST-Nummer. Damit verpflichtet er sich, die *Saldosteuersatz-Abrechnungsmethode* während *mindestens 5 Jahren* beizubehalten. Wenn er sich nicht entschliesst zu Saldosteuersätzen abzurechnen, oder hat er die Unterstellungserklärung zu spät eingereicht, so muss er *mindestens 5 ganze Kalenderjahre* nach der *effektiven Methode* abrechnen, bevor er – jeweils auf den 1. Januar – zur Abrechnung mit Saldosteuersätzen wechseln kann. Dazu hat er sich bis spätestens Ende Februar jenes Jahres schriftlich bei der ESTV zu melden, ab dessen Beginn er die vereinfachte Abrechnungsmethode anwenden will.

Ein *Wechsel* von der Saldosteuersatz-Methode zur effektiven Abrechnungs-Methode ist frühestens nach *5 ganzen Kalenderjahren* und immer nur auf den 31. Dezember möglich. Der Steuerpflichtige hat den Widerruf schriftlich bis *spätestens Ende Februar* des Jahres einzureichen, ab dessen Beginn er effektiv abrechnen will.

> **Achtung Steuerfalle:**
> Ein Widerruf, der nach dem 28. Februar der Post übergeben wird, entfaltet seine Wirkung erst im darauffolgenden Jahr!

Ein *Wechsel* von der effektiven zur Saldosteuersatz-Methode ist ausserdem immer dann möglich, wenn die ESTV den *Saldosteuersatz* der betreffenden Branche *ändert* und dies nicht auf eine Anpassung der gesetzlichen Steuersätze zurückzuführen ist.

Wird während *zwei aufeinanderfolgenden Kalenderjahren* die jährliche Umsatzgrenze von 3 Millionen Franken und/oder die Steuerzahllastgrenze von 60 000 Franken pro Jahr überschritten, so muss der Steuerpflichtige ab 1. Januar des dritten Jahres nach der effektiven Methode abrechnen.

Die Frage, ob für ein Unternehmen die effektive Abrechnungs-Methode oder die pauschale Abrechnung zu Saldosteuersätzen vorteilhafter ist, muss anhand folgender *Kriterien* untersucht werden:
- *Vergleichsrechnung* Saldosteuersatz zu effektivem Steuersatz gemäss Plan-Erfolgsrechnung. Entscheidend ist vor allem die Wertschöpfung (Bruttoergebnis 1) im betreffenden Unternehmen;
- Beurteilung der *Investitionsplanung* für die nächsten 5 Jahre bezüglich zu erwartender Vorsteuerabzüge;
- Beurteilung des einzusparenden *Administrationsaufwands* bei der vereinfachten Abrechnung;
- Vorteil, dass der *Eigenverbrauch* im Saldosteuersatz enthalten ist (siehe auch 6.2 «Steuerplanung bei der Gründung/Übernahme eines Unternehmens»).

> **Steuerfalle:**
> Wenn ein Unternehmen zu Saldosteuersätzen abrechnet, so sind im bewilligten Steuersatz sämtliche Vorsteuern enthalten und somit abgegolten. Auch bei ausserordentlichen Investitionen sind keine Vorsteuerabzüge möglich. Die Wahl des Abrechnungsverfahrens muss somit mit der Investitionsplanung abgestimmt werden.

> **Steuertipp:**
> **Die Möglichkeit der vereinfachten Abrechnung zu Saldosteuersätzen kann vor allem für kleinere Unternehmen vorteilhaft sein, die keine ausserordentlichen und wiederkehrenden Investitionsvorhaben geplant haben und zudem nicht über ein ausgebautes Rechnungswesen verfügen. Ein weiterer, nicht zu unterschätzender Vorteil ist auch, dass der Eigenverbrauch bei Beendigung der Geschäftstätigkeit nicht abgerechnet werden muss** (siehe auch 6.5 «Steuerplanung rechtzeitig vor der Regelung der Geschäftsnachfolge»).

5.7.7.4 Abrechnungsperiode (MWSTG, Art. 45)
Über die Steuer wird abgerechnet:
- in der Regel *vierteljährlich*;
- bei der Abrechnung zu Saldosteuersätzen *halbjährlich*;
- beim Bezug von Dienstleistungen aus dem Ausland *jährlich*.
- Auf Antrag kann die ESTV in begründeten Fällen *andere Abrechnungsperioden* bewilligen und setzt die Bedingungen dafür fest. So können z.B. exportorientierte Unternehmen, die regelmässig erhebliche Vorsteuerüberschüsse von der ESTV zurückfordern, die *monatliche Abrechnung* beantragen.

5.7.7.5 Selbstveranlagung (MWSTG, Art. 46)
Die Mehrwertsteuer ist eine Selbstveranlagungssteuer. Dies bedeutet, dass der Steuerpflichtige selber und allein für die vollständige und richtige Versteuerung seiner Umsätze und für die korrekte Ermittlung der abziehbaren Vorsteuer verantwortlich ist. Für die Deklaration steht ihm eine *Frist von 60 Tagen* nach Ablauf der Abrechnungsperiodes zur Verfügung.

5.7.7.6 Entrichtung der Steuer (MWSTG, Art. 47)
Innerhalb von *60 Tagen* nach Ablauf der Abrechnungsperiode hat der Steuerpflichtige die für diesen Zeitraum geschuldete Steuer (Umsatzsteuer abzüglich Vorsteuern) an die ESTV einzuzahlen. Bei verspäteter Zahlung wird ohne Mahnung ein *Verzugszins* geschuldet, dessen Höhe durch das Eidg. Finanzdepartement festgelegt wird.

5.7.7.7 Rückerstattung von Steuern (MWSTG, Art. 48)
Übersteigen die abziehbaren Vorsteuern die geschuldete Umsatzsteuer, so wird der Überschuss dem Steuerpflichtigen ausbezahlt. Erfolgt die Auszahlung später als *60 Tage* nach Eintreffen der Steuerabrechnung bei der ESTV, so wird für die Zeit vom 61. Tag bis zur Auszahlung ein *Vergütungszins zum Zinssatz für den Verzugszins* ausgerichtet. Der Vergütungszins wird auch dann ausgerichtet, wenn dem Steuerpflichtigen Steuern zurückzuerstatten sind, die zu Unrecht eingefordert wurden.

5.7.7.8 Verjährung (MWSTG, Art. 49 und 50)
Die *Steuerforderung* verjährt *fünf Jahre* nach Ablauf des Kalenderjahres, in dem sie entstanden ist. Die Verjährung wird durch jede Einforderungshandlung und durch jede Berichtigung seitens der zuständigen Behörde unterbrochen.
Die Steuerforderung verjährt in jedem Fall *fünfzehn Jahre* nach Ablauf des Kalenderjahres, in dem sie entstanden ist.
Die gleichen Fristen von fünf Jahren, bzw. fünfzehn Jahren, gelten auch für die *Verjährung* des Anspruchs auf *Vorsteuerabzug*.

5.7.8 Buchführungs- und Aufbewahrungspflicht (MWSTG, Art. 58)
Der Steuerpflichtige hat seine Geschäftsbücher ordnungsgemäss zu führen und so einzurichten, dass sich aus ihnen die für die Feststellung der Steuerpflicht sowie für die Berechnung der Steuer und der abziehbaren Vorsteuern massgebenden Tatsachen leicht und zuverlässig ermitteln lassen.

Die ESTV hat hierüber nähere Bestimmungen aufgestellt, die in der Wegleitung 2001 zur Mehrwertsteuer im 6. Teil enthalten sind, worauf sich die nachfolgenden Ausführungen teilweise beziehen.

Auch Steuerpflichtige, die nicht der obligationenrechtlichen Buchführungspflicht unterliegen, sollten sich gleichwohl, auch in ihrem eigenen Interesse, an die *Buchführungsvorschriften im Sinne von Art. 957 ff. OR* halten. Dies umso mehr, als sie nach *Art. 125, Abs. 2* des Bundesgesetzes über die direkte Bundessteuer *(DBG)* ohnehin verpflichtet sind, Aufzeichnungen über Aktiven und Passiven, Einnahmen und Ausgaben sowie Privatentnahmen und Privateinlagen zu führen.

Die Glaubwürdigkeit und die Beweiskraft ordnungsgemäss geführter Geschäftsbücher, die in Erfolgsrechnungen und Bilanzen ausmünden, sind wesentlich grösser als jene blosser Aufzeichnungen ohne entsprechenden Abschluss.

> **Steuertipp:**
> **Eine formell und materiell ordnungsgemäss geführte Buchhaltung ist die beste Voraussetzung für eine korrekte Erfassung und Abrechnung der Mehrwertsteuer.**

> **Achtung Steuerfalle:**
> Eine mangelhaft geführte Buchhaltung sowie das Fehlen von Abschlüssen, Unterlagen und Belegen können sich vor allem bei Steuerkontrollen nachteilig auswirken und zu einer annäherungsweisen Ermittlung der Mehrwertsteuer durch die ESTV führen, die oftmals nicht zum Vorteil des Steuerpflichtigen ausfällt.

5.7.8.1 Anpassung der Buchhaltung an das System der Mehrwertsteuer

Das Mehrwertsteuer-System erfordert gewisse Anpassungen der Buchführung an die Besonderheiten dieser Steuer.
In den meisten Fällen dürfte die Schaffung zusätzlicher Konti für die Steuer auf dem Umsatz und die Vorsteuern sowie eine gewisse Anpassung bestehender Journale oder Hilfsbücher genügen.

5.7.8.2 Bedeutung der Mehrwertsteuer in der Buchhaltung

Die Mehrwertsteuer ist grundsätzlich Bestandteil der Entgelte für steuerbare Lieferungen und Dienstleistungen. Ihr kommt jedoch in der Buchhaltung der Charakter eines *durchlaufenden Postens* zu.

Wichtig ist, dass die *Prüfspur*, d.h. das Verfolgen der Geschäftsvorfälle – auch stichprobenweise – sowohl vom Einzelbeleg über die Buchhaltung bis zur MWST-Abrechnung als auch in umgekehrter Richtung, ungeachtet der Art der eingesetzten technischen Hilfsmittel, ohne Zeitverlust gewährleistet sein muss.

Die *Vorsteuern* können in der Steuerabrechnung von den auf den eigenen Umsätzen geschuldeten *Umsatzsteuern* abgezogen werden. Ein Überschuss der Steuer auf den Umsätzen muss entrichtet werden; ein allfälliger Überschuss der Vorsteuer wird zurückvergütet.

Für die Mehrwertsteuer-Abrechnung ist die *Vorsteuer aufzuteilen* in:

- *Vorsteuer auf Materialaufwand und Dienstleistungen* (Konto 1170 nimmt die Vorsteuern aus der Kontenklasse 4 «Aufwand für Material, Waren und Dienstleistungen»).

- *Vorsteuer auf Investitionen und übrigem Betriebsaufwand* (Konto 1171 nimmt die Vorsteuern aus der Kontenklasse 1 «Aktiven» und Kontenklasse 6 «Sonstiger Betriebsaufwand»).

Die Konten entsprechen dem *Kontenrahmen KMU,* herausgegeben vom Schweizerischen Gewerbeverband Bern.

5.7.8.3 Netto- und Brutto-Verbuchung
Es hängt in erster Linie von der Geschäftsstruktur und von der Organisation des Rechnungswesens ab, ob für den einzelnen Steuerpflichtigen die Netto- oder die Brutto-Methode zweckmässiger ist.
Bei geeigneter Organisation des Rechnungswesens können Brutto-und Netto-Methode auch nebeneinander angewendet werden (z.B. Ertrag brutto, Aufwand netto oder Warenaufwand brutto, übriger Aufwand netto).

5.7.8.3.1 Netto-Verbuchung
Bei der Netto-Verbuchung wird die auf den Umsätzen geschuldete Steuer auf einem separaten Konto 2200 *«Geschuldete Mehrwertsteuer* (Umsatzsteuer)», resp. die beim Einkauf an steuerpflichtige Lieferanten oder Dienstleistungserbringer zu bezahlende oder bezahlte Steuer auf separate Konti *«Vorsteuer»* (siehe oben) verbucht.

Die Netto-Verbuchung entspricht am besten dem besonderen Charakter der Mehrwertsteuer als durchlaufender Posten.
Aufwand und Ertrag werden in der Buchhaltung stets netto, d.h. ohne Steuer ausgewiesen, was den Überblick erleichtert.
Zudem ist aus den Konti *«Umsatzsteuer»* und *«Vorsteuer»* jederzeit der genaue Stand der Schuld oder des Guthabens gegenüber der ESTV ersichtlich.

Eine Aufteilung der einzelnen Aufwand- und Anlagekonti nach steuerlichen Gesichtspunkten z.B. inkl. Vorsteuer zum Normal- oder zum ermässigten Satz, bzw. ohne abziehbare Vorsteuer) entfällt.

Die durch die separate Verbuchung der Steuer verursachte Mehrarbeit hält sich in Grenzen, wenn die Aufteilung der Ein- und Ausgangsfakturen nach «Nettobetrag» und «Mehrwertsteuer» bereits in Hilfsbüchern mit entsprechenden

Spalten erfolgt und die Konti der Buchhaltung nur die rekapitulierten Sammelbeträge aufnehmen.

5.7.8.3.2 Brutto-Verbuchung
Bei der Brutto-Verbuchung werden auf den Ertrags- und Aufwandkonti vorerst die *Brutto-Beträge inkl. Steuer* auf dem Umsatz und Vorsteuern gebucht. Beide Steuerbetreffnisse werden periodisch, spätestens am Ende der Abrechnungsperiode global herausgerechnet und wie bei der Netto-Verbuchung auf die separaten Konti «Umsatzsteuer» und «Vorsteuer» übertragen. Die Ertrags- und Aufwandkonti weisen dann nur noch die Netto-Beträge ohne Steuern aus.

Die Brutto-Verbuchung eignet sich insbesondere für Ausgangsfakturen, sofern diese durchwegs dem gleichen Steuersatz unterliegen. Sie kann zwar auch beim Vorkommen verschiedener Steuersätze oder bei Steuerbefreiung angewendet werden, doch sind in diesem Falle – zwecks einfacher Ermittlung der Steuer – die Konti nach Steuersätzen aufzuteilen, z.B.

3000 Bruttoertrag 7,6% MWST
3001 Bruttoertrag 3,6% MWST
3002 Bruttoertrag 2,4% MWST
3003 Bruttoertrag MWST-Nullsatz mit Vorsteuerabzug
3004 Bruttoertrag MWST-Nullsatz ohne Vorsteuerabzug

Bei den Eingangsfakturen dürfte sich die Brutto-Verbuchung in der Regel nur für den Waren- oder Materialeinkauf eignen, wobei auch hier die Konti nach den verschiedenen Steuersätzen aufzugliedern sind, z.B.

4000 Materialeinkauf 7,6% MWST
4001 Materialeinkauf 2,4% MWST
4002 Materialeinkauf ohne Anspruch auf Vorsteuerabzug

Für die Verbuchung der Investitionen und des übrigen Betriebsaufwandes eignet sich die Brutto-Methode weniger, weil die Unterteilung der einzelnen Konti nach steuerlichen Gesichtspunkten nicht nur erhebliche Mehrarbeit verursacht, sondern auch die Übersicht wesentlich beeinträchtigt.

> **Eine Aufteilung der Erträge und Aufwendungen nach Steuersätzen ist somit nur bei Brutto-Verbuchung nötig. In der Praxis wird aber vor allem bei elektronischer Verarbeitung in der Regel die Netto-Verbuchung angewendet. Dabei wird die Mehrwertsteuer automatisch auf das entsprechende Konto «Umsatzsteuer» oder «Vorsteuer» gebucht und eine Aufteilung der Konten nach Steuersätzen entfällt.**

5.7.8.4 *Erfassung und Gliederung der Umsätze und der Vorsteuern*
Die zu deklarierenden Umsätze, wie auch die abziehbaren Vorsteuern, müssen jederzeit detailliert nachgewiesen werden können. Die Unterlagen über die

Ermittlung der abzurechnenden Beträge sind zusammen mit dem Abrechnungsdoppel aufzubewahren.

Mindestens einmal jährlich müssen die deklarierten Umsätze, wie auch die abgezogenen Vorsteuern, mit der Buchhaltung abgestimmt werden. Allfällige Differenzen sind mit der nächstfolgenden Abrechnung zu bereinigen.

5.7.8.5 Aufbewahrungspflicht (MWSTG, Art. 58, Abs. 2)
Der Steuerpflichtige hat seine Geschäftsbücher, Belege, Geschäftspapiere und sonstigen Aufzeichnungen während *zehn Jahren* ordnungsgemäss aufzubewahren.
Die Aufbewahrungsbestimmungen des Obligationenrechts gemäss Artikel 962 bleiben vorbehalten.
Die mit *unbeweglichen Gegenständen* (z.B. Immobilien) zusammenhängenden Geschäftsunterlagen sind während *zwanzig Jahren* aufzubewahren.
Ist nach Ablauf der Aufbewahrungsfrist die Verjährung der Steuerforderung noch nicht eingetreten, so dauert die Aufbewahrungspflicht *bis zum Eintritt dieser Verjährung*.

> **Steuertipp:**
> **Im Hinblick auf die Grundstückgewinnsteuer wird dringend empfohlen, Kaufverträge und Belege für wertvermehrende Aufwendungen an Immobilien solange aufzubewahren bis das betreffende Objekt verkauft und steuerlich abgerechnet wurde.**

5.7.8.6 Ermessenseinschätzung (MWSTG, Art. 60)
Wenn keine oder unvollständige Aufzeichnungen vorliegen oder stimmen die ausgewiesenen Ergebnisse mit dem wirklichen Sachverhalt offensichtlich nicht überein, so nimmt die ESTV eine Schätzung nach pflichtgemässem Ermessen vor. Dabei stützt sich die Behörde in der Regel auf *Erfahrungszahlen,* welche in Zusammenarbeit mit den kantonalen Steuerverwaltungen erarbeitet werden. Letztere unterstützen die ESTV überdies bei der Abklärung der Mehrwertsteuerpflicht von Unternehmen.

5.7.8.7 Auskunftspflicht Dritter (MWSTG, Art. 61)
Die ESTV wird durch diesen Artikel ermächtigt, von auskunftspflichtigen Dritten kostenlos alle erforderlichen Auskünfte einzuholen, die für die Feststellung der Steuerpflicht oder für die Berechnung der Steuer und der abziehbaren Vorsteuer erforderlich sind.

5.7.8.8 Überprüfung (MWSTG, Art. 62)
Die Erfüllung der Pflicht zur Anmeldung als steuerpflichtige Person sowie die Steuerabrechnungen und -ablieferungen werden von der ESTV überprüft.
Zwecks Abklärung des Sachverhalts hat die steuerpflichtige Person der ESTV den *Zugang zu ihrer Finanz- und Betriebsbuchhaltung* sowie zu den dazugehörigen Belegen zu gewähren.

Die ESTV ist ermächtigt, *Kontrollen* an Ort und Stelle, ohne vorherige Benachrichtigung des Steuerpflichtigen, durchzuführen. Diese Regelung darf nur in Fällen eines begründeten Verdachtes auf Steuerhinterziehung mit Kollusionsgefahr Anwendung finden. Für alle übrigen (normalen) Fälle gebieten es die Regeln geschäftlicher Gepflogenheiten, dass der Revisor sich anmeldet, unter Hinweis darauf, welche Akten und Unterlagen durch den Steuerpflichtigen bereitzustellen sind. Dieses Vorgehen wird auch bei den direkten Steuern mit Erfolg angewendet.

5.7.8.9 *Entscheide der ESTV* (MWSTG, Art. 63)
Die ESTV trifft von Amtes wegen oder auf Verlangen des Steuerpflichtigen alle Entscheide zur Steuererhebung sowie zum Bestand oder Umfang der Steuerpflicht.

5.7.9 *Rechtsmittel* (MWSTG, Art. 64 ff.)

5.7.9.1 *Einsprache* (MWSTG, Art. 64)
Entscheide der ESTV können innert *30 Tagen* nach der Eröffnung mit Einsprache angefochten werden.

Die Einsprache ist *schriftlich* bei der ESTV einzureichen. Sie hat die *Begehren*, deren *Begründung* mit Angabe der *Beweismittel* sowie die *Unterschrift* des Einsprechers oder seines Vertreters zu enthalten.

Der *Vertreter* hat sich durch eine schriftliche *Vollmacht* auszuweisen.

Die *Beweismittel* sollen in der Einspracheschrift bezeichnet und dieser beigelegt werden.

Die Einsprache ist beförderlich zu behandeln.

Der *Einspracheentscheid* muss eine Begründung und eine Rechtsmittelbelehrung enthalten.

5.7.9.2 *Beschwerde* (MWSTG, Art. 65)
Einspracheentscheide der ESTV können innert *30 Tagen* nach der Eröffnung mit *Beschwerde bei der Eidg. Steuerrekurskommission* angefochten werden.

5.7.9.3 *Verwaltungsgerichtsbeschwerde* (MWSTG, Art. 66)
Beschwerdeentscheide der Eidg. Steuerrekurskommission können innert *30 Tagen* nach Eröffnung durch Verwaltungsgerichtsbeschwerde beim *Bundesgericht* angefochten werden.
Zur Verwaltungsgerichtsbeschwerde ist auch die ESTV berechtigt.

5.7.9.4 *Kosten und Entschädigungen* (MWSTG, Art. 68)
Im Veranlagungs- und Einspracheverfahren werden in der Regel keine Kosten erhoben und keine Parteientschädigungen ausgerichtet. Ohne Rücksicht auf den

Ausgang des Verfahrens können die Kosten von Untersuchungshandlungen derjenigen Person auferlegt werden, die sie schuldhaft verursacht hat.

5.7.9.5 Betreibung (MWSTG, Art. 69)
Wird der Anspruch auf Steuern, Zinsen, Kosten und Bussen auf Mahnung hin nicht befriedigt, so ist die Betreibung einzuleiten; vorbehalten bleibt die Eingabe in einem Konkurs- oder Nachlassvertragsverfahren.

5.7.9.6 Sicherstellung (MWSTG, Art. 70)
Die Steuerverwaltung kann Steuern, Zinsen und Kosten, auch wenn sie weder rechtskräftig festgesetzt noch fällig sind, sicherstellen lassen, wenn deren Bezahlung als gefährdet erscheint.

5.7.10 Strafbestimmungen (MWSTG, Art. 85 ff.)

5.7.10.1 Steuerhinterziehung
Bei Steuerhinterziehung sind Bussen bis zum Fünffachen der hinterzogenen Steuer geschuldet.
Auch versuchte Steuerhinterziehung und Gehilfenschaft wird bestraft.
Wer sich durch fahrlässiges Verhalten einen unrechtmässigen Steuervorteil verschafft, wird mit Busse bis zum Einfachen des unrechtmässigen Vorteils bestraft.

5.7.10.2 Steuergefährdung
Wer bei den Verfahrenspflichten vorsätzlich oder fahrlässig «sündigt» (Anmeldepflicht, Einreichung der Steuerabrechnung, Buchführungspflicht, Aufbewahrungspflicht, Vorlage der Geschäftsbücher, Erteilen von Auskünften usw.), kann mit einer Busse bis 10 000 Franken, in schweren Fällen oder bei Rückfall bis 30 000 Franken bestraft werden.

Zudem ist das *Verwaltungsstrafrechtsgesetz* anwendbar.

5.8 Stempelabgaben des Bundes

5.8.1 Einleitung
Stempelabgaben sind Rechtsverkehrssteuern des Bundes. Sie stammen aus der Zeit des ersten Weltkrieges. Nach einer ersten Totalrevision des Gesetzes im Jahre 1973 wurden in der zweiten Hälfte der Achtzigerjahre im Parlament Stimmen laut, die nach Entlastungen bei den Stempelabgaben riefen, wodurch die Wettbewerbsfähigkeit des Finanzplatzes Schweiz verbessert werden sollte. Das Resultat dieser Bestrebungen war eine Teilrevision, welche am 1. April 1993 in Kraft trat. Weitere Entlastungen – auch zugunsten der kleineren und mittleren Unternehmen (KMU) – brachte die Reform der Unternehmensbesteuerung, die anfangs 1998 in Kraft getreten ist.

Es werden *drei verschiedene Arten von Abgaben* unterschieden:

5.8.2 Emissionsabgabe auf inländischen Beteiligungsrechten und auf inländischen Obligationen (Art. 5 ff. StG)

Gegenstand der Abgabe sind die entgeltliche oder unentgeltliche Begründung sowie Nennwerterhöhung von *Beteiligungsrechten*.

Auf inländischen *Beteiligungsrechten* beträgt die *Abgabe 1%*.
Abgabepflichtig ist die inländische Gesellschaft.

> **Steuertipp:**
> **Bei Gründung oder Kapitalerhöhung einer AG oder GmbH gilt ein Freibetrag für die ersten 250 000 Franken.**

Übersteigt der Betrag 250 000 Franken, so ist die Abgabe nur auf dem übersteigenden Betrag geschuldet.

> **Achtung Steuerfalle:**
> Bei Sachgründungen ist die Emissionsabgabe auch auf den eingebrachten *stillen Reserven* zu leisten, was vor allem bei Immobilien ins Gewicht fallen kann.

Die Abgabe auf inländischen Obligationen beträgt bei *Anleihensobligationen 1,2 Promille* für jedes volle oder angefangene Jahr der maximalen Laufzeit, bei *Kassenobligationen 0,6 Promille* für jedes Laufzeitjahr.
Abgabepflichtig ist der Schuldner, welcher die Obligationen herausgibt. In der Praxis wird die Abgabe in der Regel auf den Käufer überwälzt.

5.8.3 Umsatzabgabe auf dem Handel mit Wertschriften

Die Bestimmungen über die Umsatzabgabe sind kompliziert und für die Anwendung durch den Fachspezialisten bestimmt. Deshalb hier nur das Wichtigste in Kürze:

Gegenstand der Umsatzabgabe ist der *Handel mit Wertschriften,* d.h. die entgeltliche Übertragung von Eigentum an gewissen inländischen und ausländischen Wertpapieren durch inländische Effektenhändler sowie ausländische Mitglieder einer schweizerischen Börse (Remote members), welche gewerbsmässig den An- und Verkauf von steuerbaren Wertpapieren betreiben.

Die Abgabe beträgt
- *1,5 Promille* für inländische Wertpapiere
  (bzw. 0,75 Promille pro Vertragspartei);
- *3,0 Promille* für ausländische Wertpapiere
  (bzw. 1,5 Promille pro Vertragspartei).

Die Abgabe berechnet sich auf dem Entgelt, d.h. auf dem beim Kauf oder Verkauf des Wertpapiers bezahlten Preis.

Die *Abgabepflicht* obliegt den am Geschäft beteiligten inländischen Effektenhändlern, wobei normalerweise jede Vertragspartei die Hälfte der Abgabe trägt.

Beim Handel mit ausländischen Obligationen *(Eurobonds)* sind ausländische Kunden von der Umsatzabgabe *befreit,* wenn es sich um Geschäfte handelt, die ein inländischer Effektenhändler zwischen zwei ausländischen Vertragsparteien oder einem inländischen und einem ausländischen Kunden vermittelt. Das Gleiche gilt auch, wenn ein inländischer Effektenhändler Eurobonds aus seinen eigenen Beständen an einen ausländischen Kunden verkauft.

> **2001 trat eine Teilabschaffung des Börsenstempels in Kraft. Dadurch wird der Finanzplatz Schweiz um gut 200 Millionen Franken entlastet. Mit dieser Massnahme soll der Abwanderung gewisser Börsengeschäfte ins Ausland entgegengewirkt werden.**

5.8.4 Stempelabgabe auf Versicherungsprämien

Gegenstand der Abgabe sind die Prämienzahlungen für Versicherungen. Es handelt sich vor allem um *Sachversicherungen* wie Mobiliar- und Hausratversicherungen, Gebäudeversicherungen, Haftpflicht- und Kaskoversicherungen, Diebstahl-, Glas-, Wasserschaden-, Maschinen-, Kredit-, Rechtsschutzversicherungen usw.

Im Gegensatz dazu sind – aus sozialen Überlegungen – gewisse Versicherungen von der *Stempelabgabe befreit:*
- Lebensversicherung (Kapital- und Rentenversicherung);
- Kranken- und Invaliditätsversicherung;
- Unfallversicherung;
- Arbeitslosenversicherung;
- Transportversicherung für Güter;
- Versicherung für Elementarschäden an Kulturland und Kulturen, Hagel- und Viehversicherung.

Der *Abgabesatz* berechnet sich auf der Barprämie und beträgt einheitlich *5 Prozent* für die abgabepflichtigen Versicherungsarten.

Ein *Sondersatz von 2,5 Prozent* gilt für die mit Einmalprämien finanzierten, rückkaufsfähigen Lebensversicherungen.

Abgabeschuldner ist in der Regel der inländische Versicherer. In der Praxis überbürden aber die Versicherungsgesellschaften die Abgabe meist auf den Policennehmer, so dass der Versicherte letztendlich die Stempelabgabe zu tragen hat.

Für alle Stempelabgaben gilt des Selbstveranlagungsprinzip.
Dies bedeutet, dass der Abgabepflichtige die entsprechende Deklaration innert der vorgesehenen Frist bei der ESTV einzureichen und den geschuldeten Betrag gleichzeitig zu entrichten hat.

Auf Abgabebeträgen, die nach Ablauf der Fälligkeit noch ausstehen, ist ohne Mahnung ein *Verzugszins* geschuldet.

5.9 Handänderungssteuer

5.9.1 Einleitung
Sie gehört zu den Rechtsverkehrssteuern. Besteuert werden *Handänderungen von Grundeigentum,* d.h. der Übergang eines Rechtes an Grundstücken von einer Person auf eine andere.
Das Recht, Handänderungssteuern zu erheben steht den Kantonen und/oder Gemeinden zu, nicht aber dem Bund.
Handänderungssteuern werden in fast allen Kantonen erhoben. Nur in den Kantonen AR, GR, SG, SZ und ZH wird die Abgabe durch die Gemeinden einverlangt, während in FR und VD neben den Kantonen auch die Gemeinden die Steuer einfordern können.

Klar abzugrenzen ist die Handänderungssteuer von der Grundstückgewinnsteuer, obschon beide Abgaben an die Veräusserung von Grundeigentum anknüpfen. Die Handänderungssteuer wird als Rechtsverkehrssteuer durch die Übertragung des Grundeigentums ausgelöst, während die Grundstückgewinnsteuer beim Verkäufer den erzielten Gewinn erfasst.

5.9.2 Gegenstand der Handänderungssteuer (Steuerobjekt)
Gegenstand der Handänderungssteuer ist die Übertragung (Handänderung) von Grundstücken.

Als *Grundstücke* gelten (gemäss ZGB Art. 655):
- *Liegenschaften* (Grundstücke und die darauf stehenden Bauten und Pflanzen)
- *Miteigentumsrechte* an Liegenschaften;
- im Grundbuch aufgenommene selbstständige und dauernde *Rechte* (z.B. Baurechte, Quellenrechte);
- *Bergwerke.*

Wirtschaftliche Handänderungen, wie z.B. der Verkauf einer massgebenden Beteiligung an einer Immobiliengesellschaft, unterliegen ebenfalls der Handänderungssteuer.

5.9.3 Abgabeschuldner (Steuersubjekt)
Die Handänderungssteuer wird in der Regel durch den Erwerber getragen (natürliche oder juristische Person). In wenigen Kantonen tragen Käufer und Verkäufer die Steuer je hälftig. In einigen Kantonen haftet der Verkäufer solidarisch mit dem Käufer für die Bezahlung der Abgabe.

5.9.4 Bemessungsgrundlage
Die Handänderungssteuer wird grundsätzlich auf dem *Kaufpreis* berechnet. Bei Erbgang, Schenkung oder Tausch ohne Preisfestsetzung wird die Abgabe auf dem allgemein geltenden *Verkehrswert* (Steuer- oder Katasterwert) erhoben.

5.9.5 Steuermass
Die Steuer ist in der Regel *proportional* und beträgt in den meisten Kantonen 1–3 Prozent der Bemessungsgrundlage (z.B. des Kaufpreises, des Verkehrswertes oder des amtlichen Wertes des Grundstückes).

Ermässigte Ansätze oder überhaupt keine Abgabe können erhoben werden bei Eigentumsübertragungen unter Ehegatten oder zwischen Eltern und Kindern sowie bei Umstrukturierung von Unternehmen (Umwandlung der Rechtsform, Fusion oder Aufspaltung).

> **Steuertipp:**
> **Die Handänderungsabgabe gehört grundsätzlich zu den Erwerbskosten, die nicht von der Einkommenssteuer abgesetzt werden können. Dafür kann der Betrag der bezahlten Handänderungssteuer beim Verkauf des Objektes in der Regel bei der Berechnung des steuerbaren Grundstückgewinnes in Abzug gebracht werden.**

5.10 Liegenschaftssteuer

5.10.1 Einleitung
In rund der Hälfte der Kantone wird das Grundeigentum neben der Vermögens- bzw. Kapitalsteuer zusätzlich durch eine separate *Liegenschaftssteuer* belastet. Diese indirekte Steuer erfasst die Liegenschaft als Objekt zu deren vollem Wert, d.h. ohne Abzug der darauf lastenden Schulden.
Es handelt sich entweder um eine kantonale oder kommunale Steuer. Der Bund kennt diese Steuer nicht.

5.10.2 Gegenstand der Liegenschaftssteuer (Steuerobjekt)
Gegenstand der Steuer sind *Grundstücke* aller Art.
Darunter zählen nach ZGB 655:
- Liegenschaften samt zugehörigen Bodenflächen, Bauten und Pflanzen;
- selbstständige und dauernde Rechte, die im Grundbuch eingetragen sind (Baurechte, Quellenrechte, Dienstbarkeiten usw.);

- Bergwerke;
- Miteigentumsanteile.

5.10.3 Abgabeschuldner (Steuersubjekt)

Der im Grundbuch eingetragene *Eigentümer* ist grundsätzlich zur Zahlung der Objektsteuer verpflichtet.
Lastet auf dem Grundstück eine *Nutzniessung,* so ist kraft ausdrücklicher gesetzlicher Regelung in den meisten Kantonen der *Nutzniesser* steuerpflichtig.
Einige Kantone erheben zudem eine *Minimalsteuer auf Liegenschaften juristischer Personen.*

5.10.4 Bemessungsgrundlage

In der Regel gilt der für die Vermögenssteuer gültige Wert als Bemessungsgrundlage (siehe auch 5.2.2 «Vermögenssteuer natürlicher Personen»). Im Gegensatz zur Vermögenssteuer können aber bei der Liegenschaftssteuer die auf dem Objekt lastenden Schulden nicht vom Bruttowert der Liegenschaft abgezogen werden. Dies bedeutet, dass die Steuer vom Bruttowert der Liegenschaft berechnet wird.

5.10.5 Steuermass

Als indirekte Objektsteuer ist die Abgabe proportional und in der Regel jährlich geschuldet.
Der *Steuersatz* wird in Promillen ausgedrückt und liegt je nach Steuerdomizil (Ort des Grundstückes) zwischen 0,3 bis 3,0 Promille des Steuerwertes (brutto).

> **Steuertipp:**
> Die Liegenschaftssteuer kann in den meisten Kantonen von der Steuer abgesetzt werden; in einigen Kantonen sogar zusätzlich zum Pauschalabzug.

5.11 Erbschafts- und Schenkungssteuern

5.11.1 Einleitung

Fast alle Industrieländer kennen eine Erbschaftssteuer. In der Schweiz werden Erbschaften und Schenkungen auf Bundesebene nicht besteuert; hingegen erheben fast alle Kantone sowohl Erbschafts- als auch Schenkungssteuern. Dabei wenden die meisten Kantone für beide Steuerarten die gleichen Steueransätze an. Damit soll vermieden werden, dass die Erbschaftssteuer mittels Schenkungen allzu leicht umgangen werden kann.

> Ausnahmen bilden nur der Kanton Schwyz, der weder Erbschafts- noch Schenkungssteuern kennt sowie der Kanton Luzern, der auf die Besteuerung der meisten Schenkungen verzichtet.

Auf dem Gebiet der Erbschafts- und Schenkungssteuern besteht unter den Kantonen grösste Vielgestaltigkeit. Kaum ein Kanton verfügt über eine gleiche Regelung wie ein anderer. Es würde aber den Rahmen des Steuerbreviers KMU sprengen, wollte man auf alle kantonalen Details eintreten, weshalb wir uns bei den Erbschafts- und Schenkungssteuern auf die wichtigsten Fakten und Eigenheiten sowie Steuerplanungsmöglichkeiten beschränken.

5.11.2 Steuerhoheit
Erbschafts- und Schenkungssteuern werden nicht vom Bund, sondern nur von fast allen Kantonen und einigen Gemeinden erhoben. Die meisten Kantone lassen die Gemeinden am Ertrag der kantonalen Erbschafts- und *Schenkungssteuern* partizipieren.

5.11.3 Gegenstand der Erbschafts- und Schenkungssteuern (Steuerobjekt)
Gegenstand der *Erbschaftssteuer* ist der Vermögensübergang an die gesetzlichen und die eingesetzten Erben sowie an die Vermächtnisnehmer. Bei der *Schenkungssteuer* unterliegen die geleisteten Zuwendungen (Schenkungen) der Steuerpflicht.

Zur *Erhebung* der Erbschaftssteuer auf beweglichen Vermögensteilen (Bargeld, Wertschriften usw.) ist grundsätzlich derjenige Kanton berechtigt, in welchem der *Erblasser* seinen letzten Wohnsitz hatte.

Die Steuer auf Schenkungen beweglichen Vermögens wird durch den Kanton erhoben, in dem der *Schenker* zum Zeitpunkt der Schenkung seinen Wohnsitz hatte.

Wird *Grundeigentum* vererbt oder verschenkt, ist immer derjenige Kanton zur Steuererhebung berechtigt, in welchem das Grundeigentum liegt.

In der Schweiz ansässige Erben oder Beschenkte bleiben *steuerfrei*, wenn sie von einem Erblasser oder Schenker aus dem *Ausland* Vermögen erben oder Zuwendungen erhalten; vorbehalten bleibt die Übertragung schweizerischen Grundeigentums.

Die Erbschaftssteuer ist in fast allen Kantonen als *Erbanfallsteuer* ausgestaltet. Dies bedeutet, dass die einzelnen Erben bzw. Vermächtnisnehmer für ihren Erbteil individuell besteuert werden.

Eine *Nachlasssteuer* auf dem gesamten hinterlassenen, nicht aufgeteilten Vermögen des Verstorbenen wird zusätzlich zur Erbanfallsteuer in den Kantonen SO und NE erhoben. Der Kanton GR erhebt nur eine Nachlasssteuer.

5.11.4 Abgabeschuldner (Steuersubjekt)
Steuerpflichtig sind grundsätzlich in allen Kantonen die Empfänger der Vermögensanfälle und Zuwendungen, mit anderen Worten, bei der Erbschaftssteuer die Erben und die Vermächtnisnehmer, bei der Schenkungssteuer die Beschenkten.

> **Steuerfalle:**
> Wird die Steuer bei einer Schenkung durch den Schenker übernommen, so gilt die bezahlte Steuer als zusätzliche Schenkung, auf welcher wiederum Schenkungssteuer durch den Beschenkten bezahlt werden muss!

5.11.5 Bemessungsgrundlage

Grundsätzlich gilt für die Bemessung der Erbschafts- und Schenkungssteuer der *Verkehrswert* der übertragenen Vermögenswerte am Todestag bzw. am Tag der Schenkung.
Für Wertpapiere gilt der Börsenkurs. Grundstücke werden zum Steuerwert (amtlicher Wert oder Katasterwert) erfasst. Hausrat wird von den meisten Kantonen ganz oder teilweise von der Erbschaftssteuerpflicht ausgenommen.

Bei der *Erbschaftssteuer* dient ein auf den *Todestag* aufgenommenes Inventar aller Vermögenswerte und Verbindlichkeiten als Grundlage für die Steuerbemessung.
Dabei können alle durch den Todesfall und Erbgang entstandenen Aufwendungen berücksichtigt werden.
Die Veranlagung der Erbschaftssteuer erfolgt dann in der Regel auf der Grundlage dieses *Nachlassinventars*.

Die *Schenkungssteuer* wird aufgrund einer *Steuererklärung* bzw. *Schenkungsanzeige* veranlagt. In den meisten Kantonen ist der Beschenkte verpflichtet, eine entsprechende Erklärung auszufüllen und einzureichen.
In wenigen Kantonen obliegt die Meldepflicht dem Schenker.

5.11.6 *Steuermass*

Die meisten Kantone, die sowohl eine Erbschafts- als auch eine Schenkungssteuer erheben, wenden für beide Steuern die gleichen Tarife an.

Die *Steuertarife* der Erbschafts- und Schenkungssteuern richten sich in fast allen Kantonen nach dem *Verwandtschaftsgrad* und nach der Höhe des *Vermögensanfalles*.
Je entfernter der Verwandtschaftsgrad, desto höher der Steuersatz. Je höher der Vermögensanfall, desto höher der Progressionszuschlag.

> **Steuerfalle:**
> Für entfernte Verwandte und Nichtverwandte kann die Belastung bei hohen Vermögensanfällen auf über 50 Prozent ansteigen!

> **Steuertipp:**
> Aus steuerplanerischer Sicht kann es sich lohnen, Vermögen zu Lebzeiten in mehreren Quoten zu verschenken, um dem Progressionseffekt bei hohen Erbanfällen entgegenzuwirken.

> **Steuerfalle:**
> Die Steuerbehörden sind allerdings vermehrt dazu übergegangen, Schenkungen innerhalb von bestimmten Zeiträumen (z.B. 5 Jahre) zusammenzufassen. Im Kanton Luzern, der keine Schenkungssteuer kennt, werden Schenkungen, die innerhalb von 5 Jahren vor dem Todestag gemacht wurden, in die Erbschaftsbesteuerung einbezogen.

5.11.7 Steuerbefreiungen

Steuerbefreiungen und steuerfreie Beträge sind in den einzelnen Kantonen sehr unterschiedlich geregelt, z.B.
- der Kanton SZ kennt *keine Erbschafts- und Schenkungssteuern;*
- der Kanton LU erhebt *keine Schenkungssteuer,* mit wenigen Ausnahmen werden *Ehegatten* von der Steuer *befreit.*
- Bereits mehr als die Hälfte der Kantone verzichtet heute auf die Besteuerung *direkter Nachkommen.* Dort, wo die Besteuerung noch besteht, sind die Steuersätze meist moderat, und die Kantone gewähren mehr oder weniger hohe *Freibeträge.*

> **Steuertipp:**
> In den meisten Kantonen sind Gelegenheitsgeschenke bis zu einem gewissen Betrag (z.B. 5000 Franken pro Jahr) steuerfrei. Im konkreten Fall vergewissere man sich immer bezüglich der aktuellen Regelung im betreffenden Kanton.

5.11.8 Entwicklungstendenzen

Bei den Erbschafts- und Schenkungssteuern ist ein eigentlicher Erosionsprozess im Gang, indem immer mehr Kantone dazu übergehen, Erleichterungen zu gewähren. Zuerst wurde richtigerweise die Besteuerung überlebender Ehegatten in fast allen Kantonen aufgehoben. Immer mehr Kantone gehen dazu über, direkte Nachkommen von der Steuerpflicht auszunehmen. Aus Gründen der steuerlichen Konkurrenzfähigkeit kommen die angrenzenden Kantone in Zugzwang. So wurden anlässlich von Steuergesetzesrevisionen in zahlreichen Kantonen auf den 1. Januar 2001 weitgehende Erleichterungen bei den Erbschafts- und Schenkungssteuern eingeführt.

Niemand kann mit Sicherheit sagen, wohin die Entwicklung letztendlich führt. Je mehr Kantone auf die Steuererhebung verzichten, desto lauter werden die Rufe nach einer *Erbschaftssteuer auf Bundesebene.* Einer solchen Steuer ist aber mit Entschiedenheit entgegenzutreten, mindestens solange, als die Vermögenssteuer nicht abgeschafft ist.

Es darf nicht sein, dass *Nachfolgeregelungen von KMU* innerhalb der Familie durch Erbschafts- und Schenkungssteuern beeinträchtigt oder gar gefährdet werden. Es ist deshalb zu fordern, dass diese Steuern für direkte Nachkommen gesamtschweizerisch abgeschafft werden.

Die fiskalische Bedeutung der Erbschafts- und Schenkungssteuern ist übrigens eher gering. Gemessen am Gesamtsteueraufkommen von Bund, Kantonen und Gemeinden beträgt der Anteil der Erbschafts- und Schenkungssteuern nur rund 1,5 Prozent.

L   Quellensteuer

5.12   Verrechnungssteuer

5.12.1 Einleitung

Die gesetzlichen Grundlagen finden sich in Art. 132, Abs. 2 der Bundesverfassung sowie im Bundesgesetz vom 13. Oktober 1965 über die Verrechnungssteuer (VStG).

Die *Verrechnungssteuer* ist eine vom Bund an der Quelle erhobene Steuer auf dem Ertrag beweglichen Kapitalvermögens (vor allem auf Zinsen und Dividenden), auf den Lotteriegewinnen und auf bestimmten Versicherungsleistungen.

Die Steuer wurde auf den 1. Januar 1944 eingeführt und bezweckt primär, der *Steuerhinterziehung* entgegenzuwirken.

> **Steuertipp:**
> **Wer sein Vermögen und den daraus fliessenden Ertrag, seine Versicherungsleistungen und Lotteriegewinne ordnungsgemäss deklariert und damit versteuert, dem wird die Verrechnungssteuer vollumfänglich zurückerstattet bzw. angerechnet.**

Die Verrechnungssteuer belastet aber diejenigen Steuerpflichtigen, die ihrer Deklarationspflicht nicht nachkommen und wird dann in solchen Fällen zu einer *eigentlichen Fiskalabgabe,* quasi als Ersatz für die dem Staat entgangenen direkten Steuern auf dem Einkommen und Vermögen.
Daran ändert sich auch dann nichts, wenn die *Steuerhinterziehung* nachträglich entdeckt wird.

> **Steuerfalle:**
> Die Verheimlichung von Vermögenswerten löst bei Entdeckung ein Steuerhinterziehungsverfahren aus, was Nach- und Strafsteuern zur Folge hat. Die seinerzeit nicht zurückgeforderte Verrechnungssteuer wird bei der Bemessung der Nachsteuer nicht angerechnet und ist endgültig verloren.

Im Jahr 1997 betrugen die Gesamteinnahmen bei der Verrechnungssteuer 22,14 Milliarden Franken, wovon 19,82 Milliarden zurückgefordert wurden. Dies bedeutet, dass 2,32 Milliarden Franken als Nettoertrag in der Bundeskasse verblieben. Für das Jahr 2000 hat sich der Nettoertrag bei der Verrechnungssteuer auf über 6 Milliarden Franken erhöht.

5.12.2 Gegenstand der Verrechnungssteuer (Steuerobjekt)

Der Verrechnungssteuer unterliegen folgende Leistungen, die von einem inländischen Schuldner erbracht werden:

5.12.2.1 Erträge aus beweglichem Kapitalvermögen

Darunter gehören Zinsen auf Wertschriften und Bankguthaben, Dividenden, bestimmte Gewinnanteile, Ausgabe von Gratisaktien und die Bezahlung von Liquidationsüberschüssen. Zinsen auf Spareinlagen allerdings nur, wenn der Zinsertrag pro Kalenderjahr 50 Franken übersteigt. Zinsen auf privaten Darlehen und Hypotheken unterliegen nicht der Verrechnungssteuer.

5.12.2.2 Verdeckte Gewinnausschüttungen

Neben den offenen Gewinnausschüttungen, wie z.B. Dividenden, unterliegen auch alle verdeckten *geldwerten Leistungen,* die eine inländische Kapitalgesellschaft oder Genossenschaft an ihre Anteilsinhaber oder diesen nahestehende Personen erbringt, der Verrechnungssteuer. Dabei handelt es sich um Leistungen, die einem unbeteiligten Dritten nicht oder nicht in dieser Höhe ausgerichtet worden wären, wie z.B. übersetzte Saläre, Provisionen, Spesen, Mietzinse, Naturalien, Vorzugsmieten, Vorzugszinsen usw. (siehe auch 5.2.3.3.3.2).

> **Steuerfalle:**
> Stellt die ESTV für die Verrechnungssteuer eine verdeckte Gewinnausschüttung fest, so meldet sie diese den für die direkten Steuern zuständigen kantonalen Behörden, die dann in der Regel die entsprechenden Korrekturen nachvollziehen.

5.12.2.3 Lotteriegewinne

Dabei handelt es sich um ausgerichtete Geldtreffer von über 50 Franken aus inländischen Lotterien, lotterieähnlichen Veranstaltungen, gewerbsmässigen Wetten usw. Bei Naturaltreffern, wie z.B. Gewinne in Form einer Reise, eines Autos usw., muss keine Verrechnungssteuer abgerechnet werden, es sei denn, der Gewinn könne wahlweise auch in Barform bezogen werden.

5.12.2.4 Versicherungsleistungen

Es handelt sich um Leibrenten und Pensionen, wenn der Betrag 500 Franken pro Jahr übersteigt sowie um Kapitalleistungen, wenn der gesamte Betrag aus derselben Versicherung 5000 Franken übersteigt.

5.12.3 Steuersätze

Die Steuersätze sind im internationalen Vergleich hoch und betragen:
- *35 Prozent* der steuerbaren Leistung bei Kapitalerträgen, verdeckten Gewinnausschüttungen und Lotteriegewinnen;
- *15 Prozent* auf Leibrenten und Pensionen von über Fr. 500.– pro Jahr;
- *8 Prozent* auf Kapitalleistungen von Lebensversicherungen von über Fr. 5000.– pro Versicherungsvertrag.

5.12.4 Abgabeschuldner (Steuersubjekt)

Zur Entrichtung der Abgabe verpflichtet sind die inländischen Schuldner der steuerbaren Leistung. Diese haben auf der steuerbaren Leistung die Steuer zu entrichten und diese durch entsprechende Kürzung der Leistung auf deren Empfänger zu überwälzen.

Die Deklarationspflicht ist spontan zu erfüllen, als *Selbstveranlagungsverfahren*. Das bedeutet, dass der Steuerpflichtige die entsprechende Steuerdeklaration unaufgefordert auszufüllen und zusammen mit den erforderlichen Beilagen innert der gesetzlichen Frist einzureichen hat. Gleichzeitig ist auch der Betrag der geschuldeten Verrechnungssteuer zu überweisen.

> *Beispiel «Zinsertrag auf einem Bankkonto»:*
> Die Bank kürzt den Bruttozins um die Verrechnungssteuer von 35 Prozent und überweist den Steuerbetrag an die Steuerbehörde. Der Steuerpflichtige erhält somit nur den um die Verrechnungssteuer gekürzten Nettozins von 65 Prozent.
> Die Verrechnungssteuer von 35 Prozent kann er aber mit seiner Steuererklärung von der zuständigen Steuerbehörde wieder zurückfordern. Logischerweise erhält die Verrechnungssteuer nur zurück, wer die entsprechenden Vermögenswerte samt Zinsen ordnungsgemäss deklariert.

Bei den *Versicherungsleistungen* hat der Versicherer seine Steuerpflicht durch Meldung der steuerbaren Versicherungsleistung an die ESTV zu erfüllen (sog. *Meldeverfahren*). Erhebt der Versicherungsnehmer gegen die Meldung schriftlich Einspruch, so hat der Versicherer die Versicherungsleistung um den entsprechenden Betrag der Verrechnungssteuer zu kürzen.

5.12.5 Rückerstattung der Verrechnungssteuer
Natürliche Personen haben ihren Antrag auf Rückerstattung, der normalerweise mit dem Wertschriftenverzeichnis gekoppelt ist, an die Steuerbehörde des Kantons zu richten, in dem sie zu Beginn des der Fälligkeit der steuerbaren Leistung folgenden Kalenderjahres Wohnsitz hatten.

Die Verrechnungssteuer wird den in der Schweiz wohnhaften Personen in der Regel bei den Staats- und Gemeindesteuern angerechnet. Überschüsse können in bar zurückerstattet werden.

Juristische Personen haben ihren Rückerstattungsantrag auf dem Formular 25 direkt bei der ESTV einzureichen, welche die gutgeheissenen Verrechnungssteuerbeträge den Berechtigten direkt zurückerstattet.

Die *Rückforderung* kann *frühestens* nach Ablauf des Kalenderjahres gestellt werden, in welchem die steuerbare Leistung fällig geworden ist. Die Rückforderung muss *spätestens* am Ende des dritten auf die Fälligkeit folgenden Kalenderjahres an die zuständige Behörde eingereicht werden.

Beim Vorliegen wichtiger besonderer Umstände, oder wo Härten es rechtfertigen, besteht die Möglichkeit, eine *vorzeitige Rückerstattung* zu beantragen (z.B. Wegzug ins Ausland, Konkurs, Auflösung einer juristischen Person, Tod, aber auch bei hohen Lotteriegewinnen).

5.12.5.1 Im Ausland wohnhafte Leistungsempfänger
können die schweizerische Verrechnungssteuer dann zurückfordern, wenn sie in einem der zahlreichen Staaten leben, die mit der Schweiz ein Doppelbesteuerungsabkommen abgeschlossen haben. Erforderlich ist jedoch stets der Nachweis, dass die der Verrechnungssteuer unterliegenden Erträge im Wohnsitzstaat versteuert wurden.

5.12.6 Verzugszins und Vergütungszins
Auf Verrechnungssteuern, die nach ihrem Fälligkeitstermin ausstehen, ist ohne Mahnung ein *Verzugszins* geschuldet.

Verrechnungssteuerguthaben werden demgegenüber immer zinslos zurückerstattet. Dem Bund stehen auf diese Weise erhebliche Verrechnungssteuerbeträge zinsfrei zur Verfügung.

Ein parlamentarischer Vorstoss, der für die ausstehenden Verrechnungssteuerguthaben einen *Vergütungszins* verlangte, wurde abgelehnt.

> **Steuertipp:**
> **Es lohnt sich deshalb vor allem bei hohen Beträgen, die Verrechnungssteuer ohne Verzug jährlich zurückzufordern!**

5.13 Quellensteuer auf Arbeitseinkommen

Alle Kantone besteuern das Erwerbseinkommen von Ausländern ohne Niederlassungsbewilligung, die nur vorübergehend in der Schweiz arbeiten, an der Quelle *(Quellensteuer)*.

Der Arbeitgeber ist verpflichtet, die geschuldete Steuer direkt vom Lohn abzuziehen und der Steuerbehörde abzuliefern.
Die meisten Kantone vergüten dem Arbeitgeber eine Provision auf den einkassierten Beträgen.

Die Quellensteuer deckt die Einkommenssteuern des Bundes, der Kantone und der Gemeinden (einschliesslich allfälliger Kirchensteuern).

Die meisten Kantone erheben die Quellensteuer zu Sätzen, die nach Monatseinkommen abgestuft sind und sowohl den Zivilstand wie auch die Kinderzahl berücksichtigen.

Für die praktische Handhabung bestehen Tabellen, die zu den verschiedenen Monatseinkommen und Familienverhältnissen die entsprechenden Steuerabzüge zeigen.

Nicht berücksichtigt wird bei diesem Verfahren die Verschiedenartigkeit der Gemeindesteueranlagen. Dies hat zur Folge, dass der Quellenbesteuerte je nach Domizil mehr oder weniger Steuern bezahlt als der im Normalverfahren veranlagte Steuerpflichtige.

In einigen Kantonen steht Quellenbesteuerten das Recht zu, eine ordentliche Veranlagung zu verlangen. Von diesem Recht wird jedoch nicht häufig Gebrauch gemacht, muss doch der Steuerpflichtige in diesem Fall eine vollständig ausgefüllte Steuererklärung einreichen, samt lückenlosen Ausweisen über die während des Bemessungsjahres bezogenen Bruttoeinkommen.

M Ersatzabgaben

5.14 Wehrpflichtersatz

5.14.1 *Einleitung*
Die gesetzliche Grundlage bilden Art. 59, Abs. 3 der Bundesverfassung sowie das Bundesgesetz vom 12. Juni 1959 über den *Wehrpflichtersatz (WPEG)*, letztmals revidiert am 8. Oktober 1999.
Der Wehrpflichtersatz ist keine Steuer im Sinn einer voraussetzungslos geschuldeten, öffentlichen Abgabe, sondern eine klassische *Ersatzabgabe*. Sie wird denjenigen Schweizerbürgern auferlegt, die ihre Dienstpflicht nicht oder nur teilweise durch den persönlichen Wehr- oder Zivildienst erfüllen.

Aus sozialen und anderen Erwägungen sind jedoch verschiedene Gruppen von Dienstpflichtigen von der Ersatzabgabe *befreit* (erhebliche körperliche oder geistige Behinderung, gesundheitliche Schädigung durch Militär- oder Zivildienst, Berufsmilitär, Angehörige der Polizei, Grenzwächter usw.).

> Mit der Ersatzabgabe verfolgt der Gesetzgeber nicht primär einen fiskalischen Zweck. Im Vordergrund steht vielmehr die Durchsetzung des verfassungsmässigen Grundsatzes der allgemeinen Dienstpflicht.

5.14.2 Abgabeschuldner (Steuersubjekt)
Abgabepflichtig sind somit militär- oder zivildienstpflichtige Schweizerbürger, die ihre Dienstpflicht nicht leisten.
Ein Dienst gilt dann als nicht geleistet, wenn der Dienstpflichtige weniger als die Hälfte des vorgesehenen Dienstes absolviert.

5.14.3 Bemessung der Abgabe
Die Ersatzabgabe wird nach der Gesetzgebung über die *direkte Bundessteuer* auf dem gesamten *Reineinkommen* des Pflichtigen erhoben. Lässt sich die Ersatzabgabe weder auf der Grundlage der direkten Bundessteuer noch auf derjenigen der kantonalen Veranlagung festsetzen, so wird sie aufgrund einer besonderen *Ersatzabgabe-Erklärung* veranlagt.

5.14.4 Steuermass
Die Ersatzabgabe beträgt *2 Franken je 100 Franken* des taxpflichtigen Einkommens, mindestens aber 150 Franken.
Sie wird entsprechend der Gesamtzahl der Diensttage *ermässigt*.

5.14.5 Veranlagung
Die Veranlagung der Ersatzabgabe erfolgt jährlich, und zwar in der Regel in dem auf das Ersatzjahr folgenden Jahr.
Die Erhebung obliegt den Kantonen unter Aufsicht des Bundes.
Die Kantone erhalten für die Erhebungsarbeit eine Bezugsprovision von 20 Prozent.

5.14.6 Rückerstattung
Wer den Dienst nachholt, den er im Ersatzjahr hätte leisten müssen, hat *Anspruch auf Rückerstattung* der für das Ersatzjahr bezahlten Ersatzabgabe. Der Anspruch ist bei der Wehrpflichtersatzverwaltung des betreffenden Kantons geltend zu machen.
Der Anspruch verjährt 5 Jahre nach Ablauf der Dienstpflicht.
Auf den Rückerstattungen wird *kein Zins* vergütet.

6. Steuerplanung

> **Steuern planen heisst Steuern sparen.**

Falsch ist, wenn «Steuern Unternehmen steuern». Wenn aber ein betriebliches Ziel auf verschiedene Weise erreicht werden kann, so darf oder besser muss der steuerlich günstigere Weg gewählt werden. Dies aus der Erkenntnis heraus, dass Steuern Abgaben ohne konkreten Gegenwert darstellen und somit schon aus rein ökonomischen Überlegungen auf das notwendige Minimum zu beschränken sind.

Checkliste mit Steuerplanungsmassnahmen:

Die Checkliste ist gegliedert nach Steuerplanungsmassnahmen:

6.1 vor der Gründung/Übernahme eines Unternehmens
6.2 bei der Gründung/Übernahme eines Unternehmens
6.3 während der Geschäftstätigkeit
6.4 steueroptimale Ausgestaltung der Jahresrechnung
6.5 rechtzeitig vor der Geschäftsnachfolgeregelung
6.6 anlässlich der Geschäftsübergabe/-aufgabe
6.7 und nachher
6.8 Abzugsmöglichkeiten in der persönlichen Steuererklärung
6.9 Steuereinsparungsmöglichkeiten für Kader von KMU.

Es muss betont werden, dass die aufgeführten Möglichkeiten im konkreten Fall immer auf ihre Auswirkungen zu prüfen sind. Je nach Situation können verschiedene Massnahmen kumulativ getroffen werden, während sich unter bestimmten Voraussetzungen hier aufgeführte Steuereinsparungsmöglichkeiten längerfristig auch als kontraproduktiv erweisen können.

Wie bei einer Medizin kommt es somit auf die Wahl des geeigneten Mittels, das gute Mass und den richtigen Zeitpunkt an.
Ein an sich wirksames Heilmittel zur Unzeit oder im Übermass verabreicht, kann nachteilige bis verheerende Auswirkungen nach sich ziehen, und genau so verhält es sich auch mit den *«Steuerplanungsmitteln»*.

> **Der Unternehmer ist gut beraten, wenn er sich in regelmässigen Abständen zwecks Optimierung seiner Steuerplanung an den Steuerspezialisten wendet.**

Die Steuerplanung bezieht sich auf die Gesamtheit aller Steuerfaktoren eines Steuerpflichtigen. Dies bedeutet, dass für die Besteuerung fast alle Arten von Einkommen und Erträgen zusammengerechnet werden und sich somit der Progressionseffekt bei jedem zusätzlich erzielten Einkommen bzw. Ertrag belastend auswirkt.

So kann sich das Einkommen eines Steuerpflichtigen aus verschiedenen Komponenten zusammensetzen, z.B.:
- Gewinn aus einer Einzelfirma;
- Salär aus einer Aktiengesellschaft;
- Verwaltungsratshonorare aus einer Aktiengesellschaft;
- Nebenerwerb aus einer öffentlichen Tätigkeit;
- Erwerb der Ehefrau aus einer selbstständigen Tätigkeit;
- Genusseinkommen (z.B. Rente);
- Wertschriftenertrag;
- Immobilienertrag;
- Eigenmietwert Einfamilienhaus;
- Mietertrag Ferienwohnung;
- Ersatzeinkommen

usw.

Alle Einkommensbestandteile werden für die Besteuerung zusammengerechnet, mit progressionsverschärfender Wirkung.
Somit gilt es, durch eine optimale langfristige Steuerplanung zu erreichen, dass die Summe aller Steuerfaktoren langfristig möglichst ausgeglichen und tief gehalten werden kann.

> **Es geht also im Grundprinzip darum, die Steuerfaktoren durch Ausnützen der gesetzlich zulässigen Möglichkeiten nachhaltig zu senken, die Gewinne zu reduzieren oder auf spätere Perioden zu verschieben und mit den eingesparten Steuerfranken ertragbringend zu arbeiten.**
> **Hohen Einkommensbestandteilen sind entsprechende Aufwendungen oder Steuerabzüge gegenüberzustellen.**

6.1 Steuerplanungsmassnahmen vor der Gründung resp. Übernahme eines Unternehmens

> Bereits vor der Gründung bzw. Übernahme eines Unternehmens beginnt die Steuerplanung mit dem Ziel, die Steuerabgaben in der Gründungsphase zu minimieren. Die eingesparten Mittel dienen dem Unternehmen bei der Finanzierung der Investitionen in der Startphase, die erfahrungsgemäss erheblich sind.

Steuerplanung 163

- *Wahl des Geschäftssitzes/Wohnsitzes* an einem Domizil mit günstigen steuerlichen Voraussetzungen (tiefer Steuerfuss oder Steuervergünstigungen für neu gegründete Firmen). Bei Einzelfirmen ist der Geschäftsgewinn grundsätzlich am Firmensitz zu versteuern. Ist dieser Ort kein steuergünstiges Domizil, so können durch eine AG-Gründung bzw. Umwandlung, verbunden mit einer Verlegung des Wohnsitzes an einen steuergünstigen Ort, nachhaltig Steuern gespart werden, sind doch die Saläre der Gesellschafter am Wohnort zu versteuern.

- *Wahl* der dem Betrieb und seinen Zukunftsperspektiven am besten angepassten *Rechtsform* (siehe auch separates Kapitel 7, «Rechtsformwahl für KMU»).

- *Sammeln sämtlicher Belege* im Zusammenhang mit der Geschäftssuche und -übernahme (berufsnotwendige Aus- und Weiterbildung, Fachliteratur, Berufskleider, Berufswerkzeuge, Einrichtungsgegenstände, Computer inkl. Software, Büroeinrichtungen usw.). Diese Aufwendungen reduzieren den Gewinn des ersten Geschäftsjahres.

- *Erstellen eines Budgets samt Investitionsplan**, zur Beurteilung der Frage, welche Anschaffungen bereits im ersten Geschäftsjahr getätigt werden sollten. Diese wirken sich in Form von Abschreibungen und Finanzaufwand gewinnsenkend auf das Startergebnis aus.

- *Erstellen eines Werbekonzeptes** (Werbematerial, Firmenlogo, Firmendrucksachen, Beschriftungen usw).

- *Erstellen eines Versicherungskonzeptes** (Abklären von Risiken und Deckungslücken im Bereich Unternehmen sowie Familie und Abschliessen der betreffenden Verträge).

- *Erstellen eines Vorsorgekonzeptes** mit klaren Leitlinien bezüglich Vorsorgeplänen für Betriebsinhaber/Familie, Kader und Mitarbeiter.

> **Diese Aufwendungen der Startphase sollten sich bereits im ersten Jahresergebnis gewinnsenkend auswirken. Dies ist nicht nur steuerlich interessant, sondern wirkt sich bei Selbstständigerwerbenden auch auf die Bemessung der persönlichen AHV-Beiträge aus.**

* Diese Unterlagen bilden zudem unverzichtbare Bestandteile des *Businessplanes*, welcher bei Kreditgesuchen von den Geldgebern regelmässig verlangt wird. Aus betriebswirtschaftlicher und steuerlicher Sicht sollte sich die Planung über einen Zeithorizont von mindestens drei bis fünf Jahre erstrecken.

6.2 Steuerplanungsmassnahmen bei der Gründung resp. Übernahme eines Unternehmens

> Die Gründung ist mit zahlreichen Aufwendungen verbunden. Die sogenannten *Gründungskosten* sind lückenlos zu erfassen und im ersten Jahresabschluss gewinnsenkend abzuschreiben.

- *Lückenlose buchhalterische Erfassung sämtlicher Gründungskosten.* Diese sind zu bilanzieren und steuersenkend abzuschreiben (in der Regel ⅕ pro Jahr).

- *Wahl eines (steuer-)optimalen Abschlusstermins*
  Es ist darauf zu achten, dass der Zeitpunkt
  - nach einer umsatzschwachen Zeit, resp.
  - vor einer umsatzstarken Zeit liegt oder
  - bei Saisonbetrieben in der ruhigen Zeit vor der Hauptsaison liegt, damit die Erkenntnisse aus der Analyse der Jahresrechnung rechtzeitig im Betrieb umgesetzt werden können. Zudem bietet das vor der Hauptsaison aufgefüllte Lager bessere Möglichkeiten für gewinnsenkende Reservenbildungen.

- *Optimale Bemessung der Unternehmerlöhne, Spesenvergütungen, Mietzinse für die Benützung der Geschäftslokalitäten* bei Betrieben in der Rechtsform einer Aktiengesellschaft oder GmbH. Damit kann schon von Anfang an der wirtschaftlichen Doppelbesteuerung entgegengewirkt werden.

- *Sinnvolle Bemessung des Lohnes für die Mitarbeit des Ehepartners* auch bei Personenfirmen, u.a. mit Vorteilen für Abzugsmöglichkeiten bei der beruflichen Vorsorge. In einigen Kantonen besteht zudem die Möglichkeit zum Bezug von Kinderzulagen.

- *Geschäftsvermögen lückenlos bilanzieren*
  Bei der Gründung gehören alle geschäftlichen Vermögenswerte und Verbindlichkeiten in die Eröffnungsbilanz. Auf mobilen Sachanlagen können steuersenkende Abschreibungen vorgenommen werden.

- *Geschäftsliegenschaft bilanzieren oder nicht*
  Für Selbstständigerwerbende gilt das *Präponderanzsystem*. Beträgt die geschäftliche Nutzung mehr als 50 Prozent, so gehört die Liegenschaft in die Geschäftsbuchhaltung, andernfalls ins Privatvermögen. Nur auf Liegenschaften des Geschäftsvermögens darf abgeschrieben werden. Dafür wird der Verkaufsgewinn (Überführungsgewinn) sowohl beim Kanton wie beim Bund besteuert und unterliegt zudem der AHV-Beitragspflicht. Privatliegenschaften werden dagegen nur der kantonalen Grundstückgewinnsteuer unterstellt.

- *Geschäftsliegenschaft in der Gesellschaft oder nicht*
  Es gibt gute Gründe dafür und dagegen.
  Dafür spricht:
  – Abschreibungen sind möglich;
  – Vorsteuerabzug bei der Mehrwertsteuer;
  – Unternehmen und Liegenschaft als Einheit;
  – in der Regel steuerfreier Verkauf der Liegenschaft im Rahmen der Aktienübertragung (gilt nicht für reine Immobiliengesellschaften).
  Dagegen spricht:
  – Gesellschaft wird «schwer» und die Aktien teuer;
  – Nachfolgeregelung kann dadurch erschwert werden;
  – Liegenschaftserfolg unterliegt der Doppelbesteuerung;
  – bei Konkurs der Gesellschaft fällt die Liegenschaft in die Konkursmasse.

  Jeder Fall ist individuell zu beurteilen. Allgemein gilt:
  So wenig Grundeigentum in die Gesellschaft als möglich. Oder man könnte es auch so ausdrücken: *Nur soviel Grundeigentum in die Gesellschaft als nötig.*

- *Steueroptimale Bemessung des Aktien-/Stammkapitals* bei Kapitalgesellschaften. Bis 250 000 Franken wird keine Emissionsabgabe erhoben.

- *Optimales Finanzierungsverhältnis wählen*
  Es geht um das Verhältnis zwischen Fremdkapital und Eigenkapital. Aus Gründen der Unabhängigkeit und Sicherheit sollte ein möglichst hoher Eigenkapitalanteil erreicht werden. Auf der anderen Seite locken aber bei der Finanzierung mit Fremdkapital die Steuerabzüge.

- *Aktionärsdarlehen*
  Aktiengesellschaften werden oftmals mit dem gesetzlichen Mindestkapital gegründet. Daneben werden der Gesellschaft zusätzlich Mittel von Seiten der Aktionäre/Gesellschafter in der Form von Aktionärsdarlehen zugeführt. Für die Gesellschaft stellen solche Darlehen von nahestehenden Personen Fremdkapital dar. Die Steuerbehörde behält das Finanzierungsverhältnis in solchen Fällen im Auge und schreitet ein, wenn durch Aktionärsdarlehen ein unüblich hoher Fremdfinanzierungsgrad erreicht wird. Sie betrachtet den übersetzten Teil als *verdecktes Eigenkapital,* was zur Aufrechnung der übersetzten Zinse führt.

- *Prüfung der Frage, ob sich eine freiwillige Unterstellung als Mehrwertsteuerpflichtiger für Kleinstbetriebe lohnt,* damit die bezahlten Vorsteuern bei der Mehrwertsteuer zurückgefordert werden können.

- *Prüfen der Frage, ob sich eine Option zur Unterstellung von Betriebsteilen, die von der Mehrwertsteuerpflicht ausgenommen sind, unter die Mehrwertsteuerpflicht lohnt.* Dadurch erhält das Unternehmen die Möglichkeit, die bezahlten Vorsteuern in diesem Betriebsbereich zurückzufordern. Die Kehrseite ist allerdings die Mehrwertsteuerpflicht auf den betreffenden

Umsätzen. Die Unterstellung kann sich z.B. auch für Unternehmen im Bereich Kultur und Sport lohnen, können doch die Umsätze zum ermässigten Satz von 2,4 Prozent abgerechnet, die Vorsteuern aber in der Regel zum Normalsatz von 7,6 Prozent zurückgefordert werden. Dies kann sich vor allem bei hohen und wiederkehrenden Investitionen lohnen. Die Unterstellungspflicht dauert aber mindestens 5 Jahre. Die Möglichkeit zur Optierung ist in allen Bereichen der von der Steuer ausgenommenen Tätigkeiten möglich, mit Ausnahme der Umsätze von Versicherungsleistungen und des Kapitalverkehrs (siehe unter 5.7.2.4).

Achtung Steuerfalle
Bei *Beendigung der Option* ist der Eigenverbrauch immer im Auge zu behalten. Vor allem im Zusammenhang mit Liegenschaften werden viele Steuerpflichtige von den *Folgen des Eigenverbrauchs* überrascht. Dieser wird bereits bei einem Leerbestand von 12 Monaten ausgelöst. Die Aufgabe der Option ist somit immer sorgfältig zu planen!

- *Prüfen der Vor- und Nachteile einer freiwilligen Unterstellung von vermieteten Geschäftsliegenschaften unter die Mehrwertsteuerpflicht (Option).* Eigentümer von geschäftlich genutzten Immobilien können für die freiwillige Unterstellung der Liegenschaft oder Teilen davon unter die Mehrwertsteuerpflicht optieren. Dies hat zur Folge, dass die bezahlten Mehrwertsteuern auf den Erstellungs- und Unterhaltskosten als Vorsteuer abzugsberechtigt sind. Als Gegenstück wird dafür der Mietertrag der Mehrwertsteuer unterstellt. Die Option ist vor allem dann vorteilhaft, wenn es sich beim Mieter ebenfalls um einen steuerpflichtigen Betrieb handelt. Es muss an dieser Stelle darauf hingewiesen werden, dass beim Verkauf einer Liegenschaft mit Option der Verkaufserlös (ohne Wert des Bodens) der Mehrwertsteuerpflicht unterstellt wird. Handelt es sich beim Käufer um eine steuerpflichtige Person, so kann diese die bezahlte Steuer als Vorsteuer geltend machen.
Die *Option* werden sich daher vor allem Ersteller von Geschäftshäusern überlegen, damit sie die gesamten Vorsteuern auf den Erstellungskosten und auf den späteren Unterhaltsaufwendungen absetzen und damit die Geschäftslokalitäten günstiger vermieten können. Die auf den Mietzinsen zu bezahlenden Mehrwertsteuern belasten die steuerpflichtigen Mieter nicht, da sie diese ihrerseits als Vorsteuer abziehen können; allerdings nur dann, wenn sie nicht nach Saldosteuersatz abrechnen. Bei *selbstgenutzten Geschäftsliegenschaften* ist die Unterstellung unter die Mehrwertsteuerpflicht in den meisten Fällen zwingend *(Zwangsoption)*.

- *Prüfen der Vor- und Nachteile einer Abrechnung der Mehrwertsteuer zum Saldo-Steuersatz (Branchenpauschale) für Unternehmen mit Jahresumsätzen bis Fr. 3 000 000.–, wobei jährliche Steuerzahllast Fr. 60 000.– nicht übersteigen darf.* Dabei ist zu beachten, dass die einmal gewählte Abrechnungsart während 5 Jahren beizubehalten ist. Wer keine Unterstellungserklärung zur vereinfachten Saldosteuersatzabrechnung beantragt, ist während 5 Jahren zur Effektiv-Abrechnung verpflichtet.

Die Sperrfrist verunmöglicht es dem Steuerpflichtigen, für ein investitionsreiches Jahr kurzfristig auf das effektive Abrechnungsverfahren mit vollem Abzug der Vorsteuer umzustellen, um nachher wieder zum Pauschalverfahren zurückzukehren. Für die Beurteilung der für das Unternehmen vorteilhaften Abrechnungsart spielen folgende *Kriterien* eine Rolle:
- Umsatzhöhe (weniger als 3 Mio. Franken pro Jahr);
- Steuerzahllast (weniger als Fr. 60 000.–/Jahr).

Wenn beide Kriterien kumulativ erfüllt sind, besteht das Wahlrecht zwischen Effektiv- und Pauschalabrechnung. Zur Beurteilung der Frage, welches Verfahren gewählt werden soll, sind folgende Sachverhalte zu beurteilen:
- Verhältnis des Saldosteuersatzes zum Normalsatz: Es sind approximative Vergleichsrechnungen für beide Verfahren zu erstellen unter Einbezug der geplanten Investitionen für die nächsten 5 Jahre;
- wichtig ist vor allem der Vergleich der Wertschöpfung (Bruttoerfolg 1) mit dem Saldosteuersatz;
- Administrationsaufwand durch Effektivabrechnung, vor allem im Bereich Rückforderung der geleisteten Vorsteuern;
- Vorteile bei der Besteuerung des Eigenverbrauches, vor allem im Hinblick auf die Geschäftsaufgabe bei der Abrechnung zum Saldosteuersatz, da der Eigenverbrauch in diesen Sätzen enthalten ist;
- es ist zu beachten, dass die gewählte Methode während 5 Jahren beizubehalten ist.

- *Prüfen der Vor- und Nachteile einer Abrechnung der Mehrwertsteuer nach vereinnahmtem anstatt nach vereinbartem Entgelt.*
Die Abrechnung nach vereinnahmtem Entgelt werden insbesondere kleinere Betriebe wählen, die nicht über eine ausgebaute Debitoren- und Kreditorenbuchhaltung verfügen. Bei Abrechnung nach vereinnahmtem Entgelt kann sinngemäss der Vorsteuerabzug erst geltend gemacht werden, wenn die betreffende Rechnung bezahlt ist. Die Abrechnung nach vereinnahmtem Entgelt führt zu Zinsvorteilen, da die Mehrwertsteuer erst abzurechnen ist, wenn die entsprechenden Erträge (Umsätze) im Unternehmen eingegangen sind.

6.3 Steuerplanung während der Geschäftstätigkeit

> Es geht primär darum, ausgeglichene Ergebnisse auszuweisen und damit hohe Progressionsspitzen zu vermeiden!

- *Vermeidung von starken Einkommensschwankungen* unter bestmöglicher Ausschöpfung aller steuerplanerischen Möglichkeiten (Abschreibungen erhöhen, reduzieren, Bildung bzw. Auflösung von Reserven, Rückstellungen, Rücklagen usw.). Abwechselnd hohe und dann wieder tiefe Unternehmensgewinne wirken sich wegen des Progressionseffektes steuerlich ungünstig aus.

- **Bei Unternehmen in der Rechtsform Kapitalgesellschaft** wird die Steuerplanung noch anspruchsvoller, geht es doch darum, die Steuerfaktoren sowohl der Gesellschaft als auch der Gesellschafter günstig zu beeinflussen. Folgende Grundprinzipien stehen im Vordergrund:

Bei der Gesellschaft: Sie muss über die erforderlichen Mittel verfügen, um ihre Verbindlichkeiten jederzeit erfüllen zu können (ausreichende Liquidität) und die notwendigen Investitionen zu tätigen. Darüber hinaus sollte sie in der Lage sein, Gewinne zu erzielen, um allfällige Dividendenansprüche der Gesellschafter erfüllen zu können.

Beim Gesellschafter: Er ist auf ein angemessenes Salär angewiesen, das seine privaten Bedürfnisse inkl. Steuern und Versicherungen abzudecken vermag. Darüber hinaus braucht er die erforderlichen Mittel, um rechtzeitig seine Altersvorsorge aufbauen zu können, sein Wohneigentum zu erwerben, zu unterhalten und die darauf lastenden Hypotheken zu verzinsen und zu amortisieren. Reicht sein Salär zur Abdeckung dieser Aufwendungen nicht aus, so müssen Gewinnanteile aus der Gesellschaft, z.B. in Form von Dividenden, entnommen werden, was aber zu einer Doppelbesteuerung führt (siehe auch 5.2.1.7).

Entnahmen aus der Gesellschaft, die nicht zu einer Doppelbesteuerung führen:
- *Spesenbezüge* (nur beschränkt möglich);
- *Fringe Benefits* (Zusatzleistungen der Gesellschaft an mitarbeitende Gesellschafter; siehe auch 6.9);
- *Aktionärsdarlehen* (Darlehensvertrag und Verzinsung gemäss Merkblatt «Zinssätze für die Berechnung der geldwerten Leistungen» herausgegeben von der ESTV);
- *Mietzins für Geschäftslokalitäten* (wenn sich die Liegenschaft im Privatvermögen des Gesellschafters befindet; höchstens zum Marktmietzins);
- *Erhöhung Saläre* (nur beschränkt möglich; siehe auch 5.2.3.3.3.2 «Verdeckte Gewinnausschüttungen»).

Oftmals reichen die «steuergünstigen» Mittelentnahmen zur Abdeckung der privaten Bedürfnisse der Gesellschafter nicht aus, und es stellt sich die Frage, ob nicht – Doppelbesteuerung hin oder her – zusätzliche (bereits von der Gesellschaft versteuerte) Mittel an die Gesellschafter ausgeschüttet werden sollten.

> **Der in der Praxis häufige Verzicht auf Dividendenentnahme zur Vermeidung der Doppelbesteuerung ist oftmals nur eine kurzsichtige Steuereinsparung.**

Dies vor allem dann, wenn die Gesellschaft durch die zurückbehaltenen Gewinne immer «schwerer» und damit für einen späteren Nachfolger kaum mehr zu kaufen ist. Nicht selten führt der Verzicht auf Gewinnentnahmen auch dazu, dass dem Gesellschafter die erforderlichen Mittel zum Aufbau einer ausreichenden Altersvorsorge und eines angemessenen Privatvermögens für einen sorgenfreien Lebensabend fehlen. Und nicht zuletzt unterstehen die thesaurierten Gewinne im Unternehmen früher oder später – in welcher Form auch immer – der Besteuerung.

- *Eine langfristige Dividendenstrategie ist aber immer in den Rahmen der steuerlichen Gesamtplanung einzubauen.* Hohen Gewinnentnahmen und bezogenen Salären sind entsprechende Abzugsposten (z.B. Liegenschaftsunterhalt, Einkäufe in die berufliche Vorsorge, Schuldzinsen usw.) gegenüberzustellen, damit hohe Progressionsspitzen beim Gesellschafter vermieden werden können.

- *Steueroptimale Verbuchung der Geschäftsvorfälle,* d.h., wo immer betriebswirtschaftlich zwei oder mehrere Buchungswege offen stehen, ist stets die steuerlich günstigste Variante zu wählen. Als Beispiel soll eine Fassadensanierung mit Isolationseffekt dienen. Diese Massnahme kostet insgesamt 120 000 Franken. Man könnte nun unter dem Blickwinkel der kurzfristigen Steuerminimierung den ganzen Betrag als Liegenschaftsunterhalt geltend machen. Dabei vergisst man aber den Aspekt, dass beim Verkauf der Liegenschaft möglicherweise ein hoher Grundstückgewinn resultieren kann. Durch eine Aktivierung des Betrages, welcher der Isolation der Liegenschaft und damit der Einsparung von Energie dient, im Beispiel 50 000 Franken, kann der Grundstückgewinn beim dereinstigen Verkauf der Liegenschaft reduziert werden.

- *Optimale Gewinnverteilung* auf die mit dem Unternehmen in besonderer Weise verbundenen Personen (Betriebsinhaber/Partner/Familienmitglieder/nahestehende Personen). Solche Massnahmen helfen mit, einseitig hohe Progressionsspitzen zu vermeiden.

- *Erfolgsbeteiligung* für mitarbeitende Familienmitglieder, Kaderleute, langjährige Mitarbeiter usw. sind motivierend für die Begünstigten und steuersenkend für das Unternehmen. Es gibt verschiedene Formen, Mitarbeiter am Erfolg des Unternehmens zu beteiligen:
  - Erfolgsbeteiligungen in Geldform;
  - Mitarbeiteraktien (oft in Form von Aktienoptionen);
  - Aufnahme in den Verwaltungsrat (Honorare/Tantiemen).

- *Ausrichtung von Gehalts-Nebenleistungen (Fringe Benefits)*
  Dazu gehören u.a. Privatbenützung des Geschäftswagens, Privatparkplatz, zinsgünstige Darlehen, Gratisferien im firmeneigenen Gästehaus, Zeitungsabonnemente, Abonnemente für Tennis- und Fitnessclub usw. Diese Nebenleistungen sind steuersenkend für das Unternehmen und in den meisten Fällen nicht steuerbar für die begünstigten Mitarbeiter, wobei allerdings eine Besteuerung als *geldwerte Leistung* in Frage kommen kann (siehe auch 6.9).

- *Sinnvolle Planung der Liegenschafts-Unterhaltskosten*
  Die Kosten des Liegenschaftsunterhalts können erheblich sein und fallen unregelmässig an. Durch vorausschauende Planung muss versucht werden, hohe Einkommen/Gewinne durch hohe Unterhaltskosten zu neutralisieren.

- *Ausnutzen der Wahlmöglichkeit beim Liegenschaftsunterhalt*
  Pauschalabzug oder Abzug der effektiven Kosten. Bei der direkten Bundessteuer kann für jede Veranlagung die Abzugsart gewählt werden. Viele Kantone kennen ähnliche Bestimmungen. Dies gilt in der Regel nur für Privatliegenschaften. Der Abzug beträgt beim Bund und in zahlreichen Kantonen 10 Prozent des Bruttoertrages, wenn die Liegenschaft bis zehn Jahre alt ist; bei älteren Liegenschaften beträgt der Pauschalabzug 20 Prozent.

- *Investitionen im Bereich Energieeinsparungen und Umweltschutz,* z.B. Wärmerückgewinnungsanlagen, Isolation, Umstellung auf umweltfreundliche Energieträger, Anlagen, die dem Gewässerschutz dienen oder die geeignet sind, Energie zu sparen und unsere Umwelt zu schonen, werden steuerlich privilegiert.

- *Einsatz Informatik* als unerlässliches Führungsinstrument mit interessanten steuerlichen Abzugsmöglichkeiten, z.B. Einmalabschreibungen für Hard- und Software.

- *Kauf anstelle von Leasing*
  Geschäftliche Leasingraten stellen abzugsberechtigten Geschäftsaufwand dar. Bei der Variante «Kauf» können dagegen die Abschreibungen auf geschäftlichen Investitionsgütern als Aufwand geltend gemacht werden. Oftmals wird die Frage gestellt, ob nun eigentlich Leasing oder Kauf steuerlich interessanter sei? Aus steuerplanerischer Sicht ist die Variante «Kauf» interessanter, weil die Höhe der Abschreibung dem Geschäftsgang angepasst werden kann, wogegen die Leasingraten gleichbleibend anfallen. Doch geben beim Entscheid in der Regel nicht die steuerlichen Aspekte den Ausschlag.

- *Auch der Privatwagen gehört in die Geschäftsbuchhaltung,* werden doch auch mit dem Privatwagen immer wieder Fahrten zu geschäftlichen Zwecken unternommen. Dafür ist in der Jahresrechnung ein (angemessener) Privatanteil zu buchen.

- *Abzug für Büro-* und andere geschäftlich genutzte Räume in der Privatliegenschaft/-wohnung des Betriebsinhabers.

- *Angemessene Abzüge für Repräsentationsaufwand*
  Dazu gehören auch Kundeneinladungen und Bewirtung in der Privatliegenschaft des Geschäftsinhabers.

- *Berufsbezogene Aus- und Weiterbildung* für Mitarbeiter (insbesondere Kader und Spezialisten) sowie für Betriebsinhaber, mitarbeitende Ehefrau und Nachkommen/Nachfolger.

- *Spenden* für gemeinnützige Zwecke können beim Bund und in den meisten Kantonen im Rahmen von 10 Prozent des Gewinnes (Reineinkommen) abgezogen werden.

- *Sponsoring* kann als werbewirksamer Aufwand vollumfänglich abgezogen werden.

- *Zuwendungen an die Personalvorsorge* sind abzugsberechtigt, wenn sie angemessen sind und jede zweckwidrige Verwendung ausgeschlossen ist.

- *Gründung einer steuerbefreiten Stiftung für gemeinnützige Zwecke*
  Die Einzahlungen in die Stiftung stellen beim Leistenden abzugsberechtigte Spenden dar (Beschränkung auf maximal 10 Prozent des Reineinkommens).

- *Einzahlungen in die Arbeitsbeschaffungsreserven (ABR)*
  Vom jährlichen handelsrechtlichen Reingewinn dürfen höchstens 15 Prozent, mindestens aber 10 000 Franken in die ABR eingelegt werden. Der zulässige Höchstbestand der ABR ist auf 20 Prozent der jährlichen Lohnsumme gemäss AHV-Gesetzgebung beschränkt. Der Bundesrat kann diesen Satz für besonders kapitalintensive Unternehmen auf 30 Prozent erhöhen. Erreichen die ABR den zulässigen Höchststand und sinkt in späteren Jahren die Lohnsumme, so müssen die den neuen Höchstbestand übersteigenden ABR nicht aufgelöst werden.
  Die ABR werden zu marktüblichen Sätzen verzinst und steuerlich begünstigt. Bei drohenden oder bereits eingetretenen wirtschaftlichen Schwierigkeiten werden die Reserven zur Durchführung von Massnahmen freigegeben, welche die Beschäftigung fördern oder die wirtschaftliche Leistungsfähigkeit des Unternehmens stärken. Der *Steuervorteil der ABR* liegt darin, dass sowohl die Einlagen als auch die späteren Massnahmen zu Steuerabzügen führen, also ein doppelter Steuervorteil der Arbeitsbeschaffungsreserven.

- *Kreditversicherungsprämien,* die im Zusammenhang mit der Kreditgewährung Dritter stehen, sind steuerlich abzugsberechtigt; allerdings nur für den Teil der Prämie, der auf die Risikoversicherung entfällt. Bürgschaftskommissionen und Kreditbearbeitungsgebühren gelten als abzugsberechtigter Geschäftsaufwand.

- *Vermeidung von steuerlichen Aufrechnungen* durch fachmännisch erstellte und aussagekräftige Jahresrechnungen mit Kommentar zu namhaften Abweichungen von den Branchenrichtwerten (siehe auch 5.2.1.6.9.2).

- *Begründung von ausserordentlichen Vermögensentwicklungen,* z.B. durch Kapitalgewinne auf Wertpapieren, Schenkungen, Erbschaften, Lotteriegewinne usw. (siehe auch 5.2.1.6.9.4).

> Können Aufrechnungen vermieden werden, erübrigen sich auch Einsprache- und Rekursverfahren, welche oftmals mit zeit- und kostenaufwändigen Buchprüfungen verbunden sind.

> In der Schweiz gilt das Prinzip der Gesamteinkommensbesteuerung. Dies bedeutet, dass jedes Zusatzeinkommen progressionsverschärfend zum Basiseinkommen hinzugerechnet wird. Somit muss der Steuerpflichtige danach trachten, die Belastung von Zusatzeinkommen durch zusätzliche, abzugsberechtigte Aufwendungen zu kompensieren, was durch eine geschickte langfristige Steuerplanung erreicht werden kann. Dabei gilt es, die beiden grundsätzlichen Einsparungseffekte zu nutzen:
> **Der Steueraufschubeffekt:** Die Besteuerung wird zeitlich aufgeschoben, d.h. verzögert. Die eingesparten Mittel werden ertragbringend investiert. Der Zins- und Zinseszinseffekt wirkt sich aus. Beispiele: Abschreibungen, Reserven, Rückstellungen, Einzahlungen in Vorsorgeeinrichtungen usw.
> **Der Steuertarifeffekt:** Ausnützen günstiger Steuertarife, z.B. Verlegen der Steuerpflicht an steuergünstige Orte (Wohnort, Betriebsstätten) oder Ausnützen günstiger Steuermodalitäten (Vorzugstarife für Vorsorgeleistungen usw.).

6.4 Steueroptimale Ausgestaltung der Jahresrechnung

> An oberster Stelle steht natürlich auch hier das Gebot der Gewinn-Nivellierung bzw. Gewinn-Minimierung.

- *Warenlager auf Bilanztermin auffüllen,* um die Bildung von Reserven zu erhöhen. Die Steuerbehörden lassen in der Regel bis zu einem Drittel als privilegierte Warenreserve zu (Warendrittel), auf Pflichtlagern sogar bis 50 Prozent.

- *Nichtbewertung* veralteter oder kaum mehr verkäuflicher Artikel (Ladenhüter) bei der Inventur.

- *Unterbewertung der angefangenen Arbeiten* nach dem Vorsichtsprinzip (OR 960, Abs. 2 und 669, Abs. 3).

- *Verschiebung des Fakturierungszeitpunktes* bei den Forderungen aus Leistungserstellung, wenn der Leistungsprozess noch nicht abgeschlossen ist.

- *Bildung von Delkredere-Rückstellungen* im Ausmass der gefährdeten Kundenforderungen. Pauschale Rückstellungen können zudem ohne Nachweis wie folgt gebildet werden:

5 Prozent auf Forderungen im Inland;
10 Prozent auf Forderungen im Ausland in Landeswährung;
15 Prozent auf Auslandforderungen in Fremdwährung.

- *Wertberichtigungen auf Fremdwährungen,* wenn die Wahrscheinlichkeit eines Währungsverlustes gross ist.

- *Wertberichtigungen auf Wertschriften*
Sinkt der Kurswert am Bilanzstichtag unter den Anschaffungswert, so ist eine entsprechende Korrektur vorzunehmen; steigt der Kurswert dagegen an, so braucht keine Wertzuschreibung vorgenommen zu werden, was zur Bildung stiller Reserven führt.

- *Einkäufe von Betriebsmaterial vor dem Bilanzstichtag,* da solche Vorräte nicht bilanzierungspflichtig sind. Beim Vorliegen von Verlusten können die vorhandenen Vorräte dagegen aktiviert werden.

- *Aktivierung von wertvermehrenden Aufwendungen*
Bei schlechtem Geschäftsgang oder bei drohenden hohen Grundstückgewinnen sollten Wertvermehrungen des Anlagevermögens aktiviert werden. Dies gilt auch für Aufwendungen im immateriellen Bereich (z.B. Forschung und Entwicklung). Es gilt der Grundsatz: Alles, was im Handelsrecht aktivierungsfähig ist, darf auch steuerlich aktiviert werden.

- *Erfassung sämtlicher Verbindlichkeiten,* welche Geschäftsaufwand darstellen (gilt auch für noch nicht eingetroffene Rechnungen von Lieferanten, Handwerkern usw.).

- *Steueroptimale Wahl des Abschreibungsverfahrens*
Es gibt die *lineare Abschreibung* vom Anschaffungswert, die *degressive Abschreibung* vom Buchwert (Restwert) und sogar die Möglichkeit von *Einmalabschreibungen* (kantonal unterschiedliche Regelungen). Zur Nivellierung der Gewinne ist die degressive Buchwertabschreibung am besten geeignet (doppelt so hohe Sätze als bei der linearen Abschreibung, zudem besteht die Möglichkeit, die Sätze je nach Geschäftsgang anzupassen). Abschreibungen lassen sich über eine zweckmässige *Wahl von Anlagekonten* mit unterschiedlichen Abschreibungssätzen beeinflussen.

- *Nachholung von Abschreibungen* aus früheren Jahren, die wegen schlechten Geschäftsgangs reduziert wurden (je nach Kanton rückwirkend bis zu 6 Jahren möglich).

- *Bildung von Rückstellungen* für mit Gewissheit entstehende geschäftliche Aufwendungen (z.B. Rückstellungen für Garantiearbeiten, Reparaturen, Sanierung, Prozesskosten, Steuern usw.). Die jährliche Gegenwartsbesteuerung bei den juristischen Personen und die Abzugsberechtigung der Unternehmenssteuern führt bei hohen Gewinnen zu entsprechenden Steuerrückstellungen.

- *Bildung von Rückstellungen für Forschung und Entwicklung*
  Gemäss DBG Art. 63 Abs. 1 Bst. d können für künftige Forschungs- und Entwicklungsaufträge an Dritte Rückstellungen bis zu 10 Prozent des steuerbaren Gewinnes (max. bis zu 1 Mio. Franken) gebildet werden.

- *Rücklagen für betriebsnotwendige Umstrukturierungen*
  Für mutmassliche Kosten wirtschaftlich erforderlicher Betriebsumstellungen und Umstrukturierungen können nach Rücksprache mit der Steuerbehörde steuerfreie Rücklagen bis zu 20 Prozent des steuerbaren Gewinnes gebildet werden.
  Die *Rücklagen* dürfen höchstens während 4 Jahren gebildet werden (kantonal unterschiedlich geregelt). Die laufenden Kosten sind der Rücklage zu belasten.

- *Revisionen, Reparaturen und Sanierungen* noch vor dem Abschlusstermin ausführen lassen.

- *Zuwendungen an die Personalvorsorge* helfen mit, den steuerbaren Reingewinn zu senken. Denkbar sind z.B. *Zuweisungen an die Arbeitgeberbeitragsreserven* oder *Einrichtungen der Kadervorsorge,* wobei die Prinzipien der Angemessenheit, Gleichbehandlung aller Kadermitarbeiter, Kollektivität und Planmässigkeit zu beachten sind.

- *Differenzierte Verbuchung der Mehrwertsteuer bei Abrechnung zum Saldosteuersatz*
  Die Saldosteuersatz-Methode bei der Mehrwertsteuer führt bei direkter Verbuchung:
  3908 Umsatzsteuer / 2200 geschuldete Mehrwertsteuer zu einer Verschlechterung des Bruttoergebnisses gegenüber der effektiven Abrechnungsmethode. Durch eine differenzierte Verbuchung:
  3908 Umsatzsteuer / 2200 geschuldete Mehrwertsteuer
  2200 geschuldete Mehrwertsteuer / 4908 Vorsteuer (fiktiv) kann das Bruttoergebnis rechnerisch korrigiert werden (vergl. «Buchführung KMU», 4.4.6, Seite 145; die Konten entsprechen dem «Kontenrahmen KMU»).

- *Verlustverrechnungmöglichkeiten* bei Bedarf ausschöpfen (unterschiedliche Regelungen beim Bund und bei den Kantonen beachten!).

- *Renovationsarbeiten an Immobilien zeitlich staffeln,* damit der Progressionseffekt in mehreren Jahren gebrochen werden kann.

- *Abschreibungen auf der Geschäftsliegenschaft*
  Abschreibungen sind nur auf Geschäftsliegenschaften bzw. überwiegend geschäftlich genutzten Immobilien möglich, wenn diese Vermögenswerte bilanziert sind. Die Abschreibung kann mithelfen, den steuerbaren Gewinn des Unternehmens massgebend zu reduzieren, sind doch die Buchwerte von Immobilien oft bedeutend. Dabei ist zu unterscheiden zwischen *ordentlichen Abschreibungen,* die durch Abnützung entstehen, und *ausserordentlichen*

Abschreibungen, die auf besondere Umstände zurückzuführen sind, wie z.B. übersetzter Kaufpreis, Preiseinbruch am Immobilienmarkt, Verschlechterung des Standorts durch neue Verkehrsführung usw. Die *Abschreibungssätze* für die ordentlichen Abschreibungen sind dem «Merkblatt A» der Eidgenössischen Steuerverwaltung zu entnehmen.

> **Achtung Steuerfalle:**
> Mit Nachdruck ist darauf hinzuweisen, dass sich *übersetzte Abschreibungen* beim Verkauf einer Geschäftsliegenschaft bitter rächen können, wird doch der Veräusserungsgewinn (Differenz zwischen dem Verkaufserlös und dem durch die Abschreibungen reduzierten Buchwert) besteuert.

- *Aufwertung der Geschäftsliegenschaft*
  Zur Beseitigung eines Verlustes aus der operativen Unternehmenstätigkeit kann die Geschäftsliegenschaft erfolgswirksam bis zum Anschaffungswert buchmässig aufgewertet werden. Auf dem neu geschaffenen Buchwert kann später wiederum gewinnsenkend abgeschrieben werden.

- *Aktivierung von Eigenleistungen an Immobilien*
  Der Gewinn aus dem Verkauf von Liegenschaften wird in allen Kantonen besteuert, sei es als Grundstückgewinn bei Privatliegenschaften oder als Teil des Gewinnes bei Geschäftsliegenschaften. Geleistete eigene Arbeiten können durchaus zur Wertvermehrung der Liegenschaft beitragen und dadurch einen späteren Grundstückgewinn reduzieren. Allerdings müssen die geleisteten eigenen Arbeiten in der Regel als Einkommen versteuert werden (mit kantonal unterschiedlich geregelten Freibeträgen). Nachträglich deklarierte Eigenleistungen können aber auch zu Konsequenzen bei der Mehrwertsteuer führen. Bei Liegenschaften des Geschäftsvermögens (z.B. in der Baubranche) ist die Eigenleistung vor allem in Zeiten mit schlechtem Geschäftsgang interessant, fällt doch in diesen Fällen die Besteuerung der Eigenleistung in eine bescheidene Progressionsstufe. Die aktivierte Eigenleistung kann hohen Grundstückgewinnen die Progressionsspitze brechen.

> **Vermeiden von Progressionsspitzen gehört zu den Grundprinzipien steuerplanerischen Handelns!**

- *Betriebsnotwendige Investitionen noch vor dem Bilanztermin tätigen,* damit sich die Abschreibungen steuersenkend auswirken können.

> **Dass Investitionen immer auch – aber nicht nur – unter steuerlichen Aspekten zu würdigen sind, gehört zu den Grundprinzipien wirtschaftlichen Planens und Handelns.**

Diese Aussage ist von zentraler Bedeutung für die Unternehmensführung nach ökonomischen Prinzipien, welche für jede Investition nach einem möglichst hohen Gegenwert trachtet. Da Steuerabgaben der Makel des fehlenden Gegenwertes anhaftet, ist die Minimierung solcher Aufwendungen durchaus legitim.

> **Investitionen sind ein in der Praxis erprobtes Mittel zur Steuerminimierung.**

Wir verweisen an dieser Stelle auf Kapitel 8 «Investitionen unter steuerlichen und anderen Aspekten» und beschränken uns hier auf eine summarische Auflistung der Investitionsmöglichkeiten:

- *Investitionen im Unternehmen* mit 5 positiven Auswirkungen:
  - Rationalisierungseffekt (Erhöhung der Produktivität);
  - Aktualisierungseffekt (Technologiesprung);
  - Motivationseffekt (Erhöhung der Leistungsbereitschaft);
  - Renditeeffekt (Gewinnoptimierung);
  - Steuereinsparungseffekt (siehe auch 8.1).

- *Investitionen im Bereich der Altersvorsorge* geniessen ein in der Verfassung verankertes Privileg. Die steuerliche Attraktivität wir durch den Aufschub der Besteuerung und die steuerfreie Äufnung der Vorsorgemittel noch erhöht (siehe auch 8.2).

- *Investitionen im Wohn- und Privatbereich* können entgegen anderslautender Einwendungen als steuerlich vorteilhaft taxiert werden. In erster Linie gilt diese Aussage für selbstbewohntes Grundeigentum. Hier hat das Bundesgericht entschieden, dass der als Einkommen zu versteuernde Eigenmietwert bis zu 40 Prozent unter dem Marktwert liegen darf. Ab 1. Januar 2001 sind Hausrat und persönliche Gebrauchsgegenstände nicht mehr als Vermögen zu versteuern. Werden solche Objekte mit Gewinn verkauft, so ist der erzielte Gewinn für Privatpersonen steuerfrei (siehe auch 8.3).

- *Investitionen im Bereich risikofreier Kapitalanlagen* haftet der Makel steuerlicher Unattraktivität an, sind doch solche Investitionen z.B. in Obligationen, Anlagekonten, Festgeldanlagen, Fonds mit festverzinslichen Anlagen fast ohne Ausnahme mit der Besteuerung der diesbezüglichen Erträge zu hohen Grenzsteuersätzen verbunden. In vielen Fällen handelt es sich bei solchen Anlagen um zeitlich begrenzte Engagements, die zu einem späteren, günstig gewählten Zeitpunkt in andere, renditemässig oder steuerlich interessantere Bereiche transferiert werden. Die relativ bescheidene Rendite ist der Preis für die Sicherheit dieser Anlagen. Die Steuerbarkeit der Erträge schmälert die Nettorendite noch zusätzlich, was natürlich zu Umschichtungen anregt. Dabei dürfen aber die Aspekte der Sicherheit und Liquidität nicht vernachlässigt werden (siehe auch 8.4).

- *Investitionen im Risikobereich* haben Menschen schon immer fasziniert und magisch angezogen. Der unwiderstehliche Drang zum schnellen Reichtum hat auf der anderen Seite auch manch trauriges Schicksal heraufbeschworen. Zusätzlich lockt hier der Anreiz des steuerfreien Kapitalgewinnes. Dies ungeachtet der Tatsache, dass das Bundesgericht in Fällen von Gewerbsmässigkeit die Steuerpflicht in mehreren Fällen bejaht hat (siehe auch 8.5).

- *Optimierung der Finanzierungsstruktur*
  Es gehört zur Daueraufgabe des Unternehmers, seine Finanzierungsstrukturen auch unter steuerlichem Blickwinkel zu überprüfen.

> **Die Frage, wann Fremdkapital amortisiert oder allenfalls sogar erhöht werden soll, beantwortet sich rasch durch den Vergleich der Schuldzinssätze mit den Renditen risikofreier Kapitalanlagen. Dabei ist aber auf die Nettorenditen, d.h. auf die Rendite nach Spesen und Steuern, abzustellen.**

Sinkt die Verzinsung risikofreier Kapitalanlagen unter das Niveau der Fremdkapitalzinse, so ist der Amortisation in der Regel der Vorzug zu geben. Steigt indessen, z.B. in Zeiten inverser Zinsstrukturen, die Rentabilität risikoloser Kapitalanlagen über das Schuldzinsniveau, so lohnt sich eine Erhöhung des Fremdkapitals zwecks Finanzierung einer solchen renditemässig interessanten Kapitalanlage.

> **Durch eine solche Transaktion wird ein Zinsgewinn erzielt. In der Folge steigt das steuerbare Einkommen, und trotzdem sollte auf ein solches Zinsdifferenzen-Geschäft nicht verzichtet werden, handelt es sich dabei doch um leicht realisierbares Ertragseinkommen und nicht um Arbeitseinkommen!**

Zu den *steuerlich interessanten Anlagen* für Privatpersonen zählen:

Verkaufsgewinne steuerfrei:
- Kapital-, Kurs- und Währungsgewinne von Wertpapieren;
- Hausrat, persönliche Gebrauchsgegenstände, Sammlungen (immer unter der Voraussetzung, dass keine Gewerbsmässigkeit vorliegt).

Vermögensertrag steuerfrei:
- Kapitalversicherungen mit periodischer Prämienzahlung;
- Kapitalversicherungen mit Einmaleinlage (Einschränkungen siehe auch unter 8.2.3.2.1).

Besteuerung aufgeschoben:
- Guthaben bei der Säule 2a (Berufliche Vorsorge);
- Guthaben bei Kaderversicherungen im Bereich der Säule 2b;

- Guthaben bei der Säule 3a;
- Grundstückgewinne (werden erst beim Verkauf besteuert).

> **Achtung Steuerfalle:**
> Werden Schulden einzig aus steuerlicher Sicht erhöht, begibt man sich aufs Glatteis! Typisch sind Beispiele fremdfinanzierter *Börsengeschäfte*. Kommt ein Crash, sinken die Aktienkurse, die Höhe der Schulden dagegen bleibt. Werden die mit Wertschriftenhinterlage gesicherten Kredite dann gekündet, kann das der Beginn einer Katastrophe bedeuten.
> Die Steuerbehörde kann *fremdfinanzierte Börsentransaktionen* als gewerbsmässig einstufen und die erzielten Verkaufsgewinne besteuern. Bei *fremdfinanzierten Einmalprämien-Versicherungen* besteht die Gefahr, dass die Steuerbehörde eine Steuerumgehung feststellt, was zur Folge hat, dass die Zinsen nicht abzugsberechtigt sind.

Zu beachten ist zudem, dass der private *Schuldzinsenabzug* infolge Stabilisierungsprogramm des Bundes *seit 1. Januar 2001 beschränkt* ist.
Abzugsberechtigt bleiben die Schuldzinse in der Höhe des steuerbaren Vermögensertrages brutto, zuzüglich 50 000 Franken. Diese Begrenzung findet aber nur bei privaten Schuldzinsen Anwendung.

> **Fremdkapitalzinsen im Zusammenhang mit einer geschäftlichen Tätigkeit bleiben auch in Zukunft vollumfänglich abzugsberechtigt.**

- *Beteiligungen im gewillkürten Geschäftsvermögen*
  Natürliche Personen (ohne selbstständige Erwerbstätigkeit) können Beteiligungen von mindestens 20 Prozent am Grund- oder Stammkapital einer Kapitalgesellschaft oder Genossenschaft im Zeitpunkt des Erwerbs zum *Geschäftsvermögen* erklären. *Schuldzinsen,* die auf solche Beteiligungen entfallen, sind dann voll *abzugsberechtigt.* Ebenso sind *Abschreibungen* und – in begründeten Fällen – die Bildung von *Rückstellungen* auf gewillkürtem Geschäftsvermögen möglich. Beim Verkauf der Anteile oder einer späteren Liquidation der Gesellschaft können sich allerdings unliebsame steuerliche Konsequenzen ergeben.

- *Amortisation von Hypotheken im Hinblick auf einen Systemwechsel bei der Eigenmietwertbesteuerung*
  Der oft gehörte Ratschlag, die Hypotheken im Hinblick auf einen möglichen Systemwechsel bei der Eigenmietwertbesteuerung zu amortisieren, vermag nicht zu überzeugen. Erstens ist der Systemwechsel ungewiss und wurde bis auf weiteres verschoben; zweitens werden im Falle seines Eintretens relativ lange Übergangsfristen gewährt. So bleibt gegebenenfalls genügend Zeit, sich auf die neue Situation einzustellen.

- *Ausnutzen der steuerlichen Bemessungslücke*
  Seit dem 1. Januar 2001 wenden 23 Kantone für natürliche Personen das System der jährlichen Gegenwartsbesteuerung an. Damit verschwindet in der Mehrzahl der Kantone die sog. Bemessungslücke und mit ihr die Möglichkeit, hohe Einkommen in die steuerliche «Versenkung» zu schicken.
  Drei Kantone (TI, VD und VS) stellen ihr Steuersystem für natürliche Personen erst auf 1. Januar 2003 um, weshalb die Steuerplanungsmöglichkeiten mit der Bemessungslücke an dieser Stelle nochmals kurz dargelegt werden:
  In diesen drei Kantonen fallen die ordentlichen Einkommen und Aufwendungen der Jahre 2001 und 2002 infolge Systemwechsels auf den 1. Januar 2003 in eine steuerliche Bemessungslücke. Aus steuerplanerischer Sicht muss daher versucht werden, das *ordentliche Einkommen* dieser Jahre möglichst hoch und die *ordentlichen Aufwendungen* möglichst tief auszuweisen.

  Ausserordentliche Einkommen und Aufwendungen hingegen fallen nicht in die Bemessungslücke, sondern werden separat besteuert, was bei *Sondereinkommen* zu Progressionsvorteilen genutzt werden kann, werden doch ausserordentliche Einkommen nicht zum übrigen Einkommen hinzugerechnet, sondern separat, zum Satz für diese Einkommensbestandteile allein, besteuert (z.B. aperiodische Vermögenserträge, Substanzdividenden, ausserordentliche oder einmalige Lohnbestandteile bzw. Boni oder Provisionen, Lotteriegewinne, Liquidationsgewinne usw.).

  Ausserordentliche Aufwendungen (Unterhaltskosten für Privatliegenschaften soweit sie jährlich den Pauschalabzug übersteigen; Einkaufsbeiträge bei der beruflichen Vorsorge; Krankheits-, Unfall-, Invaliditäts-, Weiterbildungs- und Umschulungskosten) fallen nicht in die Bemessungslücke und können je nach Regelung des betreffenden Kantons entweder durch nachträgliche Korrektur in der abgelaufenen oder durch Miteinbezug in der neuen (laufenden) Veranlagung berücksichtigt werden.

- *Auch die AHV stellt auf Gegenwartsbemessung um*
  Bei der AHV wird die Beitragserhebung, wie in der Mehrzahl der Kantone, per 1. Januar 2001 auf das System der jährlichen Gegenwartsbemessung umgestellt. Damit entstand auch bei der Erhebung der AHV-Beiträge eine Bemessungslücke, die vor allem von Selbstständigerwerbenden zu legalen Einsparungen genützt werden konnte.
  2001 werden die Beiträge dann auf dem Einkommen des Jahres 2001 berechnet, wobei provisorische Zahlungen erhoben werden, bis die definitive Verfügung aufgrund der vorliegenden Steuerveranlagung erstellt und die Abrechnung der Beiträge rückwirkend erfolgen kann.
  Durch die Umstellung auf die Gegenwartsbemessung entfällt auch der *Sonderbeitrag auf Liquidationsgewinnen,* da solche Gewinne neu zusammen mit dem ordentlichen Einkommen erfasst werden.
  Bei Selbstständigerwerbenden berechnen sich die *persönlichen Beiträge* nach der Veranlagung des steuerpflichtigen Einkommens aus dem Unternehmen (inkl. betrieblich genutzte Liegenschaft) gemäss Verfügung der direkten Bundessteuer, reduziert um den Zins auf dem betriebsnotwendigen Eigenkapital und erhöht um die geleisteten persönlichen Beiträge.

> **Ein etwas anderer «Steuertipp»:**
> **Während der gesamten erwerbstätigen Zeit niemals vergessen: Übertrieben hohe Präsenzzeiten oder gar der Verzicht auf Ferien und Erholung gehen längerfristig an die Substanz, wenn nicht physisch dann meistens psychisch, spätestens nach Eingang der Steuerabrechnung! Der Fiskus gewährt keine Steuerabzüge für eine angeschlagene Gesundheit und auch nicht für eine zerrüttete Ehe!**
> Es gibt unwiderlegbare, direkte Zusammenhänge zwischen den Faktoren «Zeit» und «Steuern»:
> **«Der Preis für ein hohes Arbeitseinkommen ist die Knappheit der Zeit.»**
> Man könnte es auch so auf den Punkt bringen:
> **«Mehr Freizeit – weniger Steuern».**
> Oder auch – etwas poetischer ausgedrückt:
> **«Erhöhe deine Lebensqualität und deine Steuern werden sinken».**

6.5 Steuerplanung rechtzeitig vor der Regelung der Geschäftsnachfolge

> Die rechtzeitige Planung einer steueroptimalen Geschäftsnachfolgeregelung beginnt 10 Jahre vor dem vorgesehenen Übergabetermin.

- *Rechtzeitige Umwandlung der Einzelfirma/Personengesellschaft in eine Aktiengesellschaft oder evtl. in eine GmbH*
  Dabei ist auf die (kantonal unterschiedliche) Sperrfrist zum Verkauf der Anteilsrechte zu achten, welche bei der direkten Bundessteuer und in den meisten Kantonen 5 Jahre beträgt (max. 10 Jahre).
  Siehe auch 7 «Rechtsformwahl unter steuerlichen und anderen Aspekten».

> **Die Realisierung von stillen Reserven im Rahmen der Geschäftsnachfolgeregelung wird nur bei Einzelfirmen und Personengesellschaften besteuert.**
> **Der Verkauf der Aktien oder Stammanteile einer Aktiengesellschaft oder GmbH dagegen bleibt in der Regel als privater Kapitalgewinn ohne steuerliche Konsequenzen!**

- *Gründung einer Holdinggesellschaft,* z.B. *«Mitarbeiter-Holding»* im Rahmen einer geplanten Geschäftsnachfolge durch das Kader *(Management-Buyout).* Die Käufer benötigen zum Erwerb ihrer Beteiligung in der Regel Fremdkapital, welches innert längstens 10 Jahren zu amortisieren ist. Dazu sind entsprechende Bezüge (Saläre/Gewinnanteile) erforderlich, mit entsprechenden Steuerfolgen bei den Gesellschaftern. Deshalb kann die *Gründung einer Holding* sinnvoll sein, welche als Käuferin der Aktien auftritt. Die Holding kann infolge steuerlicher Privilegien Dividendenerträge ohne Steuerfolgen vereinnahmen. Die Gründung einer Holding, welche die Aktien oder Stammanteile der Aktiengesellschaft oder GmbH übernimmt, kann auch als steueraufschiebende Massnahme erfolgen. Dabei kann die Tochtergesellschaft (bisherige AG/GmbH) steuerfrei Dividenden an die Holding auszahlen, mit dem Effekt, dass nicht betriebsnotwendige Mittel als Dividenden an die Muttergesellschaft (Holding) abgeführt werden. Dort stehen diese Mittel zum Kauf von weiteren Beteiligungen zur Verfügung, währenddem die Tochtergesellschaft «schlank» bleibt (keine Kumulierung von nicht betriebsnotwendigen flüssigen Mitteln mit drohenden steuerlichen Konsequenzen).

- *Bei Nachfolgeregelungen innerhalb der Familie hat sich die Erbenholding in der Praxis bewährt.* Vorsicht ist wegen dem Tatbestand der *Transponierung* geboten. Als solche gelten Sachverhalte, bei welchen private Anteilsrechte vom Eigentümer auf eine von ihm beherrschte Gesellschaft (Holding) übertragen werden. Als Gegenwert lässt er sich den wirklichen Wert der Beteiligung gutschreiben. Die Steuerbehörde betrachtet diesen Vorgang nicht als steuerfreien Kapitalgewinn sondern als steuerbaren Vermögensertrag. In solchen komplizierten Fällen ist kompetente Beratung meistens unerlässlich.

- *Rechtzeitige und planmässige Auflösung von stillen Reserven,* um dem Progressionseffekt entgegenzuwirken.

- *Neuausrichtung der Abschreibungspolitik* im Hinblick auf die bevorstehende Geschäftsnachfolgeregelung.

- *Beurteilung der Angemessenheit der in der Vergangenheit gebildeten Rückstellungen und Rücklagen* und je nach Situation bedarfsgerechte Auflösung.

- *Buchmässige Aufwertung* von Teilen des Anlagevermögens, welche beim Verkauf einen beträchtlichen Verkaufsgewinn auslösen würden.

- *Rechtzeitiges Begründen von Stockwerkeigentum*
  Damit können z.B. nicht geschäftsnotwendige Immobilien-Teile ins Privateigentum übertragen werden, was die Regelung der Geschäftsnachfolge entlasten kann. In gewissen Fällen können zudem bei der Überführung Steuern eingespart werden.

- *Rechtzeitige Umstellung bei der Abrechnung der Mehrwertsteuer auf das pauschale Verfahren zu Saldo-Steuersätzen prüfen.* Dieses Verfahren hat den möglicherweise entscheidenden Vorteil, dass bei Überführung der Geschäftsliegenschaft ins Privatvermögen bei der Mehrwertsteuer *kein Eigenverbrauch* abgerechnet werden muss.

- *Rechtzeitiger Erwerb eines steuergünstig gelegenen Alterswohnsitzes.* Der Erwerb von Grundeigentum führt in der Regel zu namhaften Steuerersparnissen (siehe auch 8.3.1).

- *Pensionierung im Jahr 2001:* Wer sich im Jahr 2001 pensionieren lässt, kann beim Bund und in den meisten Kantonen lebenslänglich von einer günstigen Besteuerung seiner Altersrente im Rahmen von 80 Prozent profitieren. Ab 2002 fällt dieser Besteuerungsvorteil generell weg und die Besteuerung erfolgt dann zu 100 Prozent. Ein Argument (mehr) für eine vorzeitige Pensionierung?

- *Umzugsplanung durch richtiges Timing beim Wohnsitzwechsel*
  Als Grundsatz gilt: Hat der neue Wohnort eine tiefere Steuerbelastung als der alte, dann ist der Umzug vor Ende Jahr vorteilhaft. Ist die Steuersituation dagegen umgekehrt, so lohnt sich die Verschiebung des Umzuges ins neue Jahr. Ab 1. Januar 2001 liegt nämlich das Besteuerungsrecht für das gesamte Steuerjahr bei demjenigen Kanton, in welchem der Steuerpflichtige *Ende Jahr* seinen *Wohnsitz* hatte.

> **Die Steuerplanung ist im Rahmen der vorgesehenen Geschäftsnachfolgeregelung besonders wichtig. Hier liegt ein erhebliches Planungs- und damit Einsparungspotenzial. Der Beizug eines versierten Steuerberaters lohnt sich in solchen Phasen ganz besonders. Nehmen Sie bei Bedarf aber unbedingt rechtzeitig Kontakt auf. Eine steueroptimale Geschäftsnachfolgeregelung beginnt spätestens zehn Jahre vor dem Wunschtermin!**

> Rechtzeitig, d.h. zehn Jahre vor dem Erreichen des Pensionsalters, lohnt sich auch die Überprüfung der bedarfsgerechten Altersvorsorge. Wer einen vorzeitigen Rücktritt ins Auge fasst, muss entsprechende Berechnungen anstellen und sein Versicherungskonzept möglichst frühzeitig diesen Gegebenheiten anpassen.

6.6 Steuerplanung anlässlich der Geschäftsübergabe resp. -aufgabe

- *Steuerfreie Übertragung der Anteilsrechte* nach Ablauf der steuerlich massgebenden Sperrfrist bei Unternehmen in der Rechtsform der Aktiengesellschaft bzw. GmbH.

> **Achtung Steuerfalle:**
> Wird die *Sperrfrist* nach einer Umwandlung nicht eingehalten, so wird dies von der Steuerbehörde als Steuerumgehung taxiert und die Realisierung der stillen Reserven wird besteuert!

- *Steuerfreier Verkauf der geschäftlichen Vermögenswerte zu Buchwerten*, z.B. an einen einzigen Nachkommen.

- *Steuerfreie Abtretung auf Rechnung künftiger Erbschaft* bei Geschäftsnachfolgeregelung innerhalb der Familie.

- *Abtretung der Liegenschaft mit Wohnrechtsbelastung*
  Durch eine (frühzeitige) Abtretung der Liegenschaft unter gleichzeitiger Einräumung eines Wohnrechts oder einer Nutzniessung können in vielen Fällen Erbschaftssteuern eingespart werden.

- *Gewährung von zinsgünstigen Darlehen an Nachkommen* im Rahmen der Geschäftsnachfolge. Die Darlehensschulden können später bedarfsgerecht erlassen werden, was den Tatbestand einer Schenkung erfüllt. Mehr als die Hälfte der Kantone besteuern Schenkungen an direkte Nachkommen nicht (mehr); weitere Kantone werden diesem (guten) Beispiel folgen.

- *Vermögensübertragung* gegen Übernahme der Schulden, z.B. bei Immobilien. Es ist aber darauf zu achten, dass allfällige *Schulderhöhungen* im Hinblick auf die Übertragung rechtzeitig (mindestens 5 Jahre vorher) vorgenommen werden, um dem Tatbestand einer allfälligen Steuerumgehung entgegenzuwirken.

- *Ausnutzung der Bemessungslücke* bei Erwerbsaufgabe oder anlässlich von Unternehmensumwandlungen. Gilt ab 2001 nur noch in den Kantonen mit Vergangenheitsbesteuerung für natürliche Personen: TI, VD, VS (siehe unter 6.4).

- *Ausnutzung der Besitzesdauerabzüge* beim Verkauf von Grundeigentum. Einige Kantone gewähren zum Ausgleich der Teuerung sogenannte Besitzesdauerabzüge bei der Berechnung des steuerbaren Grundstückgewinnes. Dabei wird auf den Grundbucheintrag abgestellt.

- *Vermeidung von Spekulationszuschlägen* bei Verkäufen von Grundeigentum mit kurzer Haltedauer. Das StHG hält die Kantone an, kurzfristig realisierte Grundstückgewinne stärker zu belasten. Der Spekulationszuschlag entfällt nach einer unterschiedlich geregelten Anzahl Jahren.

- *Steuerfreie Ersatzbeschaffung* bei Geschäftswechsel oder bei Wechsel von selbstbenutztem Wohneigentum. Nach StHG können die stillen Reserven über die Kantonsgrenzen hinaus auf gleichartige Ersatzobjekte übertragen werden.

- *Günstige Besteuerungsmodalitäten ausnutzen bei Realisierung eines Liquidationsgewinnes* im Rahmen der Geschäftsnachfolgeregelung (z.B. Besteuerung zu einem Vorzugstarif evtl. analog Kapitalleistungen aus Vorsorge).

- *Geschäft evtl. zuerst vermieten und erst später verkaufen*
  Dadurch kann die Besteuerung des Grundstückgewinnes hinausgeschoben werden.

- *Prüfung der Möglichkeit, Immobiliengesellschaften steuerprivilegiert zu liquidieren*
  Dabei wird der steuerbare Liquidationsgewinn (bzw. Überführungsgewinn) bei der direkten Bundessteuer bis 75 Prozent gekürzt. Leider haben sich nicht alle Kantone dieser Regelung angeschlossen. Interessenten sollten somit unbedingt zuerst die kantonale Regelung kennen, bevor die Liquidation beschlossen bzw. durchgeführt wird. Die Massnahme ist bis 2003 befristet.

> **Bei der Regelung der Geschäftsnachfolge oder Geschäftsaufgabe ist der Beizug eines versierten Steuerberaters unerlässlich. Das Steuereinsparungspotenzial ist erheblich und steht in den meisten Fällen in einem günstigen Verhältnis zum Beratungshonorar. Die Kontaktaufnahme muss aber rechtzeitig erfolgen.**

6.7 Steuerplanung nach erfolgter Geschäftsübergabe resp. -aufgabe

- *Wahl eines steuergünstigen Alterswohnsitzes bzw. Steuerdomizils*
  Es ist eine der letzten Möglichkeiten, eine nachhaltige Reduktion der Steuerbelastung zu erwirken.

- *Steueroptimale Vermögensanlagepolitik betreiben* (siehe auch 8.2–8.6)

- *Steueroptimale Finanzierungsstruktur wählen* (siehe auch 6.4)

- *Steueroptimale Vorsorgeleistungsform wählen*
  Während Leistungen aus der 1. und 2. Säule in Rentenform vollumfänglich der Einkommenssteuer unterliegen, mit entsprechender Progressionswirkung, werden Kapitalleistungen aus den Säulen 2b und 3a zu einem steuergünstigen Vorzugstarif (bei der direkten Bundessteuer zu einem Fünftel des ordentlichen Tarifs) erfasst. Bei der 2. Säule ist die Leistung in Kapitalform nicht in allen Vorsorgeeinrichtungen vorgesehen und muss zudem rechtzeitig (3 bis 5 Jahre vorgängig) beantragt werden (siehe auch 8.2).

- *Einkäufe in die berufliche Vorsorge* können ab 1.1.2001 nur noch bis zum Erreichen des Rentenalters getätigt werden und sind auf Fr. 74 160.– pro Jahr begrenzt (siehe auch 8.2.2.1).

- *Kapitalversicherungen mit Einmaleinlagen* können nur noch vor dem 66. Geburtstag des Versicherten abgeschlossen werden (siehe auch unter 8.2.3.2.1).

- *Leibrenten* werden ab 1. Januar 2001 nur noch zu 40% besteuert, werden doch diese Vorsorgeleistungen fast immer aus bereits versteuerten Mitteln finanziert. Durch die gemilderte Besteuerung wird diese Form der Kapitalanlage wieder prüfenswert und vor allem für solche Versicherten interessant, die über eine gute Gesundheit verfügen und damit rechnen dürfen, ein hohes Alter zu erreichen.

- *Konkubinatspaare* mit hohem Vermögen können durch Heirat spätere hohe Erbschaftssteuern vermeiden.

- Bei sehr hohen Vermögen kann sich ein *Kantonswechsel* lohnen. Zu denken ist dabei an einen Kanton, der keine *Erbschafts- und Schenkungssteuern* erhebt (z.B. Kanton Schwyz) oder zumindest direkte Nachkommen von der Erbschaftssteuer befreit (trifft heute für mehr als die Hälfte der Kantone bereits zu).

> **Die aufgeführten *Steuertipps* stammen aus der Praxis. Leider sind aber Steuerrecht und Steuerpraxis beim Bund und in den Kantonen uneinheitlich. Es ist deshalb wichtig, geplante Steuerplanungsmassnahmen rechtzeitig auf ihre Auswirkungen im betreffenden Kanton zu untersuchen. Dabei ist der Rat des Steuerspezialisten meistens unerlässlich.**

6.8 Abzugsmöglichkeiten in der persönlichen Steuererklärung

Ob Inhaber einer Einzelfirma, Teilhaber einer Personengesellschaft, (Mit-)Eigentümer einer Kapitalgesellschaft oder Kadermitarbeiter eines Unternehmens: In jedem Fall muss immer auch eine *persönliche Steuererklärung* ausgefüllt werden! Es geht im Steuerbrevier KMU nicht darum, eine Anleitung zu dieser wenig geliebten Arbeit zu geben, sondern vielmehr in Form einer Checkliste auf die Abzüge hinzuweisen, die je nach Kanton und persönlicher Situation vorgenommen werden können. Letztendlich geht es auch hier um den Leitsatz:

> **Die besten Steuern sind die legal eingesparten!**

Die Regelung der Abzüge variiert von Kanton zu Kanton. Es ist in jedem Fall die entsprechende Wegleitung zur Steuererklärung zu konsultieren.

> **Steuertipp:**
> Die geordnete Aufbewahrung aller Belege und Unterlagen, die zur korrekten Ausfüllung der Steuererklärung erforderlich sind, spart Zeit, Ärger und Kosten. Dies vor allem dann, wenn das Ausfüllen der persönlichen Steuererklärung einer Fachperson übertragen wird.

6.8.1 Checkliste für Steuerabzüge in der persönlichen Steuererklärung

Prüfen Sie anhand der nachstehenden Checkliste, ob Sie alle Ihnen zustehenden Abzüge in Ihrer Steuererklärung geltend gemacht haben:

- *Fahrkosten zum Arbeitsort* (Kosten des öffentlichen Verkehrsmittels oder bei Bedarf die Kosten des Privatfahrzeuges, vor allem bei ungünstigem Fahrplan, unzumutbarer Entfernung Wohnort/Arbeitsort, Benutzung Privatfahrzeug für Kundenbesuche.)

- *Mehrkosten auswärtiger Verpflegung* (Wenn die Einnahme der Mahlzeit zu Hause nicht möglich/zumutbar ist, können die durch die Auswärtsverpflegung entstandenen Mehrkosten pauschal abgezogen werden. Bei Verbilligung durch den Arbeitgeber, z.B. Personalkantine, wird der Pauschalabzug auf die Hälfte reduziert.)

- *Weiterbildungskosten* können gegen Vorlage der entsprechenden Belege abgezogen werden, wenn die entstandenen Kosten im Zusammenhang mit dem ausgeübten Beruf oder einer beruflichen Umschulung stehen (DBG Art. 26d).

- *Auswärtiger Wochenaufenthalt* berechtigt zum Abzug der entsprechenden Mehrkosten für auswärtige Verpflegung, Fahrkosten sowie Unterkunft am Arbeitsort (Kosten eines Zimmers, Studios oder Einzimmerwohnung).

- *Übrige Berufskosten* (Der Abzug kann pauschal vorgenommen werden und deckt die Auslagen für Berufswerkzeuge, EDV-Hard- und Software, Fachliteratur, privates Arbeitszimmer, Berufskleider. Sind die tatsächlichen Kosten höher als der Pauschalabzug, so können die effektiven Aufwendungen gegen Nachweis der entsprechenden Belege abgezogen werden.)

- *Arbeitszimmer* (Die Kosten für ein Arbeitszimmer in der Privatwohnung können nur abgezogen werden, wenn folgende drei Bedingungen kumulativ erfüllt sind:
  – keine zumutbare Möglichkeit, die Arbeiten am Arbeitsort zu erledigen;
  – in der Wohnung ist das Arbeitszimmer für die Berufsarbeit speziell reserviert;
  – das Zimmer wird auch tatsächlich hauptsächlich und regelmässig für die Berufsarbeit benützt.

- *Gewinnungskosten bei Nebenerwerb* (Regelung DBG: Pauschal 20 Prozent des Nebenerwerbseinkommens, max. 2200.–, wobei der Abzug nachweisbar höherer Kosten vorbehalten bleibt.)

- *Mitgliederbeiträge an Berufsverbände* (nur in gewissen Kantonen abzugsberechtigt, wenn mit der Erwerbstätigkeit im Zusammenhang stehend.)

- *Beiträge an AHV, berufliche Vorsorge (2. Säule) und Säule 3a* (Alle Beiträge an die AHV sind voll abzugsberechtigt; auch die Beiträge an die beruflichen Vorsorgeeinrichtungen der 2. Säule sind abzugsberechtigt, und zwar sowohl die laufenden Beiträge als auch die Nachzahlungen für fehlende Beitragsjahre; Unselbstständigerwerbende, die einer Pensionskasse angehören, können Prämien an die Säule 3a von maximal Fr. 5 933.– pro Jahr abziehen; Selbstständigerwerbende können 20 Prozent ihres Jahreseinkommens, max. Fr. 29 664.– pro Jahr abziehen, wenn sie keiner Pensionskasse angeschlossen sind. Sind beide Ehepartner erwerbstätig, so können beide entsprechende Abzüge beanspruchen.)

- *Versicherungsprämienabzug* (Versicherungsprämien und Beiträge an die Krankenkasse können in beschränktem Rahmen nach kantonalen Pauschalregelungen abgezogen werden; sie sind oftmals mit dem Sparzinsenabzug kombiniert.)

- *Krankheitskostenabzug* (Die Kosten für Krankheit gehören nicht zu den abzugsberechtigten Gewinnungskosten; die meisten Kantone gewähren dennoch beschränkte Abzugsmöglichkeiten in Form von Sozialabzügen, die allerdings kantonal unterschiedlich ausgestaltet sind.)

- *Alimente*
Die periodisch geleisteten Alimentenzahlungen, sowohl an den geschiedenen Ehepartner als auch für Kinder, sind für den Leistenden abzugsberechtigt und demzufolge für den Empfänger steuerbar. Einmalleistungen in Kapitalform dagegen sind nicht abzugsberechtigt.

- *Vermögensverwaltungskosten*
Abzugsberechtigt sind die effektiv entstandenen Kosten im Zusammenhang mit der Wertschriftenverwaltung, wie z.B. Depot-, Schrankfach- und Safegebühren, Kosten für steuerbewertete Depotverzeichnisse, Kontoführungsspesen usw. Nicht abzugsberechtigt sind dagegen die Kosten für Anlageberatung, für das Ausfüllen der Steuererklärung sowie der Wert der geleisteten eigenen Arbeiten.

- *Schuldzinsenabzug* (Grundsätzlich sind alle Schuldzinsen abzugsberechtigt. Seit dem 1. Januar 2001 gilt eine Beschränkung: Abzugsberechtigt sind Schuldzinsen in der Höhe des steuerbaren Vermögensertrages brutto (Eigenmietwert und Zinserträge) zuzüglich 50 000 Franken. Geschäftlich bedingte Schuldzinsen bleiben unbeschränkt abzugsberechtigt. (Siehe auch 6.4 «Steueroptimale Ausgestaltung der Jahresrechnung», insbesondere «Optimierung der Finanzierungs-Struktur».)

- *Unterhaltskosten von Liegenschaften*
  Als Unterhaltskosten sind diejenigen Aufwendungen zu verstehen, die mithelfen, den Wert des Gebäudes zu erhalten (Behebung von eingetretenen Schäden und Wertverminderungen).
  Zu den *abzugsberechtigten Kosten* gehören insbesondere:
  - Reparaturen und Erneuerungen der Bausubstanz;
  - Kosten für den Unterhalt der vorhandenen Anlagen;
  - Reparaturen und Ersatz von Hausgeräten;
  - Unterhaltsaufwendungen für Liftanlagen;
  - Gartenunterhalt und Ersatz von Pflanzungen;
  - Strassenunterhalt;
  - Einlagen in den Reparatur- oder Erneuerungsfonds von Stockwerkeigentümer-Gemeinschaften.

> Da kantonal unterschiedliche Abzugsmöglichkeiten bestehen, ist unbedingt die entsprechende Wegleitung zu konsultieren.

- *Pauschalabzüge für Liegenschaftsunterhalt*
  Die Regelungen sind kantonal verschieden. Bei der direkten Bundessteuer kann für Liegenschaften des Privatvermögens wahlweise der Pauschalabzug oder der Abzug der effektiven Unterhaltskosten geltend gemacht werden. Dies ermöglicht es dem Steuerpflichtigen, durch eine entsprechende Planung der Unterhaltskosten Steuereinsparungen zu erzielen (siehe auch 8.3 «Investitionen im Wohnbereich/Immobilien).

- *Wertvermehrende Aufwendungen*
  Von den werterhaltenden Aufwendungen sind jene Kosten abzugrenzen, die eine Wertvermehrung der Liegenschaft zur Folge haben (Vergrösserung Wohnraum, An- und Ausbauten, Wintergärten, Garagen, Schwimmbäder, Saunen, Parzellenvergrösserungen, Erhöhung Wohnqualität/Komfort usw). Solche Investitionen gelten nicht als Liegenschaftsunterhalt, sondern *erhöhen den Wert der Liegenschaft* und können bei einem späteren Verkauf des Objektes bei der Grundstückgewinnsteuer steuersenkend geltend gemacht werden. (Siehe auch 8.3 «Investitionen im Wohnbereich/Immobilien» und 6.4 «Steueroptimale Ausgestaltung der Jahresrechnung» sowie 6.5 «Steuerplanung rechtzeitig vor der Geschäftsnachfolgeregelung».)

- *Betriebskosten von Liegenschaften*
  Dazu gehören insbesondere:
  - Gebäudeversicherungsprämien;
  - Versicherungen gegen Glas-, Wasser- und Elementarschäden;
  - Gebäudehaftpflichtversicherungen;
  - Grundgebühren für Strassenbeleuchtung, Kehricht- und Abwasserentsorgung;

- Strassen- und Schwellenunterhalt;
- Objektsteuern.

- **Verwaltungskosten von Liegenschaften**
  Dazu gehören insbesondere:
  - Tatsächliche Ausgaben für Vermietung (Inserate);
  - Inkassospesen;
  - Entschädigungen für Verwaltung an Dritte.

> Nicht abzugsberechtigt sind die kalkulatorischen Kosten für die eigene Verwaltungstätigkeit.

Eigentümer von Liegenschaften verweisen wir an dieser Stelle speziell auf folgende Erläuterungen, die Steuerplanungsmöglichkeiten für Grundeigentümer enthalten:
6.3 Steuerplanung während der Geschäftstätigkeit
6.4 Steueroptimale Ausgestaltung der Jahresrechnung
6.5 Steuerplanung rechtzeitig vor der Geschäftsübergabe
6.6 Steuerplanung anlässlich der Geschäftsübergabe/-aufgabe
und speziell: 8.3 Investitionen im Wohnbereich/Immobilien.

Nicht zu vergessen sind die persönlichen Abzüge und die Sozialabzüge, welche kantonal unterschiedlich geregelt sind:
- Kinderabzüge (evtl. zusätzliche Abzüge für Ausbildung);
- Unterstützungsabzüge (für bedürftige Personen);
- Zweitverdienerabzug (bei Erwerbstätigkeit beider Ehegatten);
- Vergabungen an gemeinnützige Institutionen;
- Rentnerabzug;
- Gebrechlichenabzug

usw. (Siehe auch 5.2.1.4.2 und 5.2.1.4.3).

6.9 Steuereinsparungsmöglichkeiten für Kader von KMU

Zusätzlich zu den im unter 6.8 aufgelisteten Abzugsmöglichkeiten in der persönlichen Steuererklärung bestehen für Kader von KMU weitere Möglichkeiten, die Steuerbelastung in Grenzen zu halten.
Dies ist auch dringend nötig, wenn man weiss, dass die *Grenzsteuersätze* bei Kadersalären rasch einmal die Dreissig-Prozent-Hürde übersteigen und auch bei der Reizschwelle von 50 Prozent keineswegs Halt machen.
Bei hohen Einkommen fallen immer auch die *Sozialversicherungsabgaben* ins Gewicht. Störend wirkt da ohne Zweifel der Umstand, dass die *AHV keine Plafonierung* kennt. Dies bedeutet, dass AHV-Beiträge unerbittlich auf jedem noch so hohen Salärfranken erhoben werden, auch wenn Beiträge ab einer Einkommenshöhe von 74 160 Franken in der Regel nicht mehr zur Rentenbildung

beitragen und somit – mangels Gegenwert – zu den Fiskalabgaben gezählt werden müssen.

Da erstaunt es denn nicht, wenn Kader mit hohen Salären nach *steuersenkenden Massnahmen* Ausschau halten:

- *Wohnsitzwahl an einem Ort mit mildem Steuerklima*
  Es fallen nicht nur tiefere Steuern an, sondern es kommen noch steuerlich interessante Abzüge dazu, wie z.B. die Fahrkosten zum Arbeitsort, Mehrkosten für auswärtige Verpflegung, Abzug für Büro- und Infrastrukturbenützung in der Privatwohnung.

- *Pauschalspesenvergütungen*
  Die Regelungen sind kantonal stark abweichend. Im Grundsatz sind Spesen zu belegen. Das bedeutet, dass nur diejenigen Beträge von der Steuerbehörde akzeptiert werden, die auch wirklich zu Geschäftszwecken ausgegeben und belegt werden.

> Es lohnt sich, die Pauschalspesen im Arbeitsvertrag präzise zu regeln, damit Probleme mit den Steuerbehörden vermieden werden können.

Pauschalspesen können folgende Aufwendungen abdecken:
- Autospesen;
- öffentliche Verkehrsmittel, Taxi;
- Parkhausgebühren;
- auswärtige Verpflegung;
- auswärtige Übernachtungen;
- Benutzung privater Kommunikationsmittel zu Geschäftszwecken (Telefon, Fax, Internet, E-Mail, Computer usw.);
- Bürobenutzung in Privatwohung zu Geschäftszwecken;
- Fachliteratur, Zeitschriften;
- Weiterbildungskurse;
- Beiträge an Fach- und Berufsorganisationen;
- Gesellschaftliche und politisch bedingte Aufwendungen;
- Geschäftlich bedingter Mehraufwand für Kleider;
- Repräsentationsaufwand (Geschenke, Einladungen von Kunden).

Zur Repräsentation gehören auch Kundenbewirtungen in der Privatwohnung des Steuerpflichtigen. Dies bedeutet, dass nicht jede Form von Repräsentation in der Praxis mit einem Beleg nachgewiesen werden kann.

> Oftmals werden pauschale Spesenregelungen vorgängig mit den zuständigen Steuerbehörden abgesprochen. So können spätere Aufrechnungen und aufwändige Einspracheverfahren vermieden werden.

- *Fringe Benefits oder Gehaltsnebenleistungen an Kaderleute*
  Es handelt sich in der Regel um geldwerte Leistungen, die grundsätzlich der Steuerpflicht unterliegen. In der Praxis werden aber viele Arten von Nebenleistungen ausgerichtet, welche nicht in jedem Fall steuerlich erfasst werden:
  – Geschäftsauto steht auch für Privatzwecke zur Verfügung;
  – Autospesenvergütungen über den effektiven Kosten;
  – Übernahme Leasingraten für Privatwagen durch Firma;
  – Übernahme Parkhausstandplatz für Privatwagen;
  – Übernahme der Treibstoffrechnungen durch Firma;
  – Übernahme der Versicherungsprämien;
  – pauschale Reisespesenvergütungen;
  – Vorzugspreise bei Mietwohnungen;
  – Übernahme der Zügelkosten;
  – Gratisferien in firmeneigenen Liegenschaften;
  – Vorzugskonditionen bei gewährten Firmenkrediten;
  – Übernahme von Sprachkurskosten;
  – Übernahme von Zeitungsabonnementen;
  – Übernahme von Telefon-, Fax- und Internetgebühren;
  – Übernahme von Kosten für Hardware und Software;
  – Übernahme von Mitgliederbeiträgen von Privatclubs;
  – Gratisabgabe von Eintrittskarten zu Kulturanlässen;
  – Abgabe von Firmenkreditkarten;
  – Vorzugskonditionen beim Kauf von Firmenwagen;
  – bezahlter Bildungsurlaub;
  – Benutzung der Firmeneinrichtungen zu privaten Zwecken;
  – Übernahme von Beiträgen für Kaderversicherungen;
  – vorzeitige Pensionierung mit vollen Vorsorgeleistungen
  usw.

- **Mitarbeiteraktien** können als steuerlich interessante Form der Beteiligung von Mitarbeitern – meistens Kaderleute – betrachtet werden. Bei frei veräusserbaren Aktien unterliegt die Differenz zwischen dem Bezugspreis und dem Börsenwert (Verkehrswert) der Einkommenssteuer. Gebundene Mitarbeiteraktien unterliegen einer mehrjährigen Sperrfrist. Dabei wird je nach Anzahl Jahre Sperrfrist ein Einschlag auf dem Verkehrswert berechnet (vergl. Kreisschreiben Nr. 5 vom 30. April 1997). Der spätere Verkauf der Aktie gilt als steuerfreier Kapitalgewinn.

- *Stock Optionen*
  Um der Besteuerung bei der Abgabe von Mitarbeiteraktien zu entgehen, sind Unternehmen dazu übergegangen, statt Aktien Stock Optionen an Kadermitarbeiter abzugeben. Diese Optionen verbriefen das Anrecht zum späteren Erwerb von Mitarbeiteraktien zu einem vorbestimmten Preis. Steigt der Kurs/Wert der Aktie, so profitiert der Mitarbeiter vom steuerfreien Kursgewinn. Auch die Abgabe von Optionen stellt im Grundsatz steuerbares Einkommen dar. Da es sich aber um eine blosse Anwartschaft handelt, erfolgt im Zeitpunkt der Abgabe keine Besteuerung, sofern die Option nicht bewertbar ist (z.B. bei

fehlender Börsenkotierung). Die Besteuerung findet erst im Zeitpunkt der Ausübung der Option im Rahmen des urspünglichen Wertes statt (vergleiche Kreisschreiben Nr. 5 vom 30. April 1997).

> 2001 wird ein neues Kreisschreiben mit einer generellen Neuregelung der Besteuerung von Mitarbeiteraktien und Optionen erwartet.

Dieser Katalog legaler Steuereinsparungsmöglichkeiten liesse sich natürlich weiter ergänzen. Bei allem Trachten nach steuerlichen Entlastungen sollten aber *zwei wichtige Gebote* nie ausser Acht gelassen werden:

> *Erstes Gebot:* **Steuern dürfen nie zu einem alles bestimmenden Faktor werden, sonst sind Fehlentwicklungen vorgezeichnet.**

> *Zweites Gebot:* **Bei seinen Bestrebungen nach Steuerminimierung darf sich der Steuerpflichtige nicht auf das Gebiet der illegalen Steuerhinterziehung drängen lassen.**

Die daraus entstehenden Konsequenzen können gravierend sein und müssen durch den Steuerpflichtigen und seine Familie getragen werden. Soweit darf und muss es nicht kommen:

> **Es gibt eine Vielzahl legaler Mittel der Steuerplanung. Sie zu kennen und zu nutzen, ist Sinn und Zweck des «Steuerbrevier KMU».**

7. Rechtsformwahl für KMU unter steuerlichen und anderen Aspekten

Welche Rechtsform ist für ein Unternehmen optimal?

Diese Frage beschäftigt Unternehmer und Berater gleichermassen häufig. Zu Recht, wie nachfolgende Ausführungen verdeutlichen. Jede Rechtsform bietet nämlich Vor- und Nachteile.
Das zentrale Problem besteht darin, alle Aspekte systematisch aufzulisten und für das betreffende Unternehmen zu beurteilen. Entscheidend ist aber letztendlich die Gewichtung und Quantifizierung der einzelnen Argumente im konkreten Fall als Entscheidungsgrundlage für die Rechtsformwahl.

> Es gehört zu den Führungsaufgaben des Unternehmers, in Zeiten rascher Veränderung die Situation der zweckmässigen Rechtsform periodisch zu hinterfragen.

7.1 Anzahl Rechtsformen in der Schweiz

Rechtsform	1.1.91	1.1.00	1.1.01
Aktiengesellschaften	166 470	171 057	171 984
Einzelfirmen	113 469	140 900	142 314
GmbH	2 769	38 579	46 035
Kollektivgesellschaften	15 789	16 460	16 360
Genossenschaften	13 967	13 839	13 590
Kommanditgesellschaften	3 341	3 192	3 118
Total	315 805	384 027	393 401

> Erfreulich und viel zu wenig bekannt ist die Tatsache, dass die Zahl der Firmen-Neugründungen seit 1997 in ununterbrochener Reihenfolge Rekordergebnisse erreicht. Die Nettozunahme liegt in den Jahren 1997 bis 2000 im Durchschnitt bei 10 000 Unternehmen!

Bei der Führungsposition der AG ist zu berücksichtigen, dass in der Anzahl von 171 057 auch die Publikumsgesellschaften enthalten sind. Bei den typischen gewerblichen Kleinunternehmen dürfte auch heute noch die Einzelfirma die häufigste Rechtsform darstellen. Der *Trend zur AG oder GmbH* ist indessen unverkennbar. Von den heute bestehenden Aktiengesellschaften ist übrigens mehr als die Hälfte durch Umwandlung einer früheren Einzelfirma oder Personengesellschaft entstanden.

Häufigste Rechtsformveränderung bei kleinen und mittleren Unternehmen ist die *Umwandlung einer bestehenden Einzelfirma* (evtl. Personen-Gesellschaft) *in eine Kapitalgesellschaft* (meistens eine AG oder GmbH).

Wir wollen anhand eines solchen Sachverhaltes die *Vor- und Nachteile von Personenfirmen und Kapitalgesellschaften* unter verschiedenen Blickwinkeln untersuchen. Auch wenn es sich beim vorliegenden Fachbuch um ein Steuerbrevier handelt, wäre nichts verfehlter, als sich bei einem derart fundamentalen Entscheid auf die steuerlichen Aspekte zu beschränken, unterliegen doch diese Grundlagen einem stetigen Wandel. Deshalb sind bei der Beurteilung der Rechtsformwahl sämtliche Aspekte und Konsequenzen systematisch zu untersuchen und für das betreffende Unternehmen zu gewichten.

Ein zentraler steuerlicher Aspekt gehört aber an den Anfang:

> **Aktiengesellschaften, Gesellschaften mit beschränkter Haftung, Genossenschaften, Vereine und Stiftungen sind als juristische Personen selbstständige Steuersubjekte und bezahlen somit selber Steuern auf Gewinn und Kapital. Im Gegensatz dazu besitzen Personenunternehmen (Einzelfirmen sowie Kollektiv- und Kommanditgesellschaften) keine eigene Steuerrechtspersönlichkeit.**

Bei den Einzelfirmen sind es die Firmeninhaber – bei Personengesellschaften die einzelnen Teilhaber – welche als natürliche Personen für den erzielten Geschäftserfolg und das im Unternehmen eingesetzte Kapital steuerpflichtig sind. Dies führt bei Unternehmen mit hoher Ertragskraft zu entsprechenden *Progressionsnachteilen*. Der hohe Gewinn aus der Personenfirma bildet nämlich das (hohe) *Basiseinkommen,* auf welchem jedes *Zusatzeinkommen,* wie z.B. Ertragseinkommen aus Wertschriften und Liegenschaften, Eigenmietwert, Nebenerwerbseinkommen, Einkommen des erwerbstätigen Ehepartners usw., zum hohen *Grenzsteuersatz* besteuert wird. Auf diese Weise entstehen je nach Steuerdomizil Grenzsteuerbelastungen auf Zusatzeinkommen bis zu 50 Prozent und mehr. Zuviel, auf jeden Fall, sagen sich viele Inhaber von Personenunternehmen.

In solchen Fällen wird oftmals die Umwandlung der Personenfirma in eine Kapitalgesellschaft erwogen. So kann der (hohe) Unternehmensgewinn durch die Gesellschaft selber – und erst noch zum günstigen Tarif für juristische Personen – versteuert werden. Die bezahlten Steuern kann die Gesellschaft zudem noch als Geschäftsaufwand verbuchen.

Überhaupt geniesst die Kapitalgesellschaft gegenüber Personenunternehmen mehr *steuerliche Gestaltungsmöglichkeiten* (Verhältnis Eigenkapital/Fremdkapital, Saläre, Zinsen, Ausschüttungspolitik usw.). Diese Gestaltungsfreiheit wird allerdings in der Praxis durch die Erfassung verdeckter Gewinnausschüttungen sowie durch die Rechtssprechung und Praxis zum verdeckten Eigenkapital limitiert. Zudem führt die *wirtschaftliche Doppelbesteuerung* sowohl auf den ausgeschütteten Gewinnen als auch auf dem Kapital zu steuerlichen Nachteilen, die unter 7.5 «Wiederkehrende Steuerabgaben» im Detail behandelt werden.

> **Nach diesem kurzen steuerlichen Streifzug kehren wir zurück zu einer systematischen und vergleichenden Gegenüberstellung der Vor- und Nachteile von Personenunternehmen und Kapitalgesellschaften.**

Zu den *Personenunternehmen* zählen Einzelfirmen sowie Kollektiv- und Kommanditgesellschaften; zu den *Kapitalgesellschaften* vor allem Aktiengesellschaften und Gesellschaften mit beschränkter Haftung.
Genossenschaften kommen als Rechtsform für KMU nur in Ausnahmefällen vor. Sie werden als juristische Personen beim Bund und in den meisten Kantonen grundsätzlich gleich behandelt wie Kapitalgesellschaften.

Wir gliedern die Aspekte in folgende Teilgebiete auf:

7.2 Firmenerhalt und Nachfolgeregelung;
7.3 Haftungsfragen;
7.4 Gründungskosten und einmalige Steuerabgaben;
7.5 wiederkehrende Steuerabgaben;
7.6 Sozialversicherungsbereich;
7.7 Buchführungsvorschriften und Administrationsauswand;
7.8 Fazit.

7.2 Firmenerhalt und Nachfolgeregelung

Nicht etwa steuerliche Aspekte, sondern die Sicherung des Firmenerhalts und optimale Regelung der Geschäftsnachfolge sind die am häufigsten zitierten Argumente, warum Personenfirmen in Kapitalgesellschaften umgewandelt werden.

Eine der heikelsten Aufgaben stellt für den Familienbetrieb die *Geschäftsnachfolgeregelung* dar, anlässlich welcher das Kunststück zu gelingen hat, dem Nachfolger eine gesicherte Existenz und dem Vorgänger einen sorgenfreien Lebensabend zu sichern; gleichzeitig sind die Miterben angemessen zu behandeln und hohe Fiskalabgaben zu vermeiden. Dieser steuerliche Aderlass, der bei Einzelfirmen und Personengesellschaften oftmals die Liquidität des Unternehmens bzw. des Unternehmers arg beeinträchtigt, bleibt Betrieben in der Rechtsform der Kapitalgesellschaft erspart, stellt doch die Übertragung der Beteiligungspapiere in der Regel einen steuerneutralen Tatbestand dar.

Die *Erleichterung der Erbteilung durch Zuweisung der Aktien oder Stammanteile* an die Nachkommen ist ein bedeutender Vorteil der Kapitalgesellschaft. Durch eine sinnvolle Verteilung der Titel, unter Absicherung der *Stimmenmehrheit für den Nachfolger,* kann unter weitgehender Vermeidung steuerlicher Konsequenzen die Regelung der Geschäftsnachfolge scheinbar elegant gelöst werden. Es ist aber an dieser Stelle mit Nachdruck auf das *Problem der Minderheitsaktionäre* hinzuweisen, deren Dividendenhunger in der Regel in scharfem Kontrast zur Investitionslust des Mehrheitsaktionärs steht, welcher dem Unternehmen die Mittel zur Bestreitung seines Lebensunterhaltes in Form von Salären, Spesen- und Naturalbezügen bereits vor der Gewinnverteilung entnommen hat. Um die Situation der Minderheitsaktionäre zu verbessern, werden in der Praxis oftmals entsprechende Klauseln, z.B. in *Aktionärbindungsverträge,* aufgenommen.

Die Sicherung des Firmenerhalts und des Firmennamens kann mit der Rechtsform einer Kapitalgesellschaft über den Tod des Firmengründers hinaus auf lange Sicht gewährleistet werden. Die Firmenbezeichnung der Gesellschaft wird zudem in der ganzen Schweiz vor Nachahmung und Verwechslung geschützt. Es ist deshalb empfehlenswert, rechtzeitig vor der Gründung beim eidgenössischen Handelsregisteramt abzuklären, ob sich die vorgesehene Firma genügend von den bereits eingetragenen unterscheidet. Seit einigen Jahren gilt für den Firmeneintrag im Handelsregister eine ziemlich liberale Praxis.

Oftmals wird – vor allem in Aktiengesellschaften – von der Möglichkeit Gebrauch gemacht, *Nachkommen* oder langjährige *Mitarbeiter* in Kaderfunktion *durch Aktienbesitz am Unternehmen zu beteiligen,* was diese Personen in der Regel anspornt, sich für das Wohlergehen «ihrer Firma» besonders zu engagieren.

Es darf dabei aber nicht ausser Acht gelassen werden, dass der *Aktienbesitz* zur Teilnahme an der Generalversammlung ermächtigt. Damit verbunden ist auch das *Einsichtsrecht* des Mitarbeiter-Aktionärs in den Geschäftsbericht, bestehend aus der Jahresrechnung samt Anhang und Bericht der Revisionsstelle sowie dem Jahresbericht.

Der *Seniorchef* kann *als Mehrheitsaktionär und Präsident des Verwaltungsrates* die Geschäftspolitik noch entscheidend beeinflussen und so den Zeitpunkt für seinen Rücktritt optimal bestimmen.

Durch die *Aufnahme von aussenstehenden Fachleuten in den Verwaltungsrat* kann die Tätigkeit des Gremiums versachlicht, professionalisiert und damit vermieden werden, dass der Verwaltungsrat zur Plattform für Familienstreitigkeiten verkommt. Zudem kann der externe Verwaltungsrat bei Konstellationen mit (gleich) starken Persönlichkeiten verhindern, dass Patt-Situationen die Führungsarbeit blockieren.

7.3 Haftungsfragen

Die Solidarhaftung für alle geschäftlichen Verpflichtungen, welche der Inhaber einer Einzelfirma und die Gesellschafter einer Personengesellschaft vom Gesetz her zwingend auf sich zu nehmen haben, kann bei der Rechtsform der Kapitalgesellschaft weitgehend ausgeschaltet werden. Hier *haftet lediglich das Gesell-*

schaftskapital. Das *Privatvermögen,* in welchem sich nicht selten auch die Geschäftsliegenschaft befindet, ist damit dem Zugriff der Firmengläubiger in der Regel entzogen. Es muss indessen darauf hingewiesen werden, dass der Inhaber einer umgewandelten Personenfirma für deren Verpflichtungen nach Gesetz solidarisch bis zu 5 Jahren haftbar bleibt.

Die *Haftungsbeschränkung* findet auf der anderen Seite ihr Gegenstück in *strengeren Anforderungen an die Buchführung,* die unter 7.7 «Buchführungsvorschriften und Administrationsaufwand» näher erläutert werden.

Bei der *Beurteilung von Kreditgesuchen* wenden die Banken bei Kapitalgesellschaften, wegen der fehlenden persönlichen Haftung, in der Regel *strengere Beurteilungskriterien* an und verlangen bei kritischen Fällen zusätzliche persönliche Sicherheiten, wie Bürgschaften, Pfandbestellungen usw.

Zudem wurden in letzter Zeit Fälle bekannt, bei denen die Haftungsbeschränkung der Inhaber von Kapitalgesellschaften über den Weg der *Verantwortung als Verwaltungsrat* durchlöchert wurde.

Durch das revidierte Aktienrecht wurden die Pflichten und *Verantwortlichkeiten der Verwaltungsräte* strenger gefasst.

In Art. 716a OR sind die unübertragbaren und unentziehbaren *Aufgaben des Verwaltungsrates* festgehalten. Dazu gehören:

- Oberleitung der Gesellschaft
- Oberaufsicht über die mit der Geschäftsführung betrauten Personen
- Ausgestaltung des Rechnungswesens
- Finanzkontrolle und die Finanzplanung
- Erstellung des Geschäftsberichtes, der sich zusammensetzt aus
  - Jahresrechnung (Bilanz, ER, Anhang)
  - Jahresbericht
  - Bericht der Revisionsstelle*

---

* Die *Revisionsstelle* ist nach OR 727 ff. nur für Aktiengesellschaften obligatorisch. Bei hohen Kreditvergaben verlangen die Banken aber oftmals auch für Unternehmen in der Rechtsform einer GmbH die Prüfung der Jahresrechnung durch eine anerkannte Revisionsstelle.

Es ist den verantwortlichen Organen von KMU dringend zu empfehlen, die gesetzlich vorgeschriebenen Führungsaufgaben verantwortungsbewusst wahrzunehmen.

7.4 Gründungskosten und einmalige Steuerabgaben

Wenn es um die Gründung eines Unternehmens geht, dann gibt es keine einfachere Rechtsform als die *Einzelfirma*.
Die Gründung kann formlos erfolgen. In den meisten Fällen ist das Unternehmen im Handelsregister einzutragen, was mit einer entsprechenden Gebühr verbunden ist.

Soll eine *Personengesellschaft* gegründet werden, so empfiehlt sich die Ausfertigung eines entsprechenden Gesellschaftsvertrages, der aber keiner amtlichen Beurkundung bedarf. Der Eintrag ins Handelsregister ist dagegen in den meisten Fällen obligatorisch.

Wird eine *Kapitalgesellschaft* gegründet, so sind professionell abgefasste Statuten, bei Sacheinlagen ein *Gründungsbericht* samt *Prüfungsbestätigung* eines Revisors, ein amtliches Beurkundungsverfahren und der *Eintrag im Handelsregister* zwingend. Ganz allgemein ist festzuhalten, dass das *Gründungsprozedere* für Kapitalgesellschaften – insbesondere wenn es sich um die Umwandlung einer bestehenden Einzelfirma oder Personengesellschaft handelt – recht aufwändig und kostspielig ist. Dazu kommen die buchhalterischen Arbeiten für die *Liquidation des Personenunternehmens* und die Erstellung der Eröffnungsbilanz für die neu zu gründende Kapitalgesellschaft. Es sind *Aktientitel oder -zertifikate* auszufertigen und ein *Aktienbuch* anzulegen.

Für die *GmbH* ist die amtliche *Publizierung der Gesellschafter* zwingend, was gegenüber der Aktiengesellschaft als Nachteil bezeichnet werden muss.

Zu den *einmaligen Steuerabgaben* bei der Gründung der AG oder GmbH zählt in erster Linie die *Stempelabgabe von 1 Prozent* auf dem Aktienkapital oder Stammkapital. Dabei ist zu beachten, dass bei Sacheinlagen die Steuer *auch auf den eingebrachten stillen Reserven* eingefordert wird.

Erfreulicherweise wird die Emissionsabgabe bei *Neugründungen* und *Kapitalerhöhungen* von juristischen Personen bis zu einem Kapital von Fr. 250 000.– nicht erhoben. Übersteigt das Kapital Fr. 250 000.–, so ist die Abgabe nur auf dem übersteigenden Betrag zu leisten.

Wird *Grundeigentum* in die AG eingebracht (z.B. die geschäftlich genutzten Lokalitäten im Stockwerkeigentum), so sind in einigen Kantonen *Handänderungsabgaben* (zwischen 1 und 3 Prozent) sowie *Verurkundungskosten* geschuldet. Die Mehrzahl der Kantone erheben aber bei Handänderungen infolge Umwandlung keine oder nur eine reduzierte Abgabe.

Die Frage, ob *Grundeigentum in die Gesellschaft* eingebracht werden soll oder nicht, muss im Einzelfall beurteilt werden. Die Einbringung sollte nur dann ernsthaft in Erwägung gezogen werden, wenn Geschäft und Liegenschaft als untrennbares Ganzes zu betrachten sind, das bei einer späteren Regelung der Geschäftsnachfolge als Einheit übertragen werden soll.

Stellt die Liegenschaft Familienbesitz dar (z.B. eine Wohn- und Geschäftsliegenschaft in guter Lage als wertbeständige Kapitalanlage und traditionsreicher Familienbesitz oder als Altersvorsorge der bisherigen Inhaber), so ist in der Regel von einer Einbringung abzusehen. Die Existenz des Unternehmens muss dann mit langfristigen, indexierten und im Grundbuch eingetragenen Mietverträgen abgesichert werden.

Für eine Einbringung sprechen:
- Einheit von Betrieb und Geschäftsliegenschaft;
- Abschreibungsmöglichkeiten auf Geschäftsliegenschaft;
- Liegenschaftsunterhalt zu Lasten der Gesellschaft;
- steuerfreie Übertragung durch Aktienverkauf (gilt nicht für Immobiliengesellschaften).

Gegen eine Einbringung sprechen:
- evtl. Stempelabgabe auf stillen Reserven;
- evtl. Handänderungsabgabe;
- evtl. Grundstückgewinnsteuer bei Aufwertung;
- Vermietung der Geschäftsräume an Gesellschaft als Möglichkeit, Mittel aus der Gesellschaft zu entnehmen;
- Liegenschaft wird der Doppelbesteuerung unterstellt;
- Gesellschaft wird schwer und die Aktien entsprechend teuer;
- Nachfolgeregelung kann dadurch erschwert werden.

Als Grundsatz gilt: So wenig Grundeigentum wie möglich, bzw. nur so viel Grundeigentum wie nötig in die Gesellschaft einbringen.

Werden bei der Überführung von Vermögenswerten aus der Einzelfirma oder Personengesellschaft *stille Reserven* aufgelöst oder *buchmässige Aufwertungen* vorgenommen, so sind diese als Einkommen oder Teil des *Liquidationsgewinnes* vom früheren Personenfirmeninhaber zu versteuern. Dafür kann die neu gegründete Gesellschaft die höheren Buchwerte bilanzieren und später darauf abschreiben.

Die *Vermeidung des steuerbaren Liquidationsgewinnes* auf den im Unternehmen angehäuften stillen Reserven ist oftmals ein gewichtiges Argument für die Umwandlung einer rentablen Einzelfirma in eine Aktiengesellschaft. Nach Ablauf der steuerlich massgebenden *Sperrfrist* (bei der direkten Bundessteuer und in den meisten Kantonen beträgt diese fünf Jahre), kann die Aktienübertragung nämlich *steuerfrei* erfolgen, als privater Kapitalgewinn.

> **Achtung Steuerfalle:**
> Bei Umwandlungen von Personenunternehmen in Kapitalgesellschaften ist vor einem Verkauf der Aktien unbedingt die steuerliche *Sperrfrist* abzuwarten (in der Regel fünf Jahre). Wichtig ist auch, dass die Aktien nach erfolgter Umwandlung im *Privatvermögen* gehalten werden. Bei Missachtung einer dieser Voraussetzungen kann der Verkaufsgewinn der Aktien besteuert werden.

Gefahr droht beispielsweise, *wenn neben der Aktiengesellschaft* noch *eine branchenverwandte Einzelfirma* besteht oder wenn sich der Hauptaktionär an einem anderen Unternehmen der gleichen oder einer verwandten Branche beteiligt. In solchen Fällen kann die Steuerbehörde die Aktien der (umgewandelten) Firma dem Geschäftsvermögen des Hauptaktionärs zuordnen und den Aktienverkaufsgewinn als Einkommen besteuern. Zusammen mit der AHV kann in solchen Fällen bis zur Hälfte des erzielten Gewinnes weggesteuert werden. Abhilfe kann die rechtzeitige *Fusion* oder Gründung einer *Holding* bringen.

Auch wenn der *steuerfreie Aktienverkauf* gelingt, was bei Einhaltung obiger Kriterien die Regel darstellt, so dürfen die *latenten Steuern* auf den stillen Reserven und einbehaltenen Gewinnen nicht vernachlässigt werden. Diese führen nämlich in der Praxis zu entsprechenden *Abzügen bei der Aktienbewertung*.

Ab 1. Januar 2001 (allgemeiner Übergang zur jährlichen Gegenwartsbesteuerung) löst die Umwandlung einer Personenfirma in eine Kapitalgesellschaft nur noch in den Kantonen TI, VD und VS eine *Zwischenveranlagung* aus, welche bei geschickter Terminplanung zu Steuervorteilen (Bemessungslücke) genützt werden kann (siehe auch 6.4).

7.5 Wiederkehrende Steuerabgaben

Hier geht es um die vergleichende Beurteilung der jährlich wiederkehrenden Steuerabgaben von Einzelfirmeninhabern bzw. Personengesellschaften einerseits und Kapitalgesellschaften und deren Gesellschafter andererseits.

Es ist aus der Sicht der *Steuerprogression* natürlich verlockend, die Steuerlast der Einzelfirma auf *zwei Steuersubjekte* (Gesellschaft und Gesellschafter) zu verteilen.

Allerdings – und das muss betont werden – wird der Effekt der Progressionsmilderung längerfristig durch die *wirtschaftliche Doppelbesteuerung* mehr oder weniger stark kompensiert, indem die von der Gesellschaft bereits versteuerten Gewinne bei ihrer Ausschüttung an die Gesellschafter bei diesen ein zweites Mal – und zwar als Zusatzeinkommen, mit entsprechender Progressionswirkung – besteuert werden. Das Gleiche gilt für das Gesellschaftskapital, welches ebenfalls der doppelten Besteuerung bei der Gesellschaft und beim Titelinhaber unterliegt. Die Kumulierung von Kapitalsteuer und Vermögenssteuer benachteiligt die Kapitalgesellschaft und ihre Gesellschafter gegenüber Personenunternehmen vor allem dann, wenn der Ertragswert der Gesellschaft über dem Substanzwert liegt.

Zur Beurteilung der Frage, ob sich die Gründung einer Kapitalgesellschaft steuerlich auch wirklich lohnt, werden in der Praxis oft *Steuerbelastungsvergleiche* angestellt.
Es muss aber betont werden, dass diese aufwändigen Berechnungen zwangsläufig zum Teil auf Grundlagen basieren, die Veränderungen unterworfen sind. Deshalb sollten die Resultate dieser Vergleichsrechnungen mit vorsichtiger Gewichtung in den Entscheidungsprozess einbezogen werden.

Allgemein kann gesagt werden, dass die Belastungsvergleiche dann zugunsten der Kapitalgesellschaft ausfallen, wenn in der Einzelfirma Gewinne erzielt werden, die deutlich über dem Betrag liegen, der zur Bestreitung des Lebensunterhaltes notwendig ist. Damit können die Eigenlöhne aus der Gesellschaft in der Höhe angesetzt werden, dass daraus der gesamte Privataufwand (reichlich) abgedeckt werden kann. Der in der AG verbleibende Reingewinn kann auf längere Sicht in der Gesellschaft belassen werden.

Die Steuereinsparung auf den einbehaltenen Gewinnen führt während Jahren zu namhaften *Zinsgewinnen.*

Werden die in der Gesellschaft erzielten *Gewinne* jedoch an die Aktionäre *ausgeschüttet,* so geht der Vorteil der Steuereinsparung je nach Höhe der Ausschüttung wieder teilweise oder ganz verloren.

Als Faustregel kann gelten: Der steuerliche *Progressionsvorteil* zugunsten ertragsstarker Kapitalgesellschaften geht dann verloren, wenn mehr als zwei Drittel der erzielten Gewinne der Gesellschaft ausgeschüttet werden.

Ertragsschwache Unternehmen fahren steuerlich besser in der Rechtsform eines Personenunternehmens. Dies gilt ganz besonders, wenn Verluste erzielt werden.

Zu beachten ist auch, dass bei ertragsstarken Kapitalgesellschaften die *Doppelbesteuerung auf dem Kapital* der Gesellschaft und v.a. auf dem Vermögen der Gesellschafter stark ins Gewicht fällt und zu Substanzschmälerungen führen kann.

Die *fehlende Besteuerung der privaten Kapitalgewinne,* in Verbindung mit dem Nennwertprinzip, führte in der Rechtsprechung und Praxis zu Korrekturmassnahmen, welche die steuerlichen Vorteile der Kapitalgesellschaft gegenüber den Personenunternehmen unter Umständen wieder relativieren. Es sind dies:
- die *Transponierungstheorie,* die darauf abzielt, einen steuerfreien Kapitalgewinn in einen steuerbaren Kapitalertrag umzudeuten;

- die Theorie der *indirekten Teilliquidation,* welche die Besteuerung der nicht betriebsnotwendigen Liquidität ins Visier nimmt;
- die geltende Praxis zum *gewerblichen Wertpapierhandel,* mit welcher steuerfreie Kapitalgewinne zu steuerbarem Erwerb uminterpretiert werden.

> **Achtung Steuerfalle:**
> Die ESTV hat mit den in Fachkreisen heftig umstrittenen steuerlichen Tatbeständen der *Transponierung* und der *indirekten Teilliquidation* erwirkt, dass gewisse Formen der Nachfolgeregelung bei Kapitalgesellschaften, z.B. mittels Erbenholding, als Realisierung der stillen Reserven betrachtet und entsprechend besteuert werden können. Kritischer Tatbestand ist vor allem, wenn das verkaufte Unternehmen über nicht betriebsnotwendige Mittel und grosse Gewinnvorträge verfügt und der Käufer zur Finanzierung des Kaufpreises auf die Mittel der gekauften Gesellschaft zurückgreift. Aber auch das Einbringen einer Betriebsgesellschaft in die eigene Holding oder der Rückkauf eigener Aktien durch die Gesellschaft kann zu Steuerfolgen führen. In solchen Fällen ist eine kompetente Beratung unerlässlich!

Nicht zu vergessen ist die *Verrechnungssteuer,* um welche die ausgeschütteten Gewinne gekürzt werden müssen.
Zwar kann der Empfänger dieser steuerpflichtigen Leistung die ihm abgezogene Verrechnungssteuer in seiner persönlichen Steuererklärung wieder zurückfordern. Zwischen Abgabe und Rückerstattung verstreicht indessen eine gewisse Zeit mit entsprechendem *Zinsverlust.* Für *Holdinggesellschaften* gilt seit dem 1. Januar 2001 das *Meldeverfahren.*

Als Vorteil der Kapitalgesellschaft gilt die *Abzugsfähigkeit der Gesellschaftssteuern* als Geschäftsaufwand; ein Abzug, welcher dem Inhaber einer Einzelfirma bzw. Teilhaber einer Personenfirma nicht zusteht.

Ganz allgemein ist festzustellen, dass sich die Situation für juristische Personen durch die *Revisionen der Steuergesetze* in den vergangenen Jahren spürbar verbessert hat.

Jüngstes Beispiel dazu ist die 1998 in Kraft getretene *Reform der Unternehmensbesteuerung,* welche für zahlreiche KMU in der Rechtsform einer juristischen Person (AG oder GmbH) spürbare *steuerliche Entlastungen* brachte, wie z.B. den Wegfall der Kapitalsteuer und den Übergang zum Proportional-Tarif bei der direkten Bundessteuer, sowie die Halbierung der Emissionsabgabe für Unternehmensgründungen mit einem festen Freibetrag bis Fr. 250 000.–.

Zur *Milderung der wirtschaftlichen Doppelbesteuerung* haben einige Kantone auf den 1. Januar 2001 im Rahmen von Steuergesetzrevisionen Zeichen gesetzt, z.B. durch die Einführung sogenannter Teilmengentarife oder durch eine vorteilhafte Besteuerung der ausgeschütteten Gewinne beim Empfänger (zum halben Steuersatz).

7.6 Sozialversicherungsbereich

Während bei der Einzelfirma und Personengesellschaft der gesamte Betriebsgewinn (abzüglich Zins auf dem betriebsnotwendigen Eigenkapital) der *AHV-Abrechnungspflicht* zum Satze für Selbstständigerwerbende von 9,5% untersteht, werden bei der Kapitalgesellschaft nur die ausgerichteten Saläre, dafür zum höheren Satz von 10,1% (zuzüglich *ALV* von 3,0%) abgerechnet. Auf dem Gewinn der Kapitalgesellschaft sind dagegen keine Sozialabgaben geschuldet. Damit können bei ertragsstarken Unternehmen in der Rechtsform einer Kapitalgesellschaft Sozialversicherungsbeiträge eingespart werden.

Die ausbezahlten Saläre der Gesellschafter unterstehen zudem der Abrechnungspflicht bei der *beruflichen Vorsorge* und der obligatorischen *Unfallversicherung*, während Selbstständigerwerbende von diesen zusätzlichen Sozialversicherungsabgaben befreit sind.

Dafür profitiert der als Arbeitnehmer geltende «Aktionärs-Direktor» (samt Ehepartner) von günstigen Kollektiv-Versicherungstarifen und zusätzlichen Steuerabzügen bei der zweiten Säule (z.B. bei *Kader-Versicherungen*).

Auch Inhaber von Personenfirmen können sich – auf freiwilliger Basis – als Selbstständigerwerbende mit den bekannten und erheblichen Steuervorteilen in der *2. Säule* versichern, sei es in der gleichen Vorsorgeeinrichtung wie die Arbeitnehmer, in der Vorsorgeeinrichtung des Berufsverbandes oder in einer Auffangstiftung. Der Abzug richtet sich nach dem Reglement der Vorsorgeeinrichtung und ist beschränkt auf 20 Prozent des Einkommens aus der selbstständigen Tätigkeit (siehe auch 8.2 «Investitionen im Vorsorgebereich»).

Bei der individuellen Vorsorge im Rahmen der *Säule 3a* sind die Abzugsmöglichkeiten unterschiedlich. Inhaber von Kapitalgesellschaften können in der Regel nur noch den kleinen Abzug (5933 Franken pro Jahr) vornehmen, da sie bereits in der 2. Säule versichert sind. Inhaber von Personenfirmen können, wenn sie in der 2. Säule nicht versichert sind, bis zwanzig Prozent des Einkommens aus selbstständiger Erwerbstätigkeit, maximal aber 29 664 Franken bei der Säule 3a einzahlen und steuerlich abziehen. Sind sie bei der 2. Säule versichert, steht ihnen nur der kleine Abzug zu. Die Abzüge stehen bei Erwerbstätigkeit beiden Ehepartnern zu (siehe auch 8.2 «Investitionen im Bereich der Altersvorsorge»).

Nicht zu vergessen sind die *Kinderzulagen*, welche dem Inhaber einer Kapitalgesellschaft als Lohnbezüger zustehen. Dafür sind aber entsprechende *Beiträge* an die *Familienausgleichskasse* zu leisten.

Die Berechtigung auf eine *Betriebszulage* bei der Erwerbsausfallentschädigung steht nur dem selbstständigerwerbenden Unternehmer zu. Die Zulage wird ihm bei der Leistung von Militär- bzw. Zivildienst von der AHV-Kasse ausgerichtet.

Es kann festgehalten werden, dass sich vor allem in jenen Fällen *Einsparungen bei den Sozialversicherungsabgaben* zugunsten der Kapitalgesellschaft ergeben, wenn der Unternehmensgewinn die zur Lebenshaltung benötigten Saläre deutlich übersteigt, und damit namhafte Gewinne in der Gesellschaft – ohne Sozialversicherungsabgabepflicht – ausgewiesen werden. Es ist in diesem Zusammenhang daran zu erinnern, dass die Einkommensgrenze zur *Sicherung einer maximalen AHV-Rente* seit dem 1. Januar 2001 bei Fr. 74 160.– liegt. Damit wird deutlich, dass von vielen Einzelfirmen und Personengesellschaften mit hoher Ertragskraft Gewinne bei der AHV abgerechnet werden, die nicht (mehr) zur Rentenbildung beitragen, weshalb dieser Teil der AHV-Beiträge, mangels Gegenwert, beim Steuerbelastungsvergleich zu den Fiskalabgaben zu zählen ist.

7.7 Buchführungsvorschriften und Administrationsaufwand

Es darf nicht verschwiegen werden, dass die Rechtsform der Kapitalgesellschaft den Administrationsaufwand anwachsen lässt. Dies gilt in besonderem Masse für die Aktiengesellschaft, die strengeren Bestimmungen bezüglich *Rechnungslegung* untersteht als alle anderen Rechtsformen.
Der Jahresrechnung ist ein *Anhang* mit zusätzlichen Angaben sowie ein *Jahresbericht* beizufügen.
Zudem ist die Jahresrechnung samt Anhang von einer fachlich ausgewiesenen und unabhängigen *Revisionsstelle* zu prüfen mit entsprechender Kostenfolge. Zusätzlichen Aufwand und damit Kosten verursachen auch die Tätigkeit des *Verwaltungsrates* und die jährlich abzuhaltende *Generalversammlung*.

Die Kapitalgesellschaft gilt steuerlich als eigene Rechtsperson (juristische Person) und hat damit eine eigene *Steuererklärung* samt den erforderlichen detaillierten Beilagen einzureichen, was mit entsprechendem Aufwand und Kosten verbunden ist.

Generell ist die *Entscheidungsfreiheit* in einer Kapitalgesellschaft, im Vergleich zur Einzelfirma, vor allem bei der Existenz kritisch eingestellter *Minderheitsaktionäre,* mehr oder weniger stark *eingeschränkt,* was oftmals als ernstzunehmender Nachteil der Kapitalgesellschaft zu werten ist.

Zum Schutz der Gläubiger sind wegen der fehlenden *Solidarhaftung* die *gesetzlichen Auflagen* bei der Rechtsform der Kapitalgesellschaften allgemein strenger gefasst als bei den Personengesellschaften, bei denen die Firmeninhaber mit ihrem Privatvermögen zusätzlich solidarisch haften.

Die *Aktienrechtsrevision* hat den Spielraum für die Familien-Aktiengesellschaft auf diversen Gebieten eingeschränkt (Stimmrechtsaktien, Vinkulierung) und diverse Anforderungen erhöht (Aktienkapital, Revisionsstelle, Verantwortlichkeit des Verwaltungsrates). Andererseits brachte die Revision auch für Familien-Aktiengesellschaften Vorteile und zusätzliche Möglichkeiten (Kapitalerhöhung,

Erwerb eigener Aktien, Führungsorganisation, verstärkte Kontrollrechte der Aktionäre usw.).

Das *Rechnungslegungs- und Revisionsrecht (RRG)* soll schon wieder revidiert und internationalen Standards angepasst werden. Der Vorentwurf des Gesetzes macht deutlich, dass die Anforderungen an das Rechnungswesen allgemein erhöht werden. Dabei gelten für die Kapitalgesellschaften (AG und GmbH) zusätzliche und strengere Vorschriften als für Einzelfirmen und Personengesellschaften (siehe auch 4.10 «Das neue Rechnungslegungs- und Revisionsrecht RRG»).

Die *höheren Anforderungen*, welche durch das *revidierte Aktienrecht* an die Rechtsform der Aktiengesellschaft gestellt werden, dürften den Hauptgrund darstellen, weshalb in jüngster Zeit die *GmbH* (Gesellschaft mit beschränkter Haftung) aus einem jahrelangen Mauerblümchen-Dasein herausgetreten ist und heute vermehrt *als Rechtsform für Kleinunternehmungen* – vor allem auch im Dienstleistungssektor – in Betracht gezogen bzw. gewählt wird.

Die anstehende *Revision des GmbH-Rechtes* beinhaltet bedauerlicherweise einige unzweckmässige Änderungen, wie z.B. ein voll einzubezahlendes Mindestkapital von 40 000 Franken, was die Attraktivität dieser Rechtsform, vor allem für Jungunternehmen, ohne Zweifel einschränken dürfte.

Nachstehend ein tabellarischer *Vergleich zwischen der AG und der GmbH* als Übersicht.

Gegenüberstellung	AG	GmbH
Gründung	Öffentliche Beurkundung	Öffentliche Beurkundung
Kapital	mind. 100 000.– max. unbeschränkt	mind. 20 000.– max. 2 Mio.
Davon mind. einbezahlt	Fr. 50 000.–	Fr. 10 000.–
Erforderliche Anzahl Gründer	Drei	Zwei
Verwaltung	mind. 1 Mitglied; mehrheitlich Schweizerbürger mit Wohnsitz in der Schweiz	Keine Vorschriften; mind. 1 Geschäftsführer mit Wohnsitz in der Schweiz
Haftung	Nur Gesellschaftsvermögen	Solidarhaftung der Gesellschafter für Stammkapital
Revisionsstelle	zwingend	freiwillig
Publikation der Gesellschafter	Nein	Ja
Übertragung der Gesellschaftsanteile	In der Regel formlos	Öffentliche Beurkundung; Publikation und Zustimmung von $3/4$ der Gesellschafter, die $3/4$ des Stammkapitals vertreten

7.8 Fazit

Für die Entscheidfindung müssen *alle Vor- und Nachteile* im Rahmen einer spezifischen *Einzelberatung durch einen Sachverständigen* konkret analysiert, gewichtet und quantifizierbar gemacht werden.

Diese aufwändige Arbeit ist indessen ebenso lohnend wie unerlässlich, geht es doch um Fragen von existenzieller Bedeutung für die Zukunft des Unternehmens und der mit ihm verbundenen Personen.

Nachstehend folgen zwei *Checklisten,* die der *Entscheidfindung bei der Rechtsformwahl* dienen. Die aufgeführten Kriterien sind im konkreten Einzelfall zu beurteilen und zu quantifizieren. Das Resultat vermittelt konkrete Hinweise, auf die sich der Unternehmer bei seiner Entscheidung stützen kann.

Rechtsformwahl

Vorteile für Kapitalgesellschaften

Kriterien *Punkte*

1 Erleichterung Nachfolgeregelung/Erbteilung	
2 Sicherung Firmenname und Firmenerhalt	
3 Beteiligung Nachkommen und/oder Kader (MBO)	
4 Möglichkeiten für Holdinggründung	
5 Aufnahme von Spezialisten in den Verwaltungsrat	
6 Einflussnahme als Präsident des Verwaltungsrates	
7 Möglichkeiten der Haftungsbeschränkung	
8 Klare Trennung von Geschäfts- und Privatvermögen	
9 Bessere steuerliche Gestaltungsmöglichkeiten	
10 Breitere Verteilung der Steuerlast (NP/JP)	
11 Abzugsfähigkeit der Gesellschaftssteuern	
12 Versteuerung Saläre der Gesellschafter am Wohnort	
13 Zinsgewinne auf eingesparten/aufgeschobenen Steuern	
14 Steuerfreie Geschäftsnachfolgeregelung	
15 Steuerfreie Übertragung der Geschäftsliegenschaft	
16 Verbesserung Steuersituation für juristische Personen	
17 AHV-Beiträge nur auf den ausbezahlten Salären	
18 Salär an mitarbeitenden Ehepartner (BVG-Vorteile)	
19 Zusätzliche Gewinnungskostenabzüge	
20 Möglichkeit zum Bezug von Familienzulagen	
Total Punkte	

Bewertungskriterien: 4 **sehr wichtig**
3 **wichtig**
2 **nicht so wichtig**
1 **unwichtig (im Moment)**

Rechtsformwahl

Vorteile für Personenunternehmen

Kriterien	Punkte
1 Entscheidungsfreiheit und Unabhängigkeit	
2 Einsparung Gründungs-/Umwandlungskosten	
3 Einsparung Emissionsabgabe (1% ab 250 000.–)	
4 Einsparung Handänderungsabgabe	
5 Keine steuerlichen Doppelbelastungen	
6 Keine hohen (aufgeschobenen) latenten Steuerlasten	
7 Keine Steuerabgaben durch Aufwertung bei Umwandlung	
8 Kein Zinsverlust auf Verrechnungssteuer	
9 Weniger Vorschriften und Auflagen	
10 Weniger Administrationsaufwand	
11 Weniger strenge Buchführungsvorschriften	
12 Keine Revisionskosten	
13 Finanzierungsvorteile (da Solidarhaftung)	
14 Weniger häufige Bücheruntersuchungen	
15 Einsparung ALV-, BVG-, UVG-, FAK-Beiträge	
16 Keine Generalversammlungen/Sitzungen VR	
17 Keine frustrierten Minderheitsaktionäre	
18 Keine Einsicht von Aktionären in Jahresrechnung	
19 Tiefere lohnsummenabhängige Versicherungsprämien	
20 Betriebszulage als Selbstständiger beim EO	
Total Punkte	

Bewertungskriterien: 4 **sehr wichtig**
3 **wichtig**
2 **nicht so wichtig**
1 **unwichtig (im Moment)**

8. Investitionen unter steuerlichen und anderen Aspekten

8.0 Prioritäten setzen beim Investieren

Die unten dargestellte *Prioritätenpyramide* kann als Basismodell für kleine und mittlere Unternehmen bzw. deren Eigentümer bezeichnet werden.

Es ist dabei zu bedenken, dass die Rangfolge je nach Zyklus, in welchem sich das Unternehmen und deren Inhaber befinden, Verschiebungen nötig machen kann. So kann z.B. die erste Priorität «Investitionen im Unternehmensbereich» zurückgestuft werden, wenn die Geschäftsnachfolgeregelung ansteht und plötzlich andere Aspekte, wie kurzfristige Optimierung der Altersvorsorge oder Sicherung eines steuergünstigen Alterswohnsitzes, im Vordergrund stehen.

Ein klares Konzept bei den Prioritäten ist für die Investitionspolitik von Bedeutung. Die *Investitionspyramide* zeigt im *Normalfall* folgende Struktur:

Investitionsbereich

Priorität		Stufe
5	Riskante Anlagen	5
4	Risikofreie Anlagen	4
3	Wohneigentum/ Privatbereich	3
2	Altersvorsorge	2
1	**Betriebliche Investitionen**	1

8.1 Betriebliche Investitionen

> Das Unternehmen bildet das Fundament der Investitionspyramide.

Das Unternehmen stellt die Existenz- und Erwerbsgrundlage dar, weshalb die Investitionen in diesem Bereich von ganz besonderer Bedeutung sind. Die Herausforderungen der Zukunft zwingen zur sorgfältigen Planung der Investitionen. Die finanziellen, renditemässigen und steuerlichen Auswirkungen sind möglichst präzise zu berechnen.

Ein Unternehmen, welches die Investitionen pflegt, kann der Zukunft gelassener entgegenblicken.

> Der zunehmende Wettbewerbsdruck, verursacht durch die Liberalisierung der Märkte (EU/WTO), zwingt die Unternehmen zu immer weitergehenden Rationalisierungen, was mit bedeutenden Investitionen verbunden ist.

Folgende Investitionen im Unternehmensbereich sind denkbar:
- Rationalisierung durch modernste Technologie;
- Beseitigung von Kapazitätsengpässen;
- Optimierung der betrieblichen Abläufe;
- Terrainsicherung für notwendige Betriebserweiterung;
- Sicherung optimaler Verkaufsstrategien;
- Optimierung von Produktion, Vertrieb und Verwaltung;
- Betriebsanalyse zur Optimierung von Aufwand und Nutzen;
- Ausbau betriebliches Rechnungswesen;
- Optimierung Sortiment aufgrund differenzierter Kalkulation;
- Erfolgsbeteiligung für Mitarbeiter;
- Infrastruktur für Mitarbeiter;
- Aus- und Weiterbildung für Mitarbeiter;
- Einsatz Informatik als Führungsmittel;
- Rationalisierung der Administrationsarbeiten;
- permanente langfristige Steuerplanung;
- Anpassung der Rechtsform an neue Strukturen;
- Kooperation oder Fusion zur Sicherung des Firmenerhaltes

usw.

Investitionen im Betrieb bringen nicht nur steuerliche Vorteile. Günstige Auswirkungen sind auf fünf Ebenen festzustellen.

8.1.1 Rationalisierungseffekt
Der rationell eingerichtete Betrieb kann den Herausforderungen der Zukunft gelassener entgegen blicken. Diese Feststellung gilt unabhängig von Branche, Unternehmensgrösse oder Rechtsform. Die sich abzeichnende weitere Zunah-

me des Margendrucks und die Verschärfung des Wettbewerbs zwingen den Unternehmer förmlich zur Rationalisierung auf allen Ebenen.

Für grössere Beträge muss immer eine Investitionsrechnung mit Wirtschaftlichkeitsberechnung angestellt werden. Diese zeigt als Resultat auf, ob sich die Investition auch lohnt.

8.1.2 Aktualisierungseffekt
Der Betrieb wird durch eine gezielte und nie erlahmende Investitionstätigkeit in allen Bereichen auf einem aktuellen Stand gehalten. Auf diese Weise erhält oder mehrt sich der Betriebswert.
Für zeitgemäss eingerichtete Betriebe lassen sich in der Regel auch qualifiziertere Nachfolger finden als für investitionsmässig vernachlässigte Betriebe.

8.1.3 Motivationseffekt
Der Motivierung kommt in der heutigen Zeit ein grosser Stellenwert zu und es ist nicht zu übersehen, dass ein zeitgemäss eingerichteter Betrieb ein erhebliches «Motivationspotenzial» aufweist.

Der Kunde fühlt sich angezogen durch ein Unternehmen, welches mit neuester Technologie ausgerüstet ist.

Die Mitarbeiter sind stolz, zum Team eines fortschrittlichen Betriebes zu gehören, in welchem die besondere Leistung erkannt und entsprechend honoriert wird.

Die Geschäftspartner – seien es Lieferanten oder Kreditgeber – haben Vertrauen in die Zukunft eines vorbildlich geführten Unternehmens.

Der Chef und die Chefin sind zu Recht stolz auf ihren aktualisierten Betrieb und sind motiviert, dessen Einrichtungsstand durch ein gezieltes Investitionskonzept auch in Zukunft à jour zu halten.

Die Nachkommen sind erfahrungsgemäss eher bereit, den elterlichen Betrieb zu übernehmen, wenn dieser auf einem aktuellen Stand ist. Sollte indessen der qualifizierte und motivierte Nachfolger im Familienkreis fehlen, lässt sich ein fähiger aussenstehender Interessent einfacher finden, wenn es sich um die Übernahme eines zeitgemäss ausgestatteten Betriebes handelt.

8.1.4 Renditeeffekt
Erfahrungszahlen zeigen auf, dass für die im Geschäft eingesetzten eigenen Mittel in der Regel Renditen erzielt werden, welche die vom Kapitalmarkt angebotenen Nettosätze deutlich übersteigen. Dieser Aspekt gibt, zusätzlich zu den vorerwähnten Effekten, einen besonderen Anreiz, verfügbare Mittel in erster Priorität im eigenen Unternehmen zu investieren.
Beim Vergleich der Renditen ist immer auf die *Nettorendite*, d.h. auf die Rendite nach Abzug der Steuerbelastung, abzustellen.

8.1.5 Steuereinsparungseffekt

Steuern sind bekanntlich Abgaben ohne konkreten Gegenwert.
Es ist deshalb nicht verwunderlich, wenn Unternehmer immer wieder versuchen, diese Abgaben langfristig so tief wie möglich zu halten.

Durch die Investierung von Mitteln im eigenen Unternehmen kann die Steuerbelastung erheblich reduziert werden. Die Investitionen wirken sich auf den Geschäftsaufwand aus – meistens in der Form von zusätzlichen Abschreibungen und Finanzaufwand – wodurch der steuerbare Reingewinn sinkt. Wenn KMU von der Grosskonkurrenz etwas lernen können, dann ist es der Sinn für eine nie erlahmende Investitions- und Erneuerungspolitik.

Bedingt durch den Grenzsteuereffekt bewegen sich die durch Investitionen realisierten *Steuereinsparungen,* im Bereich eines steuerbaren Einkommens von Fr. 70 000.–, bereits bei dreissig Prozent.

> ☺ **Steuertipp:**
> **Die Berechnung der Steuerfolgen bei Investitionsvorhaben muss auf dem Grenzsteuersatz beruhen und nicht auf dem Steuersatz des Gesamteinkommens. Der Grenzsteuersatz sagt aus, wieviel von jedem zusätzlich verdienten Franken an den Fiskus abgeliefert werden muss.**

Die *Grenzsteuersätze,* d.h. der Satz, zu welchem jeder zusätzliche Einkommensfranken versteuert werden muss, liegen je nach Steuerdomizil und Höhe des *Basiseinkommens* zwischen 25 und 45 Prozent. In gewissen Situationen wird sogar die Schmerzgrenze von 50 Prozent überschritten!

Handelt es sich beim Unternehmen um eine Einzelfirma oder Personengesellschaft, so kommen zusätzlich zur Steuereinsparung noch *Einsparungen* auf dem Gebiet der *Sozialversicherungsabgaben* dazu.

Also, bei Investitionsvorhaben immer vor Augen halten:

> **Mindestens ein Drittel aller betrieblichen Investitionen wird durch Steuereinsparungen «finanziert».**

8.2 Investitionen im Bereich der Altersvorsorge

> Bedauerlich wäre, wenn nach Beendigung der unternehmerischen Tätigkeit der Lebensstandard herabgesetzt werden müsste.

Wir setzen den Bereich der Vorsorge an die zweite Stelle unserer Prioritätenskala, was sich im Normalfall durchaus rechtfertigen lässt, investiert doch hierzulande der Durchschnittsbürger den grössten Teil seines verfügbaren Einkommens im Bereich Altersvorsorge und Versicherungen.

Unter der Vorsorge versteht man in der Schweiz das bewährte *3-Säulen-Prinzip*.

8.2.1 Erste Säule
Mit der ersten Säule – unserer obligatorischen *AHV/IV* – soll die Sicherung des Existenzbedarfs im Alter oder bei Invalidität abgedeckt werden. Die *AHV-Beiträge* betragen zur Zeit 10,1 Prozent für Arbeitnehmer und 9,5 Prozent für Selbstständigerwerbende.

> Die Beiträge für AHV/IV können ohne Einschränkung vom steuerbaren Einkommen abgezogen werden, hingegen sind die Leistungen aus der ersten Säule vollumfänglich als Einkommen zu versteuern.

8.2.2 Zweite Säule
Zur Sicherung des gewohnten Lebensstandards dient die zweite Säule in Form der *beruflichen Vorsorge*, welche für den Arbeitnehmer (mit Einkommen über Fr. 24 720.–) ebenfalls obligatorisch ist und damit in vielen Fällen einen bedeutenden Teil seines Sparpotenzials bindet.

Auch der Selbstständigerwerbende hat die Möglichkeit, sich in der *zweiten Säule* zu versichern. Dazu stehen ihm folgende Möglichkeiten offen:
- in der gleichen Vorsorgeeinrichtung seiner Arbeitnehmer;
- in der Vorsorgeeinrichtung seines Berufsverbandes;
- in einer Auffangstiftung.

Je nach Reglement können jährlich bis zu 20 Prozent des Erwerbseinkommens in die Vorsorgeeinrichtung einbezahlt und vom steuerbaren Einkommen in Abzug gebracht werden.

> **Steuertipp:**
> **Bei der 2. Säule können jährliche Beiträge bis 20 Prozent des Erwerbseinkommens (im Gegensatz zur Säule 3a aber ohne Limite) geleistet werden.**
> **Selbstständigerwerbende buchen die bezahlten Prämien je hälftig auf Geschäft und Privat. Dadurch verringert sich die Berechnungsbasis für die persönlichen AHV-Beiträge. In den meisten Fällen eine echte Einsparung ohne rentenkürzende Auswirkung.**

Bei *Kaderversicherungen* im Bereich der überobligatorischen Vorsorge ist darauf zu achten, dass neben dem Hauptaktionär auch alle leitenden Mitarbeiter (Kader) in die Versicherung einbezogen werden. Die Steuerverwaltung achtet auf das *Gleichbehandlungsprinzip*.

8.2.2.1 Einkauf von Beitragsjahren

Es handelt sich dabei um Nachzahlungen in die berufliche Vorsorge, die im Falle von Beitragslücken geleistet und vom Einkommen in Abzug gebracht werden können. Um missbräuchliche Einkäufe zu verhindern, gilt seit dem 1. Januar 2001 eine Beschränkung. Der Einkauf von Beitragsjahren bleibt aber, im Rahmen der Beschränkung (siehe nachfolgender «Steuertipp»), eine interessante Möglichkeit, bei hohen Einkommen der Steuerprogression entgegenzuwirken.

> **Steuertipp:**
> **Bei Deckungslücken können Einkäufe von Versicherungsjahren in die berufliche Vorsorge vom steuerbaren Einkommen in Abzug gebracht werden. Es besteht allerdings eine Beschränkung von 74 160 Franken mal Anzahl Jahre, vom Eintritt bis zum Erreichen des ordentlichen reglementarischen Rücktrittsalters.**

8.2.2.2 Besteuerung der Leistungen aus der beruflichen Vorsorge (2. Säule)

Die Besteuerung ist unterschiedlich, je nachdem ob es sich um eine wiederkehrende Leistung (Rente) oder um eine einmalige Leistung in Kapitalform handelt.

Während *Kapitalauszahlungen* in den meisten Kantonen und bei der direkten Bundessteuer zu einem *Vorzugstarif* besteuert werden, unterliegen *Rentenauszahlungen* – zusammen mit dem übrigen Einkommen – vollumfänglich der *Einkommenssteuer*, was eine Erhöhung der Steuerprogression auf den übrigen Erträgen zur Folge hat.

> **Steuertipp:**
> **Aus rein steuerlicher Sicht ist der Kapitalbezug meistens interessanter als die Rente. Beim Bund und in allen Kantonen werden nämlich Kapitalauszahlungen zu einem Vorzugstarif (Bund: ein Fünftel des ordentlichen Tarifs) besteuert, während die Rentenzahlungen, zusammen mit dem übrigen Einkommen, vollumfänglich der Einkommenssteuer unterstehen. Mit progressionsverschärfender Wirkung für alle übrigen Einkommensbestandteile – versteht sich!**

8.2.3 Dritte Säule

Die 3. Säule ist freiwillig und dient der Sicherung eines sorgenfreien Lebensabends. Es sind folgende Versicherungsformen möglich:

- Säule 3a bei Banken- oder Versicherungsstiftungen;
- Säule 3b mit periodischen Prämienzahlungen;
- Säule 3b mit Einmalprämien.

8.2.3.1 Säule 3a
Gebundene Vorsorge bei Banken- und Versicherungsstiftungen mit interessanten Bedingungen:
- attraktive Zinskonditionen (z.Zt. bei 3 Prozent netto);
- Abzug der Beiträge vom steuerbaren Einkommen, höchstens *Fr. 5933.–* für Arbeitnehmer, die in der 2. Säule versichert sind bzw. 20% des Erwerbseinkommens, aber höchstens *Fr. 29664.–*, für Selbstständigerwerbende, die keiner zweiten Säule angeschlossen sind;
- kein Abzug der Verrechnungssteuer auf den Zinserträgen, die auch nicht der Einkommenssteuer unterliegen;
- das angesparte Kapital unterliegt nicht der Vermögenssteuer;
- Möglichkeit zum Einsatz des angesparten Kapitals zur Finanzierung oder Amortisation von selbstbenutztem Wohneigentum;
- Möglichkeit zur Ergänzung der Vorsorge durch eine Risikoversicherung für Todesfall oder Erwerbsunfähigkeit;
- Möglichkeit zur Anpassung der Einlagen nach freiem Ermessen, im Rahmen der vorgesehenen Abzugsgrenzen (bei Banklösungen);
- privilegierte Besteuerung der Kapitalleistungen im Zeitpunkt der Auszahlung;
- Möglichkeit zur Führung mehrerer Konten (je Person) zur gestaffelten Auszahlung, zwecks Brechens der Progression.

> **Steuertipp:**
> **Der Steuervorteil auf den Einzahlungen in die Säule 3a überwiegt in der Regel die Belastung auf der Auszahlung bei weitem!**

Es besteht die Möglichkeit, *fondsgebundene Konten* in der Säule 3a zu führen. Dank der überdurchschnittlichen Entwicklung an den Börsen erreichten die Anlagefonds in den letzten Jahren deutlich höhere Renditen als die gewöhnlichen 3a-Konten.
Wenn aber die Börsenkurse tauchen, so wirkt sich das auch auf die Perfomance der fondsgebundenen Anlagen aus.

Die Gelder der *Säule 3a* sind *gebunden* und damit bis 5 Jahre vor Erreichen des AHV-Alters blockiert.

In folgenden *Ausnahmefällen* ist ein *Vorbezug möglich:*
- endgültiges Verlassen der Schweiz;
- Sprung in die Selbstständigkeit;
- Einkauf in die Pensionskasse;
- Invalidität;

- Kauf von selbstbewohntem Wohneigentum, wertvermehrende Investition oder Amortisation von Hypotheken auf selbstbewohntem Grundeigentum (alle 5 Jahre möglich).

8.2.3.1.1 Besteuerung der Auszahlungen aus der Säule 3a
Auszahlungen bei der Säule 3a unterliegen der Besteuerung. Beim Bund wird eine Sondersteuer fällig, die einem Fünftel des ordentlichen Tarifs entspricht. In den Kantonen ist die Besteuerung unterschiedlich, gesamthaft betrachtet aber moderat. Die Steuerbelastung beträgt je nach Wohnsitz zwischen 5 und 10 Prozent des ausbezahlten Vorsorgekapitals.

> **Steuertipp:**
> **Kapitalauszahlungen der zweiten Säule und der Säule 3a werden nach gleichen Kriterien besteuert. Es ist deshalb durch zeitliche Staffelung darauf zu achten, dass die Auszahlungen nicht im selben Jahr erfolgen, damit der Progressionseffekt gebrochen werden kann.**

8.2.3.2 *Säule 3b*
Hier handelt es sich meist um rückkaufsfähige Kapitalversicherungen. Die Prämien sind in der Regel im Versicherungsabzug nur beschränkt steuerlich abzugsberechtigt.
Der Rückkaufswert der Lebensversicherung ist als steuerbares Vermögen zu deklarieren. Die Kapitalauszahlung samt *Zins und Bonus* dagegen ist *steuerfrei*.

8.2.3.2.1 Kapitalversicherungen mit Einmaleinlagen
Bei solchen mit Einmalprämie finanzierten Versicherungen bleibt der Ertrag (Zins und Bonus) beim Bund und in den meisten Kantonen nur dann steuerfrei, wenn das Versicherungsverhältnis mindestens *5 Jahre* dauerte *und* der Versicherte das *60. Altersjahr* erreicht hat.

Für *fondsgebundene Einmalprämienversicherungen* gilt eine Mindestdauer von 10 Jahren.
Einmalprämienversicherungen können steuerbegünstigt nur vor dem *66. Geburtstag* des Versicherten abgeschlossen werden.

> **Achtung Steuerfalle:**
> Werden obgenannte Erfordernisse nicht erfüllt, so ist die gesamte Performance (Zins und Bonus einschliesslich Kursgewinne bei Fondspolicen) im Jahr der Auszahlung als Einkommen zu versteuern.

Immer wieder wird auch empfohlen, z.B. die Hypothek auf dem Eigenheim zu erhöhen, um mit diesen Mitteln eine steuerbegünstigte Einmalprämienversicherung zu finanzieren.

Bei solchen Transaktionen ist das Steueramt argwöhnisch und untersucht, ob allenfalls eine Steuerumgehung vorliegt.

> **Achtung Steuerfalle:**
> *Mit Fremdkapital finanzierte Lebensversicherungen* mit Einmalprämien können von den Steuerbehörden (ungeachtet der Schuldzinsenbegrenzung) als *Steuerumgehung* taxiert werden. Nicht auf Steuerumgehung zu schliessen ist, wenn das Reinvermögen des Versicherten die Einmalprämie wesentlich übersteigt und der Ertrag aus dem Vermögen deutlich höher ist als der Zins für das Darlehen.
> Keine Steuerumgehung liegt auch dann vor, wenn dem Versicherten, infolge Verkäufen von Sachwerten zur Finanzierung der Prämie, eine hohe Vermögensgewinnsteuer droht oder ihm ein Verlust, z.B. bei Aktienverkäufen zur Unzeit, nicht zugemutet werden kann. Die Versicherung muss tatsächlich vor allem der Vorsorge dienen. Im Zweifelsfall lohnt sich zur Absicherung eine Rücksprache mit dem Steueramt.

8.2.4 Selbst erworbene Renten

Seit dem 1. Januar 2001 werden selbst erworbene Renten nur noch zu 40 Prozent als Einkommen besteuert. Dies vor allem deshalb, weil zur Finanzierung bereits versteuerte Mittel eingesetzt werden. Der zum Rentenkauf eingesetzte Betrag fällt bei einer sofort beginnenden Rente aus der Vermögenssteuer, was vor allem bei hohen Vermögen zu einer spürbaren Entlastung führen kann. Ob ein Rentenkauf interessant ist oder nicht, hängt nicht primär von steuerlichen Erwägungen ab. Vielmehr sind Sicherheitsüberlegungen und die allgemeine gesundheitliche Verfassung der versicherten Person für den Entscheid massgebend.

8.3 Investitionen im Wohn- und Privatbereich

> Die Wohnqualität ist ein wesentlicher Teil der Lebensqualität.

Einen grossen Teil der verfügbaren Zeit verbringt der Unternehmer zwangsläufig im Betrieb. Um so wichtiger erscheint die Schaffung eines attraktiven Wohnbereiches, in welchen er sich nach getaner anspruchsvoller Arbeit gerne zurückzieht.

Durch den *Kauf eines Einfamilienhauses, einer Eigentumswohnung oder eines Mehrfamilienhauses mit einer entsprechenden Wohnung für den Eigenbedarf,* verbunden mit Anschaffungen im Bereich der Wohneinrichtung, werden die Voraussetzungen für gepflegtes Wohnen in den eigenen vier Wänden geschaffen.

> **Steuertipp:**
> **Investitionen im Wohnbereich erhöhen die Lebensqualität und senken die Steuerbelastung.**

Also Grund genug, den Wohnbereich an die dritte Stelle in der Prioritätenpyramide setzen.

Beim *Erwerb von Wohneigentum* sollten stets *drei Faustregeln* beachtet werden:
1. Eigenkapitalanteil mindestens 20 Prozent
2. Wohnkosten mindestens 6 Prozent vom Kaufpreis
3. Wohnbelastung maximal ein Drittel des Einkommens.

Fehlt es am erforderlichen Eigenkapital, so besteht die Möglichkeit, Mittel der zweiten Säule für die Finanzierung von selbstbewohntem Grundeigentum einzusetzen oder aber die Pensionskassenansprüche zu verpfänden und sich dadurch eine höhere zinsgünstige erste Hypothek zu sichern.

> **Steuertipp:**
> **Aus steuerlicher Sicht ist es von Vorteil, nicht die Auszahlung des Freizügigkeitskapitals sondern die Verpfändung zu verlangen. Die Auszahlung führt nämlich unweigerlich zur Besteuerung, die Verpfändung hingegen nicht.**
> **Bei der Verpfändungs-Variante muss auch keine spätere Leistungskürzung in Kauf genommen werden.**

8.3.1 Selbstbewohntes Grundeigentum

Der als Vermögen zu deklarierende *Steuerwert* von Eigenheimen entspricht im schweizerischen Durchschnitt rund 80 Prozent des Verkehrswertes. Die als Einkommen zu versteuernden *Eigenmietwerte* erreichen durchschnittlich sogar nur rund 70 Prozent der Marktmieten.

> **Steuertipp:**
> **Gemäss Bundesgerichtsurteil darf der Eigenmietwert bis maximal 40 Prozent unter dem effektiven Marktwert liegen.**

Die auf dem Immobilienbesitz lastenden *Hypothekar- und Darlehensschulden* können vom steuerbaren Vermögen abgezogen werden.

Die bezahlten *Hypothekar- und Darlehenszinse* können ebenfalls vom steuerbaren Einkommen abgesetzt werden.

Durch das Stabilisierungsprogramm wird der *Abzug von Schuldzinsen beschränkt* auf die Höhe des steuerbaren Vermögensertrages brutto, zuzüglich 50 000 Franken (siehe auch 5.2.1.4.1.7).

Geschäftlich begründete Zinsen auf dem Fremdkapital fallen aber nicht unter die Schuldzinsenbeschränkung.

Aus steuerlicher Sicht ist die *Amortisation von Hypotheken* uninteressant, weil infolge sinkender Schuldzinse das steuerbare Einkommen steigt.

> **Steuertipp:**
> Will man trotzdem amortisieren, die Steuervorteile einer hohen Hypothek aber nicht verlieren, empfiehlt sich die indirekte Amortisation von Hypotheken.

8.3.1.1 Indirekte Amortisation von Hypotheken

Gutbetuchten Wohneigentümern kann die indirekte Amortisation der Hypotheken empfohlen werden. Anstatt die Hypothek abzuzahlen, werden Einzahlungen bei einer Bank oder Versicherungsgesellschaft geleistet. Die Police wird bei der Bank als Sicherheit verpfändet.

Wird die Versicherung im Rahmen der *Säule 3a* abgeschlossen, ist der Steuervorteil offensichtlich. Die Beiträge an die Säule 3a können im Rahmen der Beschränkungen (siehe auch 8.2.3.1) vom Einkommen abgezogen werden. Das geäufnete Versicherungskapital unterliegt nicht der Vermögenssteuer, die Zinsen sind von der Einkommenssteuer befreit und werden auch nicht durch die Verrechnungssteuer gekürzt. Zudem können die Hypothekarzinse weiterhin im vollen Ausmass vom Einkommen abgezogen werden, und die Hypothekarschulden verringern überdies das steuerbare Vermögen. Im Zeitpunkt der Pensionierung wird mit dem angesparten Versicherungskapital die Hypothek amortisiert. Der Wegfall der Schuldzinsen ist in diesem Zeitpunkt aber weniger gravierend, weil das Einkommen infolge Pensionierung in den meisten Fällen ohnehin sinkt. Das Vorsorgekapital unterliegt im Zeitpunkt der Auszahlung der Besteuerung.

Auch die *Unterhaltsaufwendungen* für das Grundeigentum können vom steuerbaren Einkommen in Abzug gebracht werden, wobei für Liegenschaften des Privatvermögens bei der direkten Bundessteuer und in der Mehrzahl der Kantone zwischen dem *Abzug der effektiven Kosten* und einem *Pauschalabzug* (zehn Prozent des Brutto-Gebäudeertrages bei bis zu zehn Jahre alten Immobilien, bzw. zwanzig Prozent des Brutto-Gebäudeertrages bei älteren Liegenschaften) die Wahlmöglichkeit besteht.

> **Steuertipp:**
> Durch eine geschickte Planung der Unterhaltskosten können durch Wechsel vom Abzug der effektiven Kosten zum pauschalen Abzugsverfahren und umgekehrt, auf legale Art und Weise erheblich Steuern eingespart werden.

Wenn Zimmer im Eigenheim dauernd nicht mehr benutzt werden, weil erwachsene Kinder ausgezogen sind, kann ein sog. *Unternutzungsabzug* geltend gemacht werden. Auf diese Weise kann der steuerbare *Mietwert gesenkt* werden.

8.3.2 Hausrat und persönliche Gebrauchsgegenstände

Gemäss Steuerharmonisierungsgesetz werden seit dem 1. Januar 2001 Hausrat und persönliche Gebrauchsgegenstände nicht mehr als Vermögen besteuert (StHG Art. 13, Abs. 4).

> **Steuertipp:**
> Schöner wohnen und erst noch weniger Steuern bezahlen.

8.3.3 Sammlungen aller Art

Zum *Privatbereich* zählen auch Sammlungen aller Art, z.B. Antiquitäten, Briefmarken, Münzen, Teppiche, Bilder, Schmuck, Waffen usw. Dies mindestens solange, als die Sammeltätigkeit als *Liebhaberei*, d.h. rein hobbymässig, betrieben wird.

> Wer seine *Sammlungen als Kapitalanlage* betrachtet, muss sie bei der Investitionspyramide dem obersten Bereich der riskanten Kapitalanlagen zuordnen (siehe 8.5.4).

> **Steuertipp:**
> Solange Sammlungen dem Privatbereich zugeordnet werden können und keine Gewerbsmässigkeit vorliegt, stellen bei Verkäufen erzielte Gewinne steuerfreie Kapitalgewinne des Privatvermögens dar.

8.4 Risikofreie Kapitalanlagen

> Basislager für solche, die den Gipfelsturm nicht wagen oder ihn sich nicht leisten können.

Hier bietet der Markt ein grosses Anlagespektrum, vom traditionellen Sparkonto über verschiedenste Formen von Geldanlagen, z.B. auf Anlagekonten, als Festgeld, Kassascheine, Anleihensobligationen resp. Obligationenfonds, um nur einige Möglichkeiten zu nennen, unter welchen der Investor, je nach seinen Bedürfnissen (Anlagebetrag, Anlagehorizont, Disponibilität, Rendite usw.) auswählen kann. Dabei ist von Bedeutung, dass die Qualität des Schuldners einwandfrei sein muss.

Diese risikofreien Kapitalanlagen bieten heute (Stand anfangs Januar 2001) Renditeaussichten zwischen 2 bis 5 Prozent, wobei die *Erträge grundsätzlich der*

Einkommenssteuer unterliegen. Dies gilt sowohl für Zinsen in periodischer Form wie auch in der Form von Einmalentschädigungen.

Periodische Zinsen werden nach dem Fälligkeitsprinzip, *Einmalentschädigungen* im Zeitpunkt der Rückzahlung *besteuert.*

> ☺ **Steuertipp:**
> **Der bei der Veräusserung von festverzinslichen Wertpapieren (Obligationen) erzielte Wertzuwachs ist nicht steuerbar, da er als Kapitalgewinn betrachtet wird.**

> ☺ **Steuertipp:**
> **Nicht zum steuerbaren Ertrag zählen beim Bund und in fast allen Kantonen die Marchzinsen, denn sie bilden Bestandteil des bezahlten Verkaufspreises.**

8.5 Investitionen im Risikobereich

> Glücklich, wer den Gipfel der Pyramide erreicht. Dort oben locken die höchsten Renditen; es droht aber auch Absturzgefahr!

Sollten nach Abdeckung der vier vorstehenden Investitionsstufen immer noch Mittel zur Verfügung stehen, ist gegen Investitionen im Risikobereich grundsätzlich nichts einzuwenden. Wer allerdings in diesem Sektor tätig wird, muss sich stets vor Augen halten, dass die verlockenden und vergleichsweise hohen Renditen nicht selten mit dem Risiko der Kapitaleinbusse oder (im schlimmsten Fall) gar mit dem Totalverlust des Kapitaleinsatzes enden können. Deshalb soll in diesem Bereich aus Sicherheitsüberlegungen prinzipiell nur mit Mitteln gearbeitet werden, die für die vorangehenden Investitionsstufen nicht benötigt werden.

Auch im Risikobereich bieten sich Anlagemöglichkeiten an, deren Risiko abschätzbar und damit vertretbar erscheint.

8.5.1 *Aktienanlagen*
Aktienanlagen von erstklassigen Unternehmen (sog. Blue Chips) zählen nicht eigentlich zu den riskanten Geldanlagen; dies inbesondere dann nicht, wenn die eingesetzten Mittel längerfristig investiert bleiben können. Unter langfristig versteht man bei Aktienanlagen mindestens 8, besser 10 Jahre oder mehr.
Ob heute (gerade wieder) der richtige Moment für ein Engagement am Aktienmarkt ist, wird auch von Fachleuten unterschiedlich beurteilt. Während die Pessimisten zur Vorsicht mahnen und mittelfristig Kurseinbrüche von bis zu 20 Prozent für wahrscheinlich halten, glauben die Optimisten an ein weiteres Kurs-

entwicklungspotenzial des Aktienmarktes und beurteilen den Zeitpunkt für gezielte Käufe als günstig.

Dies vor allem im Hinblick auf die nach wie vor optimistischen Wirtschaftsprognosen und die damit verbundenen erfreulichen Gewinnaussichten der Unternehmen. Realistische Renditeerwartungen für Aktien liegen bei 8 Prozent; dies allerdings unter der Voraussetzung, dass die Titel mindestens 8 bis 12 Jahre gehalten werden können.

> **Im Langzeitvergleich schlugen die Aktien die festverzinslichen Anlagen – wie z.B. die Obligationen – bisher immer deutlich.**

Dies vor allem wegen der Kurssteigerungen und dem daraus resultierenden *steuerfreien Kapitalgewinn* beim Verkauf der Titel. Steuerfrei allerdings nur dann, wenn es sich um Wertpapiere des *Privatvermögens* handelt.

Sind die Titel dagegen als *Geschäftsvermögen* bilanziert, so wird der erzielte Kapitalgewinn als Teil des Unternehmenserfolges besteuert.

> **Steuertipp:**
> **Deshalb sollten Titel mit Gewinnpotenzial – wenn immer möglich – im Privatvermögen gehalten werden.**
> **Geschäftliche Beteiligungen dagegen sind als Geschäftsvermögen zu bilanzieren, mit dem Vorteil, dass bei Werteinbussen durch entsprechende Abschreibungen der Unternehmensgewinn reduziert werden kann.**

Auch bei *Wertschriften des Privatvermögens* kann die Steuerbehörde unter gewissen Voraussetzungen die realisierten Kapitalgewinne besteuern, und zwar unter dem Aspekt der *Gewerbsmässigkeit,* wenn folgende Kriterien erfüllt sind:

- Berufsnähe (Professionalität);
- Häufigkeit der Transaktionen;
- kurze Haltedauer der Titel;
- sofortige Reinvestition der erzielten Gewinne;
- Eingehen besonderer Risiken;
- Einsatz von Fremdkapital.

Nach neuester Rechtsauslegung kann schon ein einziges Kriterium genügen, um die Besteuerung auszulösen.

Dabei stehen der *Einsatz von Fremdkapital* und das Eingehen besonderer *Risiken* im Vordergrund (siehe auch 4.6.5 und 5.4.3).

> Der Vollständigkeit halber sei hier noch angefügt, dass *Verluste auf Aktien des Privatvermögens* steuerlich nicht abgezogen werden können. Dies ist die logische Konsequenz zur Steuerfreiheit der erzielten Gewinne.
> Wer aber seine Börsengewinne wegen *Gewerbsmässigkeit* als Einkommen versteuern muss, dem steht die *Verrechnung* der im selben Jahr erlittenen *Verluste* zu.

8.5.2 Anlagefonds

Wer nicht über grössere Geldbeträge verfügt, aber gleichwohl im Aktienmarkt einsteigen möchte, dem stehen Anlagefonds zur Verfügung. Damit erschliesst sich auch der weniger erfahrene Geldanleger den Zugang zum Aktiensparen, und zwar kostengünstiger als durch Einzelanlagen. Zudem wird das Portefeuille professionell verwaltet und zeichnet sich in der Regel durch eine breite Risikostreuung aus. Dabei ist es aber von Bedeutung, den richtigen bzw. passenden Fonds auszuwählen.

Im Trend liegen *Fonds-Sparpläne,* die als Alternative zu den konservativen Sparanlagen und Obligationen gewählt werden können. Dabei werden z.B. monatlich gleichbleibende Beträge in einen Anlagefonds einbezahlt. Die meisten Fonds-Sparpläne peilen Renditen von 7 bis 10 Prozent an. Die tatsächliche Rendite liegt aber momentan deutlich tiefer und hängt von der Kursentwicklung ab. Die *Fondserträge* sind *steuerbar.* Realisierte *Verkaufsgewinne* von Fondsanteilen dagegen bleiben für Privatpersonen *steuerfrei.*

Anleger, die auf ein regelmässiges Zusatzeinkommen angewiesen sind, bevorzugen *Ausschüttungsfonds.* Auch hier stellen die Ertragsausschüttungen steuerbares Einkommen dar; werden aber die Fondsanteile mit Gewinn verkauft, dann ist der nicht auf Zins- bzw. Dividendenerträge entfallende Teil des Kursgewinnes steuerfrei.

Fonds, deren Erträge und Kursgewinne nicht ausgeschüttet sondern fortlaufend reinvestiert werden, nennt man *Thesaurierungsfonds.* Steuerlich haftet diesen Fonds der Makel an, dass fiktive Ausschüttungen angerechnet werden, d.h. der Anleger muss den nicht aus Kursgewinnen resultierenden, reinvestierten Ertrag als Einkommen versteuern, obschon er effektiv keine Ausschüttung erhalten hat.

Steuerlich interessant sind *SICAV-Fonds* mit Domizil in Luxemburg. Auch hier sind zwar beim Bund und in den meisten Kantonen die nicht ausgeschütteten Erträge als Einkommen zu versteuern, dagegen unterliegen alle in Luxemburg domizilierten Fonds nicht der Verrechnungssteuer und – bis heute – auch keiner luxemburgischen Quellensteuer.

Nicht unerwähnt bleiben dürfen die *Immobilienfonds.* Mit dem Erwerb von Anteilen an einem Immobilienfonds oder an einer Immobiliengesellschaft können sich auch weniger kapitalkräftige Anleger anteilsmässigen Immobilienbesitz sichern.

Viele Analysten glauben an einen allgemeinen Aufschwung im Immobiliensektor und prophezeien Erträge zwischen 5 und 10 Prozent. Dabei sind Fonds den Gesellschaften vorzuziehen. Fonds sind sicherer und transparenter und unterliegen strengen gesetzlichen Vorschriften. Zudem können Fondsbesitzer ihre Anteile mit einer Kündigungsfrist von 12 Monaten zurückgeben. Die Fondsgesellschaft ist verpflichtet, die Anteile zurückzunehmen und den Anteil am Immobilienvermögen zum Marktwert auszuzahlen. Die Fondsanteile können aber auch jederzeit über die Börse verkauft werden. Die Fonds müssen ihren Grundbesitz einmal pro Jahr von neutraler Seite bewerten lassen. Es sollten aber nur Mittel in Immobilienfonds eingesetzt werden, die mindestens 5 Jahre oder länger investiert bleiben können. Die laufenden *Erträge* aus den Anteilen stellen *steuerbares Einkommen* dar, die *Kursgewinne* dagegen sind für Privatanleger als Kapitalgewinn *steuerfrei*.

Wer sich hingegen durch einfache Gesellschaften, Kollektiv- oder Kommanditgesellschaften an *Immobilienbesitz* beteiligt, wird *anteilsmässiger Eigentümer* an diesem Grundbesitz, mit Eintrag im Grundbuch, was zur Folge hat, dass eine Steuerpflicht am Ort der Immobilien entsteht. Dort sind die Anteile am Grundeigentum und der daraus fliessende Ertrag zu versteuern.

Die Schuldzinsen werden nach Lage der Aktiven proportional aufgeteilt, und für die Berechnung des Steuersatzes gilt das gesamte Einkommen und Vermögen des Steuerpflichtigen. Auf die (steuerliche) Attraktivität von selbstbewohntem Grundeigentum wurde bereits in 8.3.1 hingewiesen. Daneben besteht aber auch die Möglichkeit, Immobilien als Kapitalanlage zu erwerben.

8.5.3 Immobilien als Kapitalanlage

Dass Immobilien risikobehaftete Kapitalanlagen sein können, hat die letzte Immobilienkrise verdeutlicht. Man muss aber fair bleiben und festhalten, dass damals primär Auswüchse der Überhitzung korrigiert wurden. Nach einer zehnjährigen Immobilienflaute scheint die Krise jetzt überwunden, und verschiedene Investoren wenden sich wieder den Immobilien als wertbeständige Kapitalanlage zu. Die Ausgangslage am Immobilienmarkt ist vorteilhaft. Die Risiken müssen aber sorgfältig abgewogen werden. Wichtige Kriterien sind: Lage, Preis, Bauqualität, Vermietbarkeit (Leerstände). Immobilienanlagen sind vergleichsweise wertbeständige Anlagen, aber nur dann, wenn Lage und Bauqualität stimmen.

Was letztendlich zählt, ist die aus dem Objekt erwirtschaftete *Nettorendite* nach Abzug der Steuern. Diese wird wie folgt berechnet:

> *Berechnungsbeispiel Nettorendite auf Immobilienanlagen:*
> Mietertrag brutto pro Jahr
> – Nebenkosten
> = Mietertrag netto
> – Liegenschaftsunterhalt
> – Abschreibung infolge Wertverminderung
> = Nettoertrag vor Steuern
> – Steuern (Einkommenssteuern zum Grenzsteuersatz)
> = Nettoertrag nach Steuern
> Der Nettoertrag wird ins Verhältnis zum eingesetzten Eigenkapital gebracht, was der Nettorendite auf der Immobilienanlage entspricht.

Heute entspricht die Nettorendite ungefähr derjenigen von Staatsanleihen, wobei das Risiko bei Immobilien (Preiszerfall, Leerbestände, Abnützung durch Gebrauch, Streitigkeiten mit Mietern usw.) in die Beurteilung miteinbezogen werden muss.

Zu erwartende Wertsteigerungen vor allem gut gelegener Objekte und die Aussicht, einen Wertzuwachsgewinn erst im Zeitpunkt des Verkaufs versteuern zu müssen, können den Kaufentscheid positiv beeinflussen.

Die *steuerliche Situation bei Immobilienbesitz* ist unerfreulich vielgestaltig: *Handänderungssteuer* beim Kauf; *Liegenschaftssteuer* jährlich (nicht in allen Kantonen geschuldet); *Vermögenssteuer* auf dem Steuerwert (amtl. Wert, Katasterschatzung), wobei die auf dem Objekt lastenden Schulden abgezogen werden können; *Einkommenssteuer* auf dem Nettoertrag (Mietzinserträge netto, d.h. ohne Nebenkosten, abzüglich Schuldzinse, Liegenschaftsunterhalt sowie Verwaltungskosten (ohne eigene Verwaltungsarbeit); nicht zu vergessen die *Grundstückgewinnsteuer* als steuerliche Schlussabrechnung auf einem allfälligen Verkaufsgewinn.

8.5.4 Sammlungen von Kunstschätzen, Briefmarken, Münzen, Schmuck, Edelmetallen usw.

Da diese Anlagen keinen Ertrag abwerfen, tendiert der Investor auf eine Wertsteigerung seiner Anlage. Dabei ist aber klar auf das Risiko hinzuweisen, das diese Art von Anlagen in sich birgt. Oft hört man die Meinung, *Kunst* sei eine gute Investition, wenn man den richtigen Riecher dafür hat. Dem ist grundsätzlich beizupflichten, nur, wer hat ihn schon, den richtigen Riecher? Sicher ist, dass hochwertige Kunst in der Regel wert- und inflationsresistent ist. Dass aber Kunst eine gesicherte Rendite bringt ist zu bezweifeln. Gemäss einer breit angelegten Studie betrug die durchschnittliche Rendite auf Gemälden nach Berücksichtigung der Inflation nur 1,5 Prozent. Dazu kommt aber noch die sog. «ästhetische Rendite», d.h. der psychische Gewinn, welchen der Sammler aus seinen Schätzen zieht. Dass dieser Wert nicht bezifferbar ist, liegt auf der Hand. Immerhin kann auch hier auf den Vorteil hingewiesen werden, dass allfällige *Verkaufsgewinne* auf diesen Anlagen *steuerfrei* sind. Ausnahmen bestehen beim professionellen oder nebenberuflichen Handel mit solchen Gegenständen.

8.5.5 Derivative Finanzinstrumente

Derivative Finanzinstrumente dienen der Absicherung und Übertragung von Risiken, der Spekulation sowie der Herstellung eines Fristen- oder Währungsausgleichs für Forderungen und Verpflichtungen. Als Basiswert kommt grundsätzlich alles in Frage, was an den Finanzmärkten gehandelt wird, wie Aktien, Obligationen, Devisen, Edelmetalle, Rohstoffe, Waren usw. Emittent und Anleger spekulieren mit dem Wert des Basisprodukts, wie wenn sie es selber kaufen oder verkaufen würden.

Bei diesen hochspekulativen Anlagen, z.B. *Termingeschäfte* oder *Optionen,* ist der Risikofaktor realistisch einzuschätzen. Gerade der *Futures-Handel,* z.B. mit Weizen, Kaffee, Erdöl oder Devisen, Treasury-Bonds usw. gehört zu den extrem risikoreichen Termingeschäften, bei denen man im schlechtesten Fall mehr als nur den Einsatz verlieren kann!

Bleibt anzufügen, dass *Gewinne aus Termingeschäften* für Privatpersonen *steuerfreie Kapitalgewinne* darstellen; auf der Gegenseite können erlittene Verluste nicht abgezogen werden.

8.5.6 Einige Tipps bei Investitionen im Risikobereich

Bei *Investitionen im Ausland* ist das Währungsrisiko stets mitzuberücksichtigen.

Bei der Zusammenarbeit im Anlagegeschäft immer auf bekannte und *renommierte Firmen* setzen.

Immer nachprüfbare *Referenzen* sowie Angaben über das Finanzinstitut verlangen, welches die Transaktion abwickeln soll.

Aggressive Werbung ist immer suspekt!

Bei *grossen Versprechungen* ist Skepsis angebracht!

Hände weg von *Telefonverkäufen!*

Vermeiden von *Klumpenrisiken* (die Eier gehören nicht alle in den gleichen Korb).

Wer im *Risikobereich* investiert, sollte regelmässig Tageszeitungen und die Fachpresse lesen und so ein Gespür entwickeln für die Zusammenhänge.

> **Und nie vergessen: Je höher die Renditeaussichten, desto grösser ist in aller Regel auch das Risiko!**

Liegt die versprochene Rendite deutlich über den marktüblichen Sätzen, so ist Skepsis angebracht: «Warum sollte jemand, den ich nicht einmal kenne, gerade mir eine derart verlockend hohe Rendite anbieten?»

> **Kontaktieren Sie bei Unsicherheit unbedingt den Anlagefachmann Ihrer Vertrauensbank!**

Und nie ausser Acht lassen:

> **Beim Vergleich der Rendite einer Investition ist immer auf die Nettorendite abzustellen, d.h. nach Abzug von Spesen und Steuerabgaben!**

9. Ein zukunftsweisendes Steuerkonzept für die Schweiz

Die geltende *Finanzordnung* ist befristet bis Ende 2006. Ohne Zweifel muss ein neues Finanzleitbild auf einem zukunftsweisenden Steuerkonzept basieren, welches die Interessen der schweizerischen Wirtschaft im allgemeinen und der KMU im besonderen angemessen berücksichtigt.

Dass *günstige steuerliche Rahmenbedingungen* für unser Land zu den entscheidenden Standort- und Wirtschaftsfaktoren zählen, ist längst bekannt. Da stimmt es nachdenklich, wenn bei jeder geplanten Steuererleichterung umgehend Kompensationsmassnahmen ins Spiel gebracht werden.

Die *Entwicklung bei den direkten Steuern* lief in der Schweiz in der Vergangenheit diametral in die falsche Richtung, indem die Zunahme der Belastung – vorab bei den direkten Steuern – weit über dem Durchschnitt unserer Nachbarländer und anderer vergleichbarer Staaten lag. Westliche Industriestaaten haben die Zeichen der Zeit erkannt und ihre Steuersysteme modernisiert und wirtschaftsfreundlich umgestaltet. Durch die Mobilität der Produktionsfaktoren «Arbeit» und «Kapital» ist die Schweiz herausgefordert gleiches zu tun oder aber unserem Wirtschaftsstandort und Finanzplatz verhängnisvollen Schaden zuzufügen. Der Zeitpunkt für Entlastungen erscheint mehr als nur günstig. Positive Wirtschaftsprognosen und eine nachhaltige Verbesserung der Situation in den Rechnungen der öffentlichen Haushalte sind nämlich die besten Voraussetzungen für eine Attraktivierung der steuerlichen Rahmenbedingungen.

> **Die schweizerische Fiskalquote muss auf ein Niveau abgesenkt werden, das deutlich niedriger ist als das heutige, damit die Spitzenposition unter den führenden OECD-Ländern langfristig bewahrt werden kann!**

Die Wirtschaft hat Vorschläge zur Neugestaltung der Finanzordnung erarbeitet, die im *«Steuerkonzept für die Schweiz»* festgehalten sind. Die Vorschläge entstanden durch eine Zusammenarbeit der wichtigsten Wirtschaftsverbände und Interessengruppierungen. Der Autor durfte in der Arbeitsgruppe die Interessen des Schweizerischen Gewerbeverbandes vertreten, also jener Institution, welche sich seit Jahren für die Belange der KMU in der Schweiz in ganz besonderem Mass engagiert.

Die Wirtschaft stellt an ein zukünftiges Steuersystem folgende Anforderungen*:

- *Weder neue Steuern noch zusätzliche Belastungen*
  Steuererhöhungen oder Vorschläge für neue Steuern wie Energieabgaben, Erbschaftssteuer auf Bundesebene, private Kapitalgewinne oder Beteiligungsgewinnsteuer sowie andere Formen von Sondersteuern werden ausdrücklich abgelehnt. Gleiches gilt für jegliche Erhöhung der Lohnnebenkosten.

- *Begrenzung der Steuerbelastung in der Verfassung*
  Die Steuerbelastung auf Bundesebene soll in der Verfassung begrenzt bleiben, sei es in Form von Maximalsätzen oder einer «Ziel-Fiskalquote».

- *Gezielte Steuerreduktionen für natürliche Personen und Beseitigung schädlicher Wirkungen*
  Sowohl die hohen Grenzsteuersätze bei der Einkommenssteuer für natürliche Personen als auch die wirtschaftliche Doppelbelastung der ausgeschütteten Gewinne sind zu mildern. Zudem ist die *Vermögenssteuer* an die Einkommensteuer anzurechnen.

- *Kompensation von Mehrwertsteuererhöhungen*
  Eine Verlagerung der Steuerbelastung von den direkten Steuern zur Mehrwertsteuer ist erwünscht. Jede Erhöhung der Mehrwertsteuer muss aber mit einer entsprechenden Kompensation einhergehen, insbesondere bei den direkten Steuern. Der Mehrwertsteuersatz darf eine Toleranzschwelle, die deutlich unter dem EU-Mindestsatz (von derzeit 15 Prozent) liegt, nicht überschreiten.

- *Beibehaltung des Steuerwettbewerbs*
  Die Steuerkonkurrenz zwischen den öffentlichen Gemeinwesen ist beizubehalten, da sie ein zentrales Element eines effizient funktionierenden Föderalismus darstellt. Eine materielle Harmonisierung der direkten Steuern wird abgelehnt. Dagegen ist ein leistungsfähiger Finanzausgleich zu unterstützen.

- *Schrittweise Umwandlung der direkten Bundessteuer in eine Finanzausgleichssteuer*
  Besonders negative Aspekte der direkten Bundessteuer sind zu beseitigen, und diese Steuer ist schrittweise auf die Funktion einer Finanzausgleichssteuer zugunsten der Kantone zu reduzieren.

---

* Die Forderungen entstammen der Broschüre «Steuerkonzept für die Schweiz», herausgegeben im April 2000, vom SHIV, Schweizerischer Handels- und Industrie-Verein (Vorort), Hegibachstrasse 47, Postfach 1072, 8032 Zürich.

- **Vermeidung von Mehrfachbelastungen und Wettbewerbsverzerrungen für Unternehmen**
  Steuern dürfen Neugründungen, Strukturanpassungen und Nachfolgeregelungen nicht behindern und müssen die wirtschaftliche Substanz schonen.
  Deshalb sind folgende Massnahmen vorzusehen: Übergang zur proportionalen Gewinnbesteuerung auch bei den Kantonen, bei gleichzeitiger Abschaffung der Kapitalsteuer;
  Steuerneutralität bei *Umstrukturierungen* und bei der Unternehmensnachfolge; Verbesserungen bei der Verlustverrechnung sowie weiterer Abbau wirtschaftlich schädlicher Rechtsverkehrssteuern (z.B. Versicherungsstempel).

- **Rückgriff auf echte ökologische Lenkungsabgaben**
  Lenkungsabgaben sind nur akzeptabel, wenn sie keine fiskalische Zielsetzung verfolgen und eine effektive Verhaltensänderung bewirken. Die subsidiär vorgesehene CO_2-Abgabe wird deshalb unterstützt, die Erschliessung neuer Steuerquellen unter ökologischem Deckmantel (Förder- und Energieabgabe) wird ausdrücklich abgelehnt.

- **Abbau von fragwürdigen Zweckbindungen**
  Zweckbindungen sind abzubauen, und neue Zwecksteuern sind zu vermeiden, da sie den finanzpolitischen Handlungsspielraum und die Ausgabendisziplin beeinträchtigen.

- **Abschaffung der Umsatzabgabe auf Wertschriftentransaktionen**
  Die schweizerische Umsatzabgabe auf Wertpapieren beeinträchtigt den Handel und die Verwaltung von Wertschriften in der Schweiz und muss, zur Erhaltung eines international wettbewerbsfähigen Finanzplatzes, so rasch als möglich beseitigt werden.

- **Beseitigung von Standortnachteilen in den Doppelbesteuerungsabkommen**
  Die aus der Nichtmitgliedschaft der Schweiz in der EU resultierenden steuerlichen Standortnachteile sind durch Anpassung der schweizerischen Doppelbesteuerungsabkommen oder spezielle Massnahmen im internen Steuerrecht zu beseitigen.

- **Schaffung attraktiver Rahmenbedingungen für ausländische Firmen**
  Konzernzentralen und ihre Führungskräfte (Expatriates) sind international begehrte Wirtschaftssubjekte, deren Ansiedlung bzw. Verbleib in der Schweiz durch gezielte steuerliche Massnahmen gefördert werden soll.

Günstige steuerliche Rahmenbedingungen dienen letztlich allen
Es liegen genügend gesicherte Erkenntnisse vor, die belegen, dass die durch verbesserte Rahmenbedingungen kurzfristig in Kauf zu nehmenden Steuerausfälle längerfristig mehr als nur kompensiert werden.

Nehmen wir als Beispiel die *Transaktionsabgaben*. Fallen diese weg, so wird der Finanzplatz Schweiz attraktiver und damit gestärkt. Der Wegfall der indirekten Steuern auf den Börsentransaktionen wird, infolge Belebung der Geschäfte, durch die wesentlich ergiebigeren direkten Steuern auf den Gewinnen der Finanzinstitute mehr als wettgemacht.

> **Aber eben: Zuerst die Aussaat – dann die Ernte!**

Ein attraktives Steuersystem darf mittel- bis längerfristig als «hochrentable Investition» unseres Landes in seine Zukunft gesehen werden. Investitionen kosten bekanntlich Geld, dies gilt in besonderem Masse auch für ein modernes, wirtschaftsfreundliches Steuersystem. Dieses muss sowohl der Industrie wie auch den kleinen und mittleren Unternehmen – seien sie in der Rechtsform von Personenfirmen (natürliche Personen) oder als Kapitalgesellschaften (juristische Personen) organisiert – *vorteilhafte steuerliche Rahmenbedingungen* bieten.

> **Eine prosperierende Wirtschaft ist der zuverlässigste Garant für Wohlstand. Davon profitieren alle: Vorab die Unternehmen, dann deren Mitarbeiter und am Schluss der Staat.**

10. Zwanzig steuerliche Thesen aus KMU-Sicht

Im vorangehenden Kapitel 9 «Ein zukunftsweisendes Steuerkonzept für die Schweiz» wurden die Vorschläge der Wirtschaft für eine Neugestaltung der Finanzordnung dargelegt.
Ein ganz wesentlicher Teil der schweizerischen Wirtschaft bilden bekanntlich die *kleinen und mittleren Unternehmen,* kurz und bündig *KMU* genannt.

Gemäss einer kürzlich veröffentlichten Studie stellen die *KMU* mit einem *Anteil von 99,7 Prozent* aller Betriebe die Basis und das eigentliche Rückgrat unserer Wirtschaft dar, und so ist es nicht abwegig, die Bedürfnisse der KMU in einer *neuen Steuerordnung* angemessen zu berücksichtigen.

Die grosse Mehrzahl der KMU sind kleine Betriebe, viele davon – mehr als 150 000 an der Zahl – in der Rechtsform einer Personenfirma; oftmals aber auch in der Form von kleinen Kapitalgesellschaften, vor allem Familien-Aktiengesellschaften und in jüngster Zeit immer mehr Gesellschaften mit beschränkter Haftung (GmbH). Solche Kleinunternehmen sind geprägt von der persönlichen und meist überdurchschnittlichen Arbeitsleistung des Firmeninhabers samt Partner und sie leiden in besonderem Mass unter steigenden Steuerabgaben, oftmals verbunden mit zunehmendem Administrationsaufwand (Beispiel Mehrwertsteuer). Die hohen Arbeitsleistungen führen zu Einkommenskumulationen bei Ehepaaren, mit entsprechender Steuerfolge durch die hohe Progression. Dazu kommt der seit Jahren kontinuierlich steigende Administrationsaufwand, der oftmals in der ohnehin knapp bemessenen Freizeit erledigt werden muss.

Gründe genug für KMU, ihre speziellen Wünsche an eine neue schweizerische Steuerordnung anzumelden:

1. Verzicht auf materielle Steuerharmonisierung
Deutliches Bekenntnis zum *Steuerwettbewerb* unter den Gemeinwesen, als Garant für eine effiziente Leistungserstellung und massvolle Ausgabenpolitik im Bereich der öffentlichen Hand.
Die *formelle Steuerharmonisierung* darf mit dem Ablauf der Anpassungsfrist der Kantone am 31. Dezember 2000 als weitgehend realisiert betrachtet werden. Formelle Anpassungen sind noch im Bereich der Abschreibungen, Rückstellungen und Rücklagen vorzusehen (vergl. These 6).

2. Entschärfung des Progressionsverlaufes bei der direkten Bundessteuer für natürliche Personen, und zwar ohne irgendwelche kompensatorischen Massnahmen.
Die Bestrafung des Ehebundes und der gemeinsamen Erwerbstätigkeit von Ehegatten bei der direkten Bundessteuer muss eliminiert werden, beispielsweise durch Anwendung eines Splitting-Besteuerungsverfahrens.

3. Milderung der kontraproduktiv hohen Grenzsteuerbelastung natürlicher Personen bei den direkten Steuern von Bund und Kantonen

Gemeinsame (selbstständige) Erwerbstätigkeit führt nicht selten zu leistungshemmend hohen Grenzsteuerbelastungen, die sich damit auch für den Staat kontraproduktiv auswirken.

Abhilfe ist z.B. durch eine differenzierte (separate) Besteuerung der Gewinne aus selbstständiger Erwerbstätigkeit zum Satz für diese Einkommen allein oder durch ein Teilsplitting-Verfahren möglich.

4. Eliminierung oder zumindest Milderung der wirtschaftlichen Doppelbesteuerung

Die Doppelbesteuerung – in den meisten Nachbarländern abgeschafft oder zumindest gemildert – behindert unsere KMU bei der Realisierung dringend fälliger Erneuerungs- bzw. Erweiterungsinvestitionen. Die Milderung kann durch Entlastung bei der Gesellschaft erfolgen (z.B. durch den Abzug einer Normaldividende) oder beim Aktionär (z.B. durch Freistellung der Aktionäre für die ausgeschütteten Gewinne oder zumindest durch Erfassung der Dividende zum halben Steuersatz).

5. Massvolle Bewertung der Beteiligungspapiere von KMU bei der Vermögenssteuer natürlicher Personen

Um der Doppelbesteuerung beim Kapital/Vermögen entgegenzuwirken, sollte bei der Bewertung nicht kotierter Titel ein genereller Abzug von 50 Prozent beim Aktionär vorgenommen werden. Dieser Abzug rechtfertigt sich umso mehr, als solche Titel in der Regel keinen Marktwert aufweisen und somit kaum handelbar sind.

6. Vereinheitlichung grosszügiger Regelungen für Abschreibungen, Rückstellungen und Rücklagen

Bei der direkten Bundessteuer und in allen Kantonen sind die Abschreibungsweisungen zu liberalisieren und zu vereinheitlichen. Unter Beachtung der betriebswirtschaftlich notwendigen Mindestabschreibungen sollen auch *Einmalabschreibungen* und die *Nachholung* früher unterlassener *Abschreibungen* zugelassen werden.

Eine grosszügige Handhabung bei der *Bildung von Rückstellungen und Rücklagen* sollte sowohl beim Bund wie bei den Kantonen, einheitlich geregelt werden (Rückstellungen für drohende Verluste sowie Rücklagen für Forschung, betriebsnotwendige Erneuerungen und Umstrukturierungen).

7. Unbefristete Verrechnungsmöglichkeit für Verlustvorträge

Die Einschränkung gemäss DBG und StHG von 7 Jahren ist aufzuheben.

8. Besteuerung des Liquidationsgewinnes für natürliche Personen zum Vorzugstarif

analog der Besteuerung von Kapitalleistungen aus der beruflichen Vorsorge. Wird der Liquidationserlös innert Jahresfrist in eine anerkannte Vorsorgeeinrichtung einbezahlt, so ist ein Besteuerungsaufschub zu gewähren.

9. Abschaffung der Transponierungs- und indirekten Teilliquidationstheorie
Erben- und Mitarbeiterholding haben sich als steuergünstige Nachfolgeregelungen bei Aktiengesellschaften in der Praxis bewährt. Auf eine Besteuerung unter dem Aspekt der Transponierungs- oder indirekten Teilliquidationstheorie ist zu verzichten.

10. Verzicht auf die Beteiligungsgewinnsteuer
Die Nachfolgeregelung bei KMU in der Rechtsform von Kapitalgesellschaften soll durch Übertragung der Beteiligungspapiere, nach Ablauf einer Sperrfrist von einheitlich 5 Jahren, auch weiterhin ohne steuerliche Konsequenzen für den Verkäufer bleiben.

11. Kapitalgewinne auf beweglichem Privatvermögen sollen weiterhin steuerfrei bleiben,
wenn es sich um die Verwaltung und Nutzung des Privatvermögens handelt. Nur professionell erzielte Kapitalgewinne dürfen als gewerbsmässig eingestuft und damit besteuert werden. Die entsprechenden Kriterien sind klar zu definieren, und die Erfassung der Gewinne ist nur zulässig, wenn die Kriterien kumulativ erfüllt sind.

12. Abschaffung der Kapitalsteuer bei den Kantonen
Der Bund ist im Rahmen der Unternehmenssteuerreform mit gutem Beispiel vorangegangen und hat die Kapitalbesteuerung für juristische Personen bei der direkten Bundessteuer auf den 1. Januar 1998 abgeschafft. Die Kantone sollten diesen Schritt nachvollziehen. Das StHG ist entsprechend abzuändern.

13. Abschaffung der Erbschaftssteuer für direkte Nachkommen
Bereits mehr als die Hälfte der Kantone verzichten heute auf die Besteuerung direkter Nachkommen. Diese Regelung ist in der ganzen Schweiz zu vereinheitlichen.
Die Abschaffung rechtfertigt sich um so mehr, solange die Vermögensbesteuerung natürlicher Personen weiterbesteht.
Auf die Einführung einer eidgenössischen Erbschaftssteuer ist zu verzichten.

14. Problematik der neuen «Taxe occulte», vor allem bei arbeitsintensiven KMU im Falle weiterer Satzerhöhungen bei der Mehrwertsteuer
Wie bereits erwähnt, können sich mit steigenden Steuersätzen für arbeitsintensive, inlandorientierte KMU bei der Überwälzung der Mehrwertsteuer auf die Kunden Probleme ergeben. In diesen Fällen bleibt ein Teil der Steuer als Belastung (Taxe occulte) im Unternehmen hängen. Im Ausland hat man die Erfahrung machen müssen, dass steigende Belastungen bei der Mehrwertsteuer infolge unvollständiger Überwälzbarkeit eine Zunahme der Schattenwirtschaft zur Folge hatte. So weit soll es in der Schweiz nicht kommen, weshalb Steuersatzerhöhungen nur mit äusserster Zurückhaltung vorgenommen werden sollten. Jede Steuersatzerhöhung ist zudem bekanntlich von Volk und Ständen zu genehmigen.

15. Beschränkung bei der Mehrwertsteuer auf zwei Steuersätze 7,6 und 2,4 Prozent; Erweiterung der reduzierten Besteuerung für Güter des täglichen Bedarfs.

Sondersätze führen im Mehrwertsteuersystem zu Komplizierungen und zusätzlichem Administrationsaufwand in den Unternehmen sowie bei der Steuerbehörde und sind daher zu vermeiden. Aus Gründen der Vereinfachung, zur wirtschaftlichen Förderung der Tourismusbranche und aus sozialpolitischen Erwägungen, sollten touristische und gastgewerbliche Leistungen einheitlich zum reduzierten Satz von 2,4 Prozent besteuert werden.

16. Verzicht auf zusätzliche Steuerabgaben auf Energie

Weitere (d.h. neue) Energieabgaben sind aus Gründen der Konkurrenzfähigkeit unseres Wirtschaftsstandortes grundsätzlich abzulehnen. Alle Energieträger werden zudem seit dem 1. Januar 1995 mit der Mehrwertsteuer belastet. Der Steuersatz beträgt gegenwärtig 7,6 Prozent, mit steigender Tendenz. Schon allein aus dieser Sicht muss eine weitere steuerbedingte Verteuerung des Produktionsfaktors «Energie» abgelehnt werden.

17. Attraktive Besteuerungsmodalitäten für Risikokapital

Erwiesenermassen werden Gründungen von Jungunternehmen, bei fehlendem Eigenkapital, durch eine restriktive Kreditpolitik der Banken oftmals erschwert bzw. verunmöglicht. Private Geldgeber springen vermehrt in die Lücke und ermöglichen Gründungen mit dem Einschuss von Risikokapital. Diese volkswirtschaftlich wertvolle Unterstützung ist durch steuerliche Anreize zu fördern.

18. Förderung Wohneigentum durch steuerbegünstigtes Bausparen

Bausparen ist steuerlich zu begünstigen. Das Modell im Kanton Basel-Landschaft hat sich bewährt und ist gesamtschweizerisch zu übernehmen.

19. Attraktive Wohneigentumsbesteuerung

Sollte die Besteuerung des Eigenmietwertes fallen, so ist der Abzug des Liegenschaftsunterhaltes unter allen Umständen beizubehalten, verbunden mit der Wahlmöglichkeit eines grosszügig ausgestalteten Pauschalabzuges.
Für den Wegfall des Hypothekarzinsabzuges sind grosszügige Übergangsfristen vorzusehen, wobei auch hier ein Wahlrecht vorzusehen ist.

20. Kein Zwang zur «Fair presentation» gemäss RRG für KMU

Das neue RRG richtet sich bei der Bewertung der Vermögenswerte und Verbindlichkeiten nach dem Grundsatz der «Fair presentation». Für KMU darf dieser Grundsatz nicht zwingend sein, da sonst der steuerliche Gestaltungsraum massiv und unnötig eingeschränkt wird. Zusätzlich wäre eine deutliche Zunahme des Administrationsaufwandes zu befürchten.
Alle kleineren Unternehmen – und zwar ungeachtet ihrer Rechtsform – sind von der Pflicht zur Erstellung eines Anhanges zur Jahresrechnung, Geldflussrechnung, Jahresbericht, Präsentation zusätzlicher Angaben zur Bilanz und Erfolgsrechnung sowie von der Pflicht zur Revision (Prüfung) der Jahresrechnung zu befreien. Die Gliederung der Jahresrechnung gemäss *«Kontenrahmen KMU»*

bringt genügend Transparenz für einen möglichst sicheren Einblick in die Vermögens- und Ertragslage von KMU.

> **Günstige steuerliche Rahmenbedingungen und massvolle administrative Auflagen sind für die Prosperität und Entwicklung der KMU in der Schweiz von existenzieller Bedeutung. Geht es nämlich den KMU in unserem Land gut, so geht es der schweizerischen Wirtschaft gut!**

11. Verzeichnis der Abkürzungen

ABR	Arbeitsbeschaffungsreserven
Abs.	Absatz
AG–ZH	Abkürzungen für Kantone gemäss Autokennzeichen
AHV	Alters- und Hinterlassenen-Versicherung
ALV	Arbeitslosenversicherung
Art.	Artikel
betr.	betreffend/betrifft
BG	Bundesgericht
BGE	Bundesgerichtsentscheid
Bst.	Buchstabe
BV	Bundesverfassung
BVG	Berufliches Vorsorge-Gesetz
DBG	Bundesgesetz über die direkte Bundessteuer
DBSt	direkte Bundessteuer
EO	Erwerbsersatzordnung
ESTV	Eidgenössische Steuerverwaltung
FAK	Familien-Ausgleichskasse
FER	Fachempfehlungen zur Rechnungslegung
ff.	und folgende (bei Artikeln in Gesetzen)
GmbH	Gesellschaft mit beschränkter Haftung
HWP	Schweizer Handbuch der Wirtschaftsprüfung
IAS	International Accounting Standards
IV	Invaliden-Versicherung
JP	Juristische Person(en)
KMU	Kleine und mittlere Unternehmen
KTV	Kranken-Taggeldversicherung
KVG	Kranken-Versicherungsgesetz
MBO	Management Buy-out
mind.	mindestens
MWST	Mehrwertsteuer
MWSTG	Mehrwertsteuer-Gesetz
MWSTV	Mehrwertsteuer-Verordnung
NP	Natürliche Person(en)
OR	Obligationenrecht
RRG	Rechnungslegungs- und Revisions-Gesetz
RZ	Randziffer
S.	Seite
s.	siehe
SchKG	Schuldbetreibungs- und Konkursgesetz
SIU	Schweiz. Institut für Unternehmerschulung im Gewerbe
sog.	sogenannte

StHG	Steuerharmonisierungs-Gesetz
US GAAP	Generally Accepted Accounting Principles der USA
usw.	und so weiter
UVG	Unfall-Versicherungsgesetz
v.a.	vor allem
vrgl.	vergleiche
VSt	Verrechnungssteuer
VStG	Verrechnungssteuergesetz
WIR	Wirtschaftsring-Genossenschaft Basel
z.B.	zum Beispiel
ZGB	Zivilgesetzbuch
Ziff.	Ziffer

12. Literaturverzeichnis
mit Bezugsquellenhinweis

Buchführung KMU (Walter Sterchi)
Schweizerischer Gewerbeverband, Postfach
Schwarztorstrasse 26, CH-3001 Bern

Bundesgesetz über die direkte Bundessteuer / DBG
Bundesamt für Bauten und Logistik, EDMZ, 3003 Bern
E-Mail: verkauf.gesetze@bbl.admin.ch oder:
Eidg. Steuerverwaltung, Allgemeine Dienste DVS, 3003 Bern
E-Mail: dvs@estv.admin.ch

Bundesgesetz über die Harmonisierung der direkten Steuern der Kantone und Gemeinden / StHG
EDMZ, 3003 Bern

Bundesgesetz über die Mehrwertsteuer / MWSTG
EDMZ, 3003 Bern

Bundesgesetz über das Stabilisierungsprogramm 1998
EDMZ, 3003 Bern

FER: Fachkommission für Empfehlungen zur Rechnungslegung
Treuhand-Kammer, Postfach 892, CH-8025 Zürich

Kontenrahmen KMU (Walter Sterchi)
Schweizerischer Gewerbeverband, Postfach
Schwarztorstrasse 26, CH-3001 Bern

Kreisschreiben und Merkblätter
Eidg. Steuerverwaltung, Hauptabteilung Direkte Bundessteuer,
Verrechnungssteuer, Stempelabgaben, Eigerstrasse 65, 3003 Bern
http://www.estv.admin.ch

Schweizerisches Obligationenrecht / OR
Buch-Fachhandel

Schweizerisches Zivilgesetzbuch / ZGB
Buch-Fachhandel

Spezialbroschüre Nr. 03 «Saldosteuersätze»
Eidg. Steuerverwaltung, Hauptabteilung Mehrwertsteuer,
Schwarztorstrasse 50, 3003 Bern

Steuerbegünstigte Arbeitsbeschaffungsreserven / ABR
Staatssekretariat für Wirtschaft (seco), Arbeitsbeschaffungsreserven,
Bundesgasse 8, 3003 Bern

Steuerinformationen
Informationsstelle für Steuerfragen, Eigerstrasse 65, CH-3003 Bern

Verordnung zum Bundesgesetz über die Mehrwertsteuer / MWSTGV
EDMZ, 3003 Bern

Wegleitung 2001 zur Mehrwertsteuer
Eidg. Steuerverwaltung, Hauptabteilung Mehrwertsteuer,
Schwarztorstrasse 50, 3003 Bern

*Wegleitung zur Bewertung von Wertpapieren ohne Kurswert
für die Vermögenssteuer*
Eidg. Steuerverwaltung, Hauptabteilung Direkte Bundessteuern,
Sektion Wertschriftenbewertung, Eigerstrasse 65, 3003 Bern

13. Stichwortverzeichnis

A
Abbau direkte Bundessteuer 27
Abklärung der Steuerpflicht 126
Abrechnung MWST 137f., 166, 181
Abrechnung Saldosteuersätze 137f., 166f.
Abrechnungsarten 137
Abrechnungsperiode 140
Abschaffung der Erbschaftssteuer 235
Abschaffung der Kapitalsteuer 235
Abschaffung der Transponierungs- und indirekten Teilliquidationstheorie 235
Abschlusstermin 164
Abschreibungen (wiedereingebracht) 113, 122
Abschreibungen 62, 88, 113, 120, 173f., 181, 234
Abweichungen 75
Abweichungen der Handelsbilanz 93
Abweichungen der Steuererklärung 74
Abzug der effektiven Kosten 219
Abzug für Büro 170
Abzüge 51, 54, 60, 66, 86, 89, 185f., 218
Abzüge vom Einkommen 60
Abzugsfähiger Aufwand 92
Abzugsfähigkeit der Gesellschaftssteuern 202
Abzugsfähigkeit von Schuldzinsen 34, 218
Abzugsmöglichkeiten persönliche Steuererklärung 185f.
Administration 28
Administrationsaufwand 38f., 204
Administrationsaufwand (MWST) 124, 139
AG/GmbH, Gegenüberstellung 206
AHV-Abrechnungspflicht 203f.
AHV-Beiträge 60, 65, 163, 179, 187
AHV-Beitragspflicht 32, 203
AHV-System 27
Aktienanlagen 221
Aktienbuch 198
Aktienrechtsrevision 204
Aktientitel 198
Aktienverkauf 180, 200
Aktionärsbindungsvertrag 196
Aktionärsdarlehen 95, 165
Aktivierung von Eigenleistungen 175
Aktivierung wertvermehrende Aufwendungen 173

Aktualisierungseffekt 211
Alimente 58, 187
Alimentebesteuerung 32
Alterswohnsitz 182, 184
ALV-Beiträge 66
Amortisation von Hypotheken 178
Amtlicher Wert 88
Änderung rechtskräftiger Verfügungen/ Entscheide 100
Anforderungen an die Buchführung 197
Anforderungen betr. Rechnungsstellung 133
Angefangene Arbeiten 87, 172
Anhang zur Jahresrechnung 73, 204
Anlagefonds 223
Anlagekosten 113f.
Anlagewert 106
Anschaffungsnahe Aufwendungen 114
Anschaffungspreis 106
Anschaffungswert 62
Anstiftung 86
Antiquitäten 133
Arbeitsbeschaffungsreserven 171
Arbeitszimmer 186
Art/Umfang der Steuerpflicht 86, 91f.
Arten der Besteuerung 97
Aufbewahrungsfrist (-pflicht) 38, 74, 144, 186
Aufgaben des Verwaltungsrats 197
Auflösung stiller Reserven 120f., 181
Aufrechnungen 171, 172
Aufrechnungen Privatanteile 77
Aufrechnungen Spesenbezüge 76
Aufrechnungen Steuerveranlagungs- verfahren 75
Aufrechnungen Vermögensentwicklungen 76
Aufteilung 59, 96
Aufteilung des Gewinns 81
Aufteilung Reinvermögen 80
Aufwertung Geschäftsliegenschaft 175
Aufzeichnungspflicht 72
Aus- und Weiterbildung 170
Ausgenommene Steuerpflicht 125
Ausgleich 51
Auskunftspflicht Dritter 144
Ausländische Staatsangehörige 103

Ausnahme von der Steuerpflicht 126
Ausschluss Vorsteuerabzug 135
Ausschüttungsfonds 223
Ausserordentliche Abschreibungen 174f.
Ausserordentliche Einkünfte/Aufwendungen 71
Austritt eines Teilhabers 120
Auswärtige Verpflegung 186
Auswärtiger Wochenaufenthalt 186

B

Barverkäufe 134
Basiseinkommen 60, 172, 194
Baukreditzinsen 64
Bausparen 236
Beendigung der Option 129
Beginn der Steuerpflicht 50, 52, 70
Begrenzung des Steuerbelastung 230
Begriff der juristischen Personen 51
Begründung 74f., 82
Begründung Steuerpflicht 46, 70f.
Begründung von Stockwerkeigentum 181
Beilagen zur Steuererklärung 73
Beispiel einfache/schwere Steuerhinterziehung 84f.
Beispiel Steuerbetrug 85
Beispiel Steuerumgehung 84
Beiträge 43
Beiträge an AHV 18
Beiträge an AHV, IV, BVG, EO, ALV, UVG 65, 66
Beiträge berufliche Vorsorge 187, 214
Beiträge Lebens-, Kranken- und Unfallversicherungen 66
Beiträge Säule 3a 65
Belastung des Verbrauchs 47f.
Belege 163
Bemessung des Aktienkapitals 165
Bemessung des Stammkapitals 165
Bemessungsgrundlagen/ Eigenverbrauchssteuer 38
Bemessungslücke 179, 183
Bemessungsperiode 69, 90, 179
Berechnung (Überwälzung) der MWST 132
Berechnung des Liquidationsgewinns 121
Berechnung des steuerbaren Kapitals 98
Berechnung Grundstückgewinn 112
Berechnung Liquidationsgewinn 122
Berichtigung Vorsteuerabzug 135
Berufliche Vorsorge 203, 213f.
Berufsauslagen 60f.
Berufskosten 51, 61, 186
Bescheinigungspflicht Dritter 74
Beschränkte Steuerpflicht 46, 52, 92

Beschwerde 83, 145
Besitz von Grundeigentum 79
Besitzesdauerabzug 116, 183
Besteuerung der Leibrenten 34
Besteuerung der wirtschaftlichen Leistungsfähigkeit 54
Besteuerung des Eigenverbrauch 38
Besteuerung des Liquidationsgewinnes 234
Besteuerung juristischer Personen 33, 51f., 91f.
Besteuerung nach Aufwand 102
Besteuerung nach Ertragsintensität 97
Besteuerung nach Höhe des Gewinns 97
Besteuerung natürlicher Personen 31, 50f.
Besteuerung von Kapitalgewinnen 107f.
Beteiligungen an Immobiliengesellschaften 117
Beteiligungsabzug 33, 101f.
Beteiligungsgewinnsteuer 37, 235
Betreibung 146
Betriebliche Investitionen 210
Betriebsindividuelle Saldosteuersätze 137
Betriebskosten von Liegenschaften 188
Betriebsmaterial 173
Betriebsstätten 55
Betriebszulage 203
Beurteilung von Kreditgesuchen 197
Bewegliche Gegenstände 133
Beweismittel 74f., 82
Bewertung Beteiligungspapiere 234
Bewertung der Vermögensbestandteile 87
Bezug von Dienstleistungen 131
Bilanzierung 164
Bildung von Rücklagen 63
Bildung von Rückstellungen 173f.
Bildung von stillen Reserven 39, 73
Bildung von Subgruppen 130
Börsengeschäft 178
Börsenstempel 36, 148
Branchenrichtzahlen 75
Briefmarken 225
Brutto-Verbuchung 143
Buchführungs- und Aufbewahrungspflicht 140
Buchführungsvorschriften 141, 197, 204
Buchhaltung 141
Buchmässige Aufwertungen 181, 199
Buchprüfungen 75, 82, 172
Buchwert 62
Budgets (Investitionsplan) 163
Bundesbudget 40

Bürgschaftsverbindlichkeiten 89
Büro-Abzug 170
Businessplan 163
Bussen 86
BVG-Beiträge 65

C

Codes 134
Coupons von Registrierkassen 134

D

Darlehen (zinsgünstig) 183
Definitive Steuererklärung 2001 69
Degressive Abschreibungen 173
Delkredere-Rückstellungen 87, 172
Derivative Finanzinstrumente 226
Dienstleistungen aus dem Ausland 126
Dienstleistungen, erbrachte 130f.
Differenzierte Verbuchung MWST 174
Direkte/indirekte Steuern 44, 48, 53
Direkte Bundessteuer 44, 49f., 53
Direkte Methoden 79
Direkte Steuern 27, 44, 48, 54
Direkte Steuern (Entwicklung) 229
Direkte Steuern der Kantone (Gemeinden) 31, 53
Dividendenentnahme 168f.
Dividendenstrategie 169
Domizilgesellschaften 30, 102
Domizilprivileg 33
Doppelbesteuerung 48, 78f.
Doppelbesteuerungsabkommen 81, 231
Doppelbesteuerungsfälle 79
Drei-Säulen-Prinzip 213
Dritte Säule 214f.
Dumont-Praxis 114
Durchlaufende Posten 141

E

Echte Steuerbefreiung 125f.
Edelmetalle 225
Effektive Methode 137
Eigene Arbeiten 115
Eigenmietwertbesteuerung 32, 36, 57
Eigenverbrauch 130f., 132, 139
Eigenverbrauch (Besteuerung) 38
Einkauf von Beitragsjahren 214
Einkauf von Versicherungsjahren 34, 214
Einkäufe in die berufliche Vorsorge 184, 214
Einkommen aus beweglichem Vermögen 56
Einkommen aus Nutzniessungsvermögen 58
Einkommen aus unbeweglichem Vermögen 56
Einkommen besonderer Art 58
Einkommen minderjähriger Kinder 55
Einkommen von Ehepartnern 60
Einkommensschwankungen 167f.
Einkommenssteuer 225
Einlageentsteuerung 38, 136
Einmalabschreibungen 173
Einmalabschreibungsverfahren 62f.
Einmalentschädigungen 221
Einmalige Steuerabgaben 198f.
Einmalige Versicherungsleistungen 56
Einmalprämien-Versicherungen 178, 216
Einschätzen 71
Einschätzungsanzeige 74f.
Einsichtsrecht 196
Einsprache (Einsprachefrist) 81f.
Einspracheentscheid 145
Einspracheverfahren 75, 82f., 172
Eintrag im Handelsregister 198
Einvernahme 74
Emissionsabgabe 30, 147
Ende der Steuerpflicht 50, 52
Energie-Steuer 236
Energieeinsparungen 170
Entlastungen/Umsatzabgabe (Börsenstempel) 36
Entnahmen aus der Gesellschaft 168f.
Entrichtung der Steuer 140
Entscheide der ESTV 145
Entwicklung bei den direkten Steuern 229
EO-Beiträge 66
Erbengemeinschaften 102
Erbenholding 181
Erbrachte Dienstleistungen 130f.
Erbschafts- und Schenkungssteuer 151, 185
Erbschaftssteuer 39, 151, 153f., 235
Erfolgsbeteiligung 169
Erfolgsneutrale Vorgänge 96
Erhöhung der Mehrwertsteuersätze 38
Erhöhung Saläre 169
Erlassgesuch 91
Erlös 115
Ermessenseinschätzung 144
Ermittlung des Einkommens 69f.
Ersatzabgaben 44, 49, 159f.
Ersatzbeschaffung bei Wohneigentum 32
Ersatzbeschaffung(en) 33, 63, 120f., 183
Ersatzeinkommen 55
Erste Säule 213

Erträge aus beweglichem Kapitalvermögen 156
Ertragseinkommen 177
Ertragswert 122
Erwerb eigener Aktien 30
Erwerb Ersatzobjekt 120
Erwerbseinkommen 55
Erwerbspreis 114
Expertisen 82

F
Fahrkosten 186
Fair presentation 39, 236
Fakultative Entrichtung der Kirchensteuer 105
Fakturierungszeitpunkt 172
Familienausgleichskasse 203
Familienbesteuerung 55, 86
Finanzanlage 87
Finanzausgleichssteuer 230
Finanzierungsstruktur 177, 184
Finanzierungsverhältnis 165
Finanzleitbild 40
Finanzordnung 40, 229
Firmenerhalt 196
Firmenerhalt/Nachfolgeregelung 195
Firmennamen 196
Firmen-Neugründungen 193
Fiskalquote 229
Flüssige Mittel 87
Föderalismus 54
Fondsgebundene Einmalprämienversicherungen 216
Fondsgebundene Kosten 215
Fonds-Sparpläne 223
Forderungen 87
Formelle Steuerharmonisierung 233
Forstwirte 126
Freiwillige Steuerpflicht 128f.
Freiwillige Unterstellung 129
Freiwillige Unterstellung als MWST-Pflichtiger 165f.
Fremdkapital 109, 222
Fremdkapitalzinsen 178
Fringe Benefits 95, 169, 191
Frist zur Aufbewahrung 38
Fristerstreckung 72

G
Gärtner 126
Gebrauchte Gegenstände 133
Gebühren 43
Gefängnis 85
Gegenstand der Kirchensteuer 104f.

Gegenwartsbesteuerung 32f., 69, 97, 179
Gehaltsnebenleistungen 169, 191
Gehilfenschaft 86
Geldwerte Leistung 169
Gelegenheitsgeschenke 154
Gemeinnützige Institutionen 37, 126
Gemeinnützige Zwecke 105
Gemischte Holdinggesellschaften 101
Gemischte Nutzung 108, 113
Gemischte Veranlagungsverfahren 72
Gemischtes System 97
Generalversammlung 204
Genossenschaft 195
Gesamteinkommensbesteuerung 60, 172
Geschäft vermieten 184
Geschäftliche Schuldzinsen 64
Geschäftsaufwand 51, 60f., 93
Geschäftsdomizil 46
Geschäftsliegenschaften 113 164f., 174f.
Geschäftslokalität 164
Geschäftsmässig begründeter Aufwand 52
Geschäftsnachfolgeregelung 182, 195
Geschäftsumwandlungen 121
Geschäftsverluste 63f.
Geschäftsvermögen 164
Geschäftsvermögen Personenfirma 108
Geschuldete Mehrwertsteuer 142
Gesellschaften mit Beteiligungen 101
Gesetzlicher Höchstsatz 51
Gewerblicher Wertpapierhandel 202
Gewerbsmässig erzielte Grundstückgewinne 58
Gewerbsmässigkeit 35, 57, 108f., 110, 222
Gewillkürtes Geschäftsvermögen 178
Gewinn 91
Gewinne auf beweglichem Privatvermögen 57, 106
Gewinne auf unbeweglichem Privatvermögen 57, 106
Gewinnsteuer 52, 91f., 94
Gewinnungskosten 51, 60f.
Gewinnungskosten bei Nebenerwerb 187
Gewinnverteilung 169
GmbH/AG, Gegenüberstellung 206
Goodwill 121f.
Grenzsteuerbelastungen 60, 234
Grenzsteuersatz 194
Grund- oder Stammkapital 98
Grundeigentum 46, 55, 152, 198
Grundstücke 149f.
Grundstückgewinn (Berechnung) 112
Grundstückgewinne 111
Grundstückgewinnsteuer 32, 225

Gründung einer Holdinggesellschaft 180f.
Gründungsbericht 198
Gründungskosten 164, 180f., 198f.
Gruppenbesteuerung 38
Güter des täglichen Bedarfs 131

H
Haftungsbeschränkung 197
Haftungsfragen 196f.
Handänderungsabgaben 198
Handänderungssteuerabgabe 149f., 225
Handel mit Wertschriften 147
Handelsbilanz 93
Handelsregistereintrag 198
Harmonisierung der direkten Steuern 54
Hausrat (persönliche Gebrauchs-
    gegenstände) 31, 89, 220
Heilbehandlungen 37
Holdingbesteuerung 30
Holdinggesellschaften 180f., 101f., 202
Holdingprivileg 33, 102
Hypothekarzinsabzug 36

I
Immateriale Anlagen 88
Immateriale Vermögenswerte 121
Immobilien 110
Immobilien als Kapitalanlage 224
Immobilienbesitz 224
Immobilienfonds 223
Immobiliengesellschaften 184
Immobiliengesellschaften (Liquidation) 123, 184
Immobilienhändler 111
Indexklausen 90
Indirekte Amortisation von
    Hypotheken 219
Indirekte Steuern 44, 48, 124
Indirekte Teilliquidation 202, 235
Inhalt des Rekurses 82f.
Instandstellungskosten 114
Interkantonale Steuerausscheidung 79
Interkantonale, internationale,
    interkommunale Doppelbesteuerung 79
Investitionen im Bereich Altersvorsorge
    176, 212f.
Investitionen im Risikobereich 177, 221, 226
Investitionen im Unternehmensbereich
    176, 210
Investitionen im Wohn- und Privatbereich
    176, 217
Investitionen in risikofreie Kapitalanlagen
    176

Investitionen, steuerliche und andere
    Aspekte 25, 175f., 209f.
Investitionsplanung 139, 163, 175f., 210
Investitionspyramide 209
IV-Beiträge 65

J
Jahresabschluss 97
Jahresbericht 204
Jahresrechnung (Ausgestaltung) 172
Jahresrechnung (Bilanz/Erfolgsrechnung)
    73
Jährliche Gegenwartsbemessung 32, 51, 67f., 97
Juristische Personen 45, 91f.

K
Kaderversicherungen 203
Kalte Progression 51, 67
Kantonswechsel 185
Kapital 91
Kapitalanlagen (risikofrei) 220f.
Kapitalgesellschaften 51f., 91, 168, 195
Kapitalgewinn auf privatem
    Grundeigentum 110
Kapitalgewinne 106
Kapitalgewinne 59, 106, 123
Kapitalgewinne (Zuwachsgewinn-
    einkommen) 57
Kapitalgewinne auf beweglichem
    Privatvermögen 31, 108, 235
Kapitalleistungen (2. Säule) 56
Kapitalleistungen (Säule 3b) 56
Kapitalsteuer 30, 53, 91, 93, 98, 235
Kapitalversicherungen mit Einmaleinlagen
    34, 185, 216
Kassazettel 134
Kauf/Leasing 170
Kinderabzüge 35, 66
Kinderzulagen 203
Kirchenhoheit 104f.
Kirchensteuer 54, 104f.
Kollektiv- und Kommanditgesellschaften
    102
Konkubinatspaare 185
Kontenrahmen KMU 62, 72, 142, 236
Kontrolle 145
Korrekturen beim Bruttoergebnis 75
Korrekturen beim Saldo der Erfolgsrechnung
    94
Kosten und Entschädigungen 145
Kotierte Wertpapiere 87
Krankheits-, Unfall- und Invaliditätskosten
    66

Krankheitskostenabzug 187
Kreditgesuche 197
Kreditversicherungsprämien 171
Kunstgegenstände 133, 225
Kunsthändler 198
Kürzung des Vorsteuerabzuges 136

L

Lage der Aktiven 80
Landwirte 126
Landwirtschaftliche Grundstücke 88
Leasing/Kauf 170
Lebensaufwand 74
Lebenshaltungskosten 103
Lebensversicherungen mit Fremdkapital finanziert 217
Lebensversicherungsprämien 30
Leibrente 185
Leichtes Verschulden 85
Lenkungsabgaben 231
Lieferung von Gegenständen 130
Lieferungen und Dienstleistungen 132
Liegenschaftsaufwendungen 114
Liegenschaftshändler 110f.
Liegenschaftssteuer 150f., 225
Liegenschaftsunterhalt 36, 114, 188
Liegenschaftsunterhaltskosten 170, 188
Lineare Abschreibungen 173
Liquidationsergebnis 123
Liquidationsgewinn 110, 118f., 123, 184, 199, 234
Liquidationsgewinn (Berechnungsbeispiel) 122
Lotteriegewinn 58, 156

M

Management-Buyout 180
Marchzinsen 221
Margenbesteuerung 133, 135
Margendruck 28f.
Margendruck (MWST) 124
Massgeblichkeitsprinzip 93
Material- und Warenvorräte 87
Materielle Steuerharmonisierung 233
Mehrfachbelastungen 231
Mehrheitsaktionär 196
Mehrwertsteuer 28, 124f., 132
Mehrwertsteuerabrechnung 137f., 166f.
Mehrwertsteuererhöhungen 230
Mehrwertsteuergesetz 37f., 124f., 131
Mehrwertsteuerpflicht, befreit 128
Mehrwertsteuersätze 28f., 38, 236
Mehrwertsteuerverordnung 37, 124
Meldeverfahren 157, 202

Mietzins 164
Mietzins für Geschäftslokalitäten 95
Milderung wirtschaftlicher Doppelbesteuerung 202, 234
Minderheitsaktionäre 196, 204
Missverhältnis, direkte Steuern 27
Missverhältnis, indirekte Steuern 27
Mitarbeiteraktien 191
Mitarbeiterbeteiligung 196
Mitarbeiterlöhne 164
Mitgliederbeiträge an Berufsverbände 187
Mitgliederbeiträge an politische Parteien 66
Mitwirkung 86
Mitwirkungspflicht bei der Steuerveranlagung 73
Mobile Sachanlagen 88
Motivationseffekt 211
Münzen 225

N

Nachfolgeregelungen 155, 180, 182, 195
Nachlasssteuer 102, 152
Nachsteuer 85, 100
Nachsteuerverfahren 100
Natürliche Personen 45
Nebenkosten 134
Nettorendite 224f.
Netto-Verbuchung 142
Neue Finanzordnung 41
Neue Steuern 230
Neue Steuerordnung 233
Neues RRG 39, 73, 205
Neugründungen 193
Nichtkotierte Wertpapiere 87
Nichtlandwirtschaftliche Liegenschaften 88
Normaldividende 78
Normalsatz (MWST) 131
Nutzniessung 151
Nutzniessungsvermögen 86

O

Obligatorische Entrichtung der Kirchensteuer 105
Offene Reserven 98
Öffentliche Abgaben 43
Option 165f.
Optionen (freiwillige Steuerpflicht) 128f.
Optionsmöglichkeiten 29, 37
Ordentliche Abschreibungen 174f.
Organe 100
Organschaftsoption 129

P

Pauschalabzüge für Liegenschaften 188, 219
Pauschalabzugsregelungen 36, 167
Pauschalbesteuerung 102
Pauschalspesen 76
Pauschalspesenvergütungen 190
Pauschalsteuer 103
Pendler 46
Pensionierung 182
Periodische Versicherungsleistungen 55
Periodische Zinsen 221
Personengesellschaften 45, 102, 195
Persönliche Gebrauchsgegenstände 89
Persönliche Gebrauchsgegenstände (Hausrat) 31
Persönliche Steuererklärung 72, 185f.
Pflichten des Steuerpflichtigen im Veranlagungsverfahren 72
Postnumerando-Verfahren 53, 68, 90
Präponderanzmethode (System) 32f., 108, 164
Präsenzzeiten 179
Präsident des VR 196
Prioritätenpyramiden 209
Private Kapitalgewinnsteuer 35
Private Schuldzinsen 64
Privatwagen 170
Produktionsfaktoren 79
Progressionseffekt 44, 54, 175, 233
Progressionsnachteil 194
Proportionale Gewinnsteuer 30
Proportionale Steuer 98
Provisorische Einschätzung 75
Provisorische Steuererklärung 2001 69
Prüfspur 141
Publizierung der Gesellschaft 198

Q

Quellensteuer 48, 155
Quellensteuer auf Arbeitseinkommen 159
Quellensteuer für ausländische Zinsen 36
Quellensteuer für natürliche und juristische Personen 53

R

Rahmenbedingungen, steuerliche 30, 33, 231, 237
Rationalisierung 28
Rationalisierungseffekt 210
Realisierte Reserven 121
Realisierung stiller Reserven 180
Rechnungsstellung und Überwälzung der Steuer 133

Rechtliche Doppelbesteuerung 78
Rechtsformwahl 163, 193, 206f.
Rechtsformwahl für KMU 24, 193
Rechtsmittel 81, 99, 145
Rechtsweg 81
Reduzierter Steuersatz 125, 131
Reform der Ehepaarbesteuerung 35
Reform der Familienbesteuerung 35
Reform der Unternehmensbesteuerung 30, 202
Reine Holdinggesellschaften 101f.
Reingewinn 52, 92, 97
Reinvermögen 89
Reinvermögen, Aufteilung 80, 86
Rekurs 82f.
Rekursanträge 82
Rekursverfahren 172
Renditeaussichten 226
Renditeeffekt 211
Renovationsarbeiten 174
Renten und dauernde Lasten 65
Repräsentationsverpflichtungen 76, 170
Reservenauflösung 122
Revision des GmbH-Rechtes 205
Revisionen der Steuergesetze 202
Revisionsbegehren 100
Revisionsstelle 197, 204
Risikofreie Kapitalanlagen 220f.
Risikokapital-Besteuerung 236
RRG 39f., 205, 236
Rückerstattung der Steuer 140
Rückerstattung Verrechnungssteuer 158
Rückerstattung Wehrpflichtersatz 160
Rückkaufsfähige Lebens- und Rentenversicherungen 88
Rückkaufswert 88
Rücklagen, Bildung von 63, 181, 234
Rückstellungen 63, 120, 172f., 181, 234
Rückstellungen (Delkredere) 87

S

Saldo der Erfolgsrechnung 95
Saldosteuersätze 37, 132, 137f., 166f., 181
Sammlung aller Art 220, 225
Sammlungsstücke 133, 225
Sanierungen 64
Satzbestimmendes Einkommen 70
Satzerhöhungen der MWST 29, 235
Säule 3a 56, 215f.
Säule 3b 216
Schattensteuer 124
Schenkungsanzeige 153
Schenkungssteuer 151, 153f., 185
Schenkungssteuerpflicht 116

Schlüsselzahlen 134
Schmuck 225
Schulden 86, 89
Schuldenabzug 89, 109
Schuldzinsabzug 32, 178, 187, 218
Schuldzinsen 64, 79, 92, 96
Schweizer Bürger 103
Schwere Steuerhinterziehung 84
Selbst erworbene Renten 217
Selbstanzeige 86
Selbstbewohntes Grundeigentum 218
Selbstdeklaration 72
Selbstveranlagung 140
Selbstveranlagungsprinzip 149
Selbstveranlagungsverfahren 46, 157
Senkung der Steuerquoten 40
SICAV-Fonds 223
Sicherstellung 146
Sicherung des Firmenerhalts 196
Sitzverlegung 120
Sofortabschreibungen 62f.
Solidarhaftung 196f., 204
Sonderbesteuerung für Liquidationsgewinne 123
Sondersatz (MWST) 125, 132
Sozialabzüge 51, 60, 66, 89f.
Sozialpolitische Abzüge 60, 65
Sozialversicherungsabgaben 204
Sozialversicherungsbeiträge 32, 203
Sozialversicherungsbereich 203f.
Spekulationszuschläge 183
Spenden 171
Sperrfrist 183, 199
Spesenbezüge 95
Spesenreglemente 76
Spesenvergütungen 164
Sponsoring 171
Sportvereine 37, 126
Staatsrechnung 41
Stabilisierung 40
Stabilisierungspaket 34f.
Stabilisierungsprogramm 34, 64
Steigende Steuersätze (MWST) 124
Stempelabgabe 30, 198
Stempelabgabe auf Versicherungsprämien 148
Stempelabgaben des Bundes 146
Steuer nach Aufwand 103
Steuerabzug 51
Steuerabzüge (Checkliste) 186f.
Steueramnestie 36
Steuerarten 45
Steuerarten (Kurzübersicht) 48f.
Steueraufschiebende Sachverhalte 120

Steueraufschubeffekt 172
Steueraufschubtatbestände 117
Steuerauslösende Sachverhalte 120
Steuerausscheidungen 79
Steuerbare Einkünfte 50
Steuerbare Vermögen 89
Steuerbarer Ertrag 92
Steuerbarer Reingewinn 97
Steuerbares Eigenkapital 97
Steuerbares Einkommen 55, 70
Steuerbefreiung 125, 153
Steuerbefreiungsfälle 117
Steuerbegünstigtes Bausparen 36
Steuerbelastungen 27, 78, 230
Steuerbelastungsvergleiche 201
Steuerbemessung 51f., 99
Steuerbetrug 85
Steuerbezug 77
Steuerdomizil, primäres, sekundäres 46, 50, 52
Steuerdruck, verschärfter 39
Steuereinsparungseffekt 212
Steuereinsparungsmöglichkeiten für Kaderleute 189f.
Steuerentlastungen 40
Steuerentlastungspaket 35
Steuerentrichtung 140
Steuererklärung 72f., 204
Steuererlass 91
Steuererleichterungen 33
Steuererleichterungen für neue Unternehmen 92
Steuerfaktoren 71
Steuerföderalismus 43, 49
Steuerfolgen bei Investitionsvorhaben 212
Steuerfreibeträge 86, 90
Steuerfreie Einkünfte 58
Steuerfreie Sachverhalte 120
Steuerfreier Aktienverkauf 200
Steuerfreier Kapitalgewinn 111, 222
Steuergefährdung 146
Steuergesetze 43
Steuerharmonisierung 31, 54
Steuerharmonisierungsgesetz 31, 33
Steuerhinterziehung 84f., 86, 101, 146, 155, 192
Steuerhoheiten 43
Steuerkonzept 229
Steuerkonzept für die Schweiz 25, 229
Steuerliche Aufwendungen 171
Steuerliche Entlastungen 41
Steuerliche Rahmenbedingungen 30, 33, 229, 232

Steuerliche Thesen aus KMU-Sicht 25, 233
Steuerlicher Gestaltungsspielraum 39
Steuerliches Umfeld 27
Steuerlücken 33f.
Steuermass 98f., 51f.
Steuerminimierung 85, 192
Steuern von Bund, Kantonen und Gemeinden 43f.
Steuern von Einkommen/Vermögen 47f.
Steuerneutrale Ersatzbeschaffung 31
Steuerneutrale Geschäftsnachfolge-regelungen 37
Steueroptimale Ausgestaltung der Jahresrechnung 172
Steueroptimierung 24
Steuerparadies 27
Steuerperiode 69, 97
Steuerpflicht 125
Steuerpflicht (Art/Umfang) 86
Steuerplanung 23, 161f., 180
Steuerplanung bei Geschäftsübergabe resp. -aufgabe 182, 184
Steuerplanung betr. Geschäftsnachfolge 180
Steuerplanung während der Geschäftstätigkeit 167f.
Steuerplanungsmassnahmen (Checkliste) 161
Steuerplanungsmassnahmen bei Gründung/Übernahme 164
Steuerplanungsmassnahmen vor Gründung/Übernahme 162f.
Steuerprogression 200
Steuerquote 40
Steuerrecht (Steuerpraxis) 49
Steuerreduktionen 230
Steuerreform 40
Steuersätze 157
Steuerstrafrecht 54
Steuersubjekt/Steuerobjekt
Steuersystem 43, 230, 232
Steuerübersicht 47f.
Steuerumgehung 24, 83f., 217
Steuerveranlagung/Steuerbezug 90
Steuerveranlagungsverfahren 71
Steuerwert 88
Steuerwettbewerb 230f., 233
Steuerzahllast 125
Stiftungsgewinn 52
Stille Reserven 39, 73, 98, 110, 119f., 147, 180, 199
Stimmenmehrheit 195
Stock Optionen 191
Stockwerkeigentum 181

Strafbestimmungen 146
Strafmass 85
Strafsteuern 85
Strafverfolgung wegen Steuerhinterziehung 101
Stundung der Steuer 90
Subgruppen 38
Substanzwert 122
Systematik der MWST 125
Systemwechsel 36

T
Taxe occulte 28f., 124, 235
Teilsplitting-Besteuerungsverfahren 35
Teilungen 59, 96
Teilweiser Ausschluss vom Vorsteuerabzug 135
Thesaurierungsfonds 223
Todestag 153
Transaktionsabgaben 232
Transponierung 181, 201f., 236

U
Über-/unterjährige Geschäftsperioden 70
Übergang zur Gegenwartsbesteuerung 68
Übergangs-Steuererklärung 69
Überprüfung 144
Übersetzte Abschreibungen 88, 175
Übertragung der Anteilsrechte 182f.
Überwälzung der Steuer 125
Übrige Berufskosten 186
Übrige juristische Personen 91f.
Umsatzabgabe 36, 147, 231
Umsatzsteuer 125, 142
Umstrukturierungen 33, 231
Umwandlungen 59f., 96, 120, 123, 180, 194
Umwandlungen, Zusammenschlüsse, Teilungen 96, 120
Umweltschutz 170
Umzugsplanung 182
Unbeschränkte Steuerpflicht 46, 52, 55, 92
Unbewegliche, private Vermögenswerte 110
Unechte Steuerbefreiung 126f.
Unechte Steuerpflicht 125f.
Unfallversicherung 203
Unterbewertung angefangener Arbeiten 172
Unterhaltsbeiträge 65, 113
Unterhaltskosten 113f.
Unterhaltskosten (Liegenschaft) 170, 188, 219
Unterkapitalisierung 99

Unternehmen mit Sitz im Ausland 126
Unternehmensfremde Zwecke 130
Unternehmenssteuern 33, 202
Unternehmenszusammenschluss 59, 96
Unternehmerlöhne 164
UVG-Beiträge 66

V
Veränderung der stillen Reserven 73
Veranlagen 71
Veranlagung durch Veranlagungsbehörde 74
Veranlagung nach Ermessen 74
Veranlagungsperiode 69
Veranlagungsverfahren, gemischte 46
Veranlagungsverfügung 74f.
Verantwortung als Verwaltungsrat 197
Veräusserung 120
Veräusserungsfälle 117
Verbindlichkeiten 89, 173
Verbuchte Wertvermehrung 58
Verbuchung der Geschäftsvorfälle 169
Verdeckte Gewinnausschüttungen 95, 156
Verdeckte Gewinnsteuer 94f.
Verdecktes Eigenkapital 99, 165
Vereinbarten-Entgelt 137, 167
Vereinfachtes Veranlagungsverfahren 103
Vereinnahmten Entgelt 137, 167
Vereinsgewinn 52
Verfahrensrecht 54
Vergabungen (Zuwendungen) 66, 105
Vergangenheitsbesteuerung 32, 51, 67f.
Vergleichsrechnung 139
Vergütungszins 77, 140, 158
Verjährung 101, 140
Verkauf der Aktien 180
Verkauf zum Buchwert 183
Verkehrswert 86f., 153
Verlagerung (Steuerlast) 40
Verlegung des Sitzes 120
Verletzungen der Verfahrenspflichten 86
Verluste 109, 223
Verluste auf Aktien 223
Verlustverrechnungsmöglichkeiten 174
Verlustvortrag 33
Vermögen minderjähriger Kinder 86
Vermögensanfall 153
Vermögensbestandteile (Bewertung) 87
Vermögensentwicklung(en) 74, 77, 171
Vermögensgewinne 106
Vermögenssteuer 225
Vermögenssteuer natürlicher Personen 86
Vermögensübertragung 183
Vermögensvermehrung 76

Vermögensverwaltung 109
Vermögensverwaltungskosten 187
Vernachlässigte Liegenschaften 114
Verpflegungskosten 186
Verrechnung von Verlusten 116f., 223, 234
Verrechnungsmöglichkeiten für Verlustvorträge 234
Verrechnungssteuer 155, 202
Verschulden 85
Verschuldungsquote des Bundes 40
Versicherungskonzept 163
Versicherungsleistungen 157
Versicherungsleistungen, einmalige 56
Versicherungsleistungen, periodische 56
Versicherungsprämienabzug 187
Versteckte Kapitalgewinnsteuer 35
Versteuerung des Eigenverbrauchs 129
Versuchte Steuerhinterziehung 86
Verteilung des Gewinns 81
Verteilung des Vermögens/Kapitals 80
Vertreter 100
Verurkundungskosten 198
Verwaltungsgericht 83
Verwaltungsgerichtsbeschwerde 145
Verwaltungsgesellschaften 102
Verwaltungshonorare 38
Verwaltungskosten von Liegenschaften 189
Verwaltungsrat 204
Verwaltungsratspräsident 196
Verwandtschaftsgrad 153
Verzugszins bei der Verrechnungssteuer 30
Verzugszins(en) 77, 140, 149, 158
Von der Steuer ausgenommene Umsätze 125f.
Von der Steuer befreite Umsätze 127
Vorabklärung 24
Vorausanteil (Präzipuum) 80
Vorbezug 215
Vorsorgekonzept 163
Vorsorgeleistungsform 184
Vorsteuer 125, 134, 142
Vorsteuerabzug 29, 124, 134,
Vorsteuerabzug (Berichtigung) 135f.
Vorsteuerabzug bei gemischter Verwendung 135
Vorteile für Kapitalgesellschaften 207
Vorteile für Personenunternehmen 208
Vorzeitige Rückerstattung 158

W
Wahl (Abschlusstermin) 164
Wahl der Rechtsform 163
Wahl des Geschäftssitzes 163

Warenlager 172
Warenreserve 87
Wegzugbesteuerung 33
Wehrpflichtersatz 49, 159f.
Weiterbildungskosten 186
Werbekonzept 163
Wert der Eigenarbeit 115
Wertberichtigungen auf Fremdwährungen 173
Wertberichtigungen auf Wertschriften 173
Werterhaltende Aufwendungen 114
Wertschöpfung 134
Wertschriftenhandel 147
Wertschriftenhändler 108
Wertsteigerung 106
Wertvermehrende Aufwendungen 106, 113f., 144, 173, 188
Wesen der Steuern 43
Wettbewerbsdruck (MWST) 124
Wettbewerbsneutralität (MWST) 124
Widerhandlungen 83, 99
Wiedererwägungsverfahren 81
Wiederkehrende Steuerabgaben 200
Wirtschaftliche Doppelbesteuerung 78, 194f., 200, 202, 234
Wirtschaftliche Handänderungen 149
Wirtschaftliche Zugehörigkeit 92
Wochenaufenthalter 46, 186

Wohneigentumsbesteuerung 236
Wohnsitz 46, 50
Wohnsitzwahl 190
Wohnsitzwechsel 182

Z

Zeitliche Abgrenzung 79
Zeitliche Bemessung 54, 67, 90, 97
Zinsen auf verdecktem Eigenkapital 96
Zinsertrag auf Bankkonto 157
Zinsgewinn 177, 201
Zinsgünstige Darlehen 183
Zugehörigkeit, persönliche 46, 50, 55
Zugehörigkeit, wirtschaftliche 46, 50, 55
Zusammenschlüsse 59, 97
Zusatzeinkommen 54, 60, 172, 194
Zuschlag für kurzfristig realisierte Gewinne 116
Zuwachsgewinne 106
Zuwendungen (Vergabungen) 66
Zuwendungen an Personalvorsorge 171, 174
Zuwendungen an Vorsorgeeinrichtungen 65, 93
Zwangsoption 166
Zweckbindungen 231
Zweite Säule 213f.
Zweitverdienerabzug 66
Zwischenveranlagung 71, 200

14. Dank des Autors

Folgende Personen haben den vorliegenden Band oder einzelne Kapitel daraus gelesen und mit wertvollen Anregungen, Ergänzungen und guten Ratschlägen zum Gelingen des Buches beigetragen:

- *Raphael Häring*
  dipl. Steuer- und Treuhandexperte,
  BDO Visura Treuhandgesellschaft
  3001 Bern
- *Peter und Ursula Kupferschmid-Kummer*
  Treuhänder
  3270 Aarberg
- *Hansjörg Wampfler*
  dipl. Wirtschaftsprüfer
  Wirtschaftstreuhand Wampfler AG
  3262 Suberg

Ihnen sei an dieser Stelle ganz herzlich gedankt!

Ein besonderes Dankeschön geht an meine Lebenspartnerin *Anita Becker,* die das Manuskript von Anfang an begleitet hat – mit wachem Verstand, sicherem Sprachgefühl und Humor! Dank schulde ich auch der kurzfristig zum Team gestossenen *Irma Grimm* für das kritische Gegenlesen der Manuskripte.

Wunsch des Autors
Der Autor nimmt Anregungen und Verbesserungsvorschläge dankbar entgegen – am liebsten in schriftlicher Form – und wird diese nach Möglichkeit gerne in eine spätere Neuauflage einfliessen lassen.

Walter Sterchi
Unternehmensberater
CH-3043 Uettligen